# MANANTIALES DE AVIVAMIENTO

AF323073

# MANANTIALES DE AVIVAMIENTO

EDITADO POR

## C. PETER WAGNER
## Y PABLO DEIROS

© **1998 EDITORIAL CARIBE/BETANIA**
*Una división de Thomas Nelson, Inc.*
Nashville, TN / Miami, FL
E-mail: caribe@editorialcaribe.com
www.editorialcaribe.com

Título del original en inglés: *Headwaters of Revival*

Traductor: *Pablo Deiros*

ISBN: 0-88113-525-9

Reservados todos los derechos.
Prohibida la reproducción total
o parcial de esta obra sin la debida
autorización de los editores.

Impreso en EE.UU.
Printed in U.S.A.

1ª impresión

# Contenido

# capítulo uno

# Dios ha puesto a su pueblo a orar

*Por C. Peter Wagner*

Uno de los primeros historiadores y abogados del avivamiento en nuestros días fue el finado J. Edwin Orr. Tuve el privilegio de servir con él en la facultad del Seminario Escuela Fuller de Misión Mundial durante dos décadas. Difícilmente había una reunión de la facultad en la que no oyéramos a Edwin Orr recordarnos lo querido que era para Dios el avivamiento. Una de las frases más coloridas, que él repetía una y otra vez, era: «Siempre que Dios está listo para hacer una gran obra, pone a su pueblo en oración».

En el título de este capítulo yo he cambiado el tiempo del axioma de Orr y digo que «Dios ha puesto a su pueblo a orar». Durante años y siempre que oíamos que Orr decía esto, nuestra respuesta algunas veces en silencio y otras veces verbal era: «No hemos visto esto en nuestra generación todavía, pero de corazón espero que lo hagamos». Ahora me siento feliz al reportar que nuestra esperanza se ha hecho realidad y que el pueblo de Dios ahora está orando en cantidad y con una intensidad como no lo he visto reportado en toda la historia de la Iglesia Cristiana. Considere esta frase de David

Bryant: «Podemos estar parados en el vértice del movimiento de oración más significativo en la historia de la iglesia ... Ninguna generación ha visto nunca tal aceleración e intensificación de oración en todo el mundo».[1] No conozco a un sólo líder de oración reconocido que no esté de acuerdo con Bryant.

## Los reportes de avivamiento se están multiplicando

Si verdaderamente estamos en el centro de un movimiento de oración global sin precedentes, podríamos esperar que estuvieran apareciendo señales tangibles de avivamiento. Este es el caso. Para mí que se han dado más reportes de actividad de avivamiento en esta década de los 90 que en las últimas ocho décadas combinadas. Y la frecuencia de los reportes de avivamiento se está acelerando dramáticamente año tras año. La mayoría de los libros de avivamiento en las librerías y en los anaqueles de las bibliotecas de hoy fueron escritos en los 90.

En las tendencias normales que se han dado, así como las palabras frecuentemente escuchadas a través de intercesores y profetas, no será irreal buscar un derramamiento mundial del Espíritu Santo en una magnitud nunca antes experimentada en el futuro más cercano.

Estoy consciente del hecho de que «avivamiento» no es un término estrictamente técnico que se usa uniformemente en los círculos cristianos como se usan los términos «justificación» o «santa comunión» o «vida eterna» o «Escuela Dominical». Los autores de libros sobre avivamiento que tienen una inclinación más escolarizada reconocen esto y lo discuten. Pablo Deiros, un reconocido erudito e historiador de la iglesia, trata el tema en el siguiente capítulo, y la ambigüedad semántica lo hace precavido sobre declarar categóricamente que Argentina está en «avivamiento».

Algunos dicen que el término «avivamiento» debería aplicarse a lo que Dios hace con los que ya son cristianos, y que otro término como «despertar» podría ser mejor para describir lo que Él hace para atraer a los que no son creyentes o para mejorar la sociedad.

<hr>

1     David Bryant, *La Esperanza del Ancance a la Mano*, Baker Books, Grand Rapids, Michigan, 1995, p. 130.

Otros usan avivamiento más como un término de sombrilla y argumentan que no hay verdadero avivamiento sin un notable crecimiento en el fruto evangelístico. Otros usan estos y otros términos semejantes de una manera intercambiable. Yo me encuentro en la última categoría, pero también me gusta el término «derramamiento del Espíritu Santo».

Para complicar más el tema, algunos han desarrollado listas de comprobación de criterios contra los cuales han evaluado si cierto acontecimiento debe considerarse o no un verdadero avivamiento. Predeciblemente, estas listas varían de un observador a otro. Esto significa que cuando se informa de un avivamiento, siempre habrá quienes digan: «Eso no puede ser avivamiento verdadero porque ... (agregue su argumento)». Esto es verdad en el avivamiento argentino, especialmente entre algunos líderes argentinos que han escogido ser espectadores (y críticos) en lugar de participantes. Mi propia inclinación es aceptar los reportes de avivamiento más o menos en un significado literal sin sujetarlos a mi propia evaluación crítica. Por supuesto, hay excepciones, pero esta es la regla. Habiendo dicho esto, espero que nuestra generación experimente pronto tal iniciativa divina global que en esencia nadie se cuestionará si es verdadero avivamiento.

Algunos avivamientos contemporáneos están dirigidos por creyentes «sin nombre y sin rostro», pero otros están dirigidos por figuras de una visibilidad más alta como Oral Roberts, Rodney Howard-Browne, Benny Hinn, Karl Strader, John Arnot, Cindy Jacobs, Kenneth Copeland, Henry Blackaby, Sandy Millar, Charles y Frances Hunter, Colin Dye, Randy Clark, John Kilpatrick, y los líderes argentinos descritos en este libro. Muchos de ellos, sin embargo, eran hombres «sin nombre y sin rostro» antes de que Dios escogiera ponerlos aparte como líderes de avivamiento.

## Toronto y Pensacola

Las dos manifestaciones de avivamiento que han tenido el impacto internacional más grande en la década del 90 son las que están centradas en Toronto, Canadá, y Brownsville, Florida. La chispa la prendió en Toronto (en la iglesia Airport Vineyard de John Arnott y en enero de 1994) Randy Clark de San Luis, quien en ese tiempo era un pastor relativamente desconocido de las iglesias Vineyard [La Viña]. Para mayo de ese año se había esparcido a Inglaterra a través de Eleanor Mumford, de la iglesia Southwest London Vineyard (en Londres), quien había visitado Toronto y el Espíritu Santo la había tocado. Sandy Millar, vicaria de una prestigiosa iglesia anglicana, la Santísima Trinidad de Brompton, que ya era un centro de renovación en el Reino Unido, la había invitado a hablar en los servicios de la mañana y en la tarde del domingo. Este es otro ejemplo de una persona «sin nombre y sin rostro» que ha sido un instrumento de avivamiento en las manos de Dios. Después de cada servicio, simplemente pedía al Espíritu Santo que se manifestara, como lo había visto hacer a John Arnott en la iglesia Airport Vineyard.

¿Qué sucedió? Este es el reporte: «Hubo un tiempo de silencio. Luego, lentamente, los miembros de la congregación empezaron a llorar calladamente, y algunos empezaron a reír. Según se sentía el Espíritu Santo, Eleanor pedía a la gente que pasara adelante si quería oración. Muchos lo hicieron. Conforme el equipo de Eleanor y los miembros del equipo del ministerio de la iglesia empezaron a orar, la gente empezó a caer en el poder del Espíritu Santo. Pronto toda la iglesia estaba afectada. Hubo escenas poco vistas antes».[2] Las cintas del casete de la visitación del Espíritu Santo en la Santísima Trinidad de Brompton, circularon ampliamente, y miles de iglesias, una gran proporción de ellas iglesias anglicanas, fueron impactadas por la «Bendición de Toronto», como se le llamó.

Los líderes cristianos de Japón, Australia, Sudáfrica, Singapur, así comno de Inglaterra y Escocia, empezaron a llegar en tropel a Toronto para llevar la bendición de regreso a sus iglesias y naciones.

En cierto momento se reportó que Air Canada tuvo que aumentar vuelos extra todos los días de Londres a Toronto por el enorme volumen de pasajeros.

En el Día del Padre de 1995, se encendió la chispa del avivamiento en la Asamblea de Dios de Brownsville, en los suburbios de

---

2    Wallace Boulton, *The Impact of Toronto* (El impacto de Toronto), Monarch, Crowborough, Inglaterra, 1994, p. 21.

Pensacola. Allí Dios había «puesto a su pueblo a orar», porque en los dos años y medio anteriores el pastor John Kilpatrick había desarrollado un ministerio de oración en la iglesia local excepcionalmente fuerte. Los domingos por la noche la congregación se reunía en oración alrededor de 12 banderas puestas alrededor del santuario a fin de identificar áreas específicas de necesidad. Fervientemente oraban por avivamiento, así como por muchas otras cosas.

Otro evangelista «sin nombre y sin rostro», Steve Hill, fue invitado a predicar ese Día del Padre. Cuando pidió a la gente que pasara adelante para oración después del mensaje, empezó el avivamiento en Pensacola. John Kilpatrick reporta: «Cuando bajaba de la plataforma para orar por la gente, sentí una corriente alrededor de mis piernas y mis tobillos. Al principio pensé que era el viento, pero luego me di cuenta que era más como un río. Podía sentir la corriente. Regresé a la plataforma y tuvieron que ayudarme porque apenas podía sostenerme de pie. Le dije a la iglesia. «Esto es por lo que hemos estado orando. ¡Entren! La gente empezó a inclinarse en todo el santuario. Yo me incliné en la plataforma y estuve allí hasta las cuatro de la tarde».[3]

Desde entonces cientos de miles procedentes de todas las naciones del mundo, además de Norteamérica, han asistido a las continuas reuniones de avivamiento en Pensacola. Algunos empiezan a hacer fila temprano en la mañana a fin de asegurarse un asiento en la reunión de la tarde. Hasta el momento en que escribo esto, más de cien mil personas han aceptado a Cristo por primera vez o han vuelto a dedicar su vida a su servicio.

## Río arriba hacia Argentina

Cuando los historiadores analizan las fuentes del fenómeno del avivamiento en Toronto y Pensacola, indudablemente surgen muchos factores. Uno de ellos, sin embargo, será que ambos avivamientos en cierto momento van río arriba hacia Argentina.

John Arnott de Toronto deseaba ardientemente moverse hacia un nuevo nivel de poder espiritual. Durante un año y medio antes

<hr>

3    David A Womack, «El Avivamiento de Pensacola, Azusa Street de Hoy», revista *Enrichment*, Winter 1997, pp. 57, 58.

de que empezara la Bendición de Toronto, él y su esposa Carol estuvieron dedicando todas las mañanas a disfrutar la presencia del Señor en adoración, lectura y oración. Hacían todo lo que podían. Invitaban a predicadores de fuera de su iglesia. Asistían a las reuniones de Benny Hinn. Buscaban a Dios con todo su corazón.

Un día escucharon acerca del avivamiento en Argentina, y supieron que el Instituto de Evangelismo de Cosecha de Edgardo Silvoso que se celebraba anualmente estaba diseñado para poner en contracto a los líderes cristianos de otras naciones con los líderes del avivamiento de Argentina. Firmaron su asistencia para el instituto de noviembre de 1993, el tercero de la serie. Lo recuerdo bien porque Silvoso me había pedido ser el decano del instituto y el maestro de ceremonias. Como era nuestra costumbre, oramos específicamente para que la unción del avivamiento de Argentina fuera impartida a los que estarían allí durante la semana, incluyendo nuestros nuevos amigos, John y Carol Arnott. Cuenta John:

> Fuimos tocados profundamente en reuniones dirigidas por Claudio Freidzon, un líder de las Asambleas de Dios de Argentina. Claudio oró por Carol y por mí. Yo caí, y luego empecé a analizar el hecho como usualmente lo hacía: «Señor, ¿de veras fuiste tú? ¿O caí porque te deseo tanto?». Carol recibe de Dios muy fácilmente, pero para mí siempre ha sido difícil.
>
> Después que me levanté, Claudio vino hacia mí y me dijo:
>
> —¿Quieres la unión?
>
> —Sí, sí la quiero —respondí.
>
> —Entonces tómala.
>
> Me dio una palmada en mis manos extendidas.
>
> —Sí, la tomaré —dije.
>
> Algo me golpeó el corazón al momento. Era como si oyera al Señor decir: «Anda, acaba de tomarla. Es tuya». Y la recibí por fe.[4]

Lo demás es historia.

4    John Arnott, *The Father's Blessing* (La Bendición del Padre), Creation House, Orlando, Florida, 1995, p. 58.

Steve Hill de Pensacola era un misionero fundador de iglesias en Argentina, donde bebió de las aguas del avivamiento. Dice: «Quince o veinte personas habían estado orando por mí (antes de Pensacola), incluso evangelistas del gran avivamiento argentino».[5] Uno de los argentinos que más influyó en Hill fue el evangelista Carlos Annacondia, quien también oró por John y Carol Arnott cuando estuvieron allí.

Otro río espiritual fluyó en Steve Hill en la Santísima Trinidad de Brompton, donde la Bendición de Toronto había echado raíz en Inglaterra. Este había leído en la revista *Time* sobre el movimiento de Dios en aquel lugar. Programó una visita a Inglaterra y fue tocado fuertemente por el Señor cuando la vicaria Sandy Millar le impuso las manos y oró por él. Esta impartición en Inglaterra pudiera también remontarse a Toronto y luego a Argentina.

Mi propósito en esta sección no es argüir que hay una relacion singular de causa-efecto entre Argentina y los avivamientos de Toronto y Pensacola. Las causas de los hechos históricos importantes son invariablemente mucho más complejas. Pero deseo señalar que, al fin y al cabo, algo de la unción espiritual que Dios liberó en Argentina ha hecho nacer un mayor fruto aquí en Norteamérica así como en otros lugares del mundo. De pasada, también vale la pena mencionar que, con toda probabilidad, el líder cristiano extranjero que ha tenido más influencia en Japón en los últimos tres o cuatro años es nada menos que el evangelista argentino Carlos Annacondia.

Argentina, por lo tanto, debe considerarse como la principal cabecera de los ríos de avivamiento que Dios está mandando ahora a muchas partes del mundo. Espero que esta influencia aumente en gran forma en los días por venir.

## ¿Por qué Argentina?

Se pudiera decir que Argentina, como nación, tiene más que de-

---

5    Lee Grady, «When God Interrupts Your Agenda: An Interview with the Leaders of Brownsville» (Cuando Dios interrumpe tu agenda: Una Entrevista con los Líderes de la Asamblea de Dios de Browsville), revista *Ministries Today*, Noviembre/Diciembre 1996, p. 26.

cir al mundo acerca del avivamiento en este momento que cualquiera otra nación. ¿Por qué? ¿Por qué escogería Dios a Argentina y no a Venezuela o las Filipinas o Australia o Nigeria o muchos otros lugares? Es una buena pregunta, pero es como preguntar por qué escogió Dios a Martín Lutero o a John Wesley o Dwight Moody o a Billy Graham. Ninguno de ellos nació en la realeza cristiana, por decirlo así. Lo mismo es verdad en cuanto a Argentina. Argentina es una nación común bajo un extraordinario derramamiento de la gracia de Dios.

Los avivamientos usualmente duran dos o tres años, más o menos. Algunos duran más, tal como el avivamiento de África Oriental, que duró treinta años. Otros duran sólo unos meses, tal como el avivamiento de la Universidad de Howard Payne en Brownwood, Texas en enero de 1995 que rápidamente se extendió a escuelas como Wheaton College, Gordon College, Asbury College, Easter Nazarene College, Southwestern Baptist Theological Seminary y otras, pero que se acabó al final del año académico.

Fíjese en los avivamientos más famosos de la historia. Considerando que los historiadores de los avivamientos no están de acuerdo sobre la fecha exacta del principio y fin de ciertos avivamientos, al menos están de acuerdo en que por lo general tienen una vida relativamente corta. Si pudiéramos llamar al acontecimiento inicial el «fuego del avivamiento» y a los siguientes efectos ondulantes «resplandor crepuscular», podríamos establecer con más precisión las fechas de los avivamientos. Mi hipótesis de dos o tres años se aplica al fuego del avivamiento, no al resplandor crepuscular, que invita a considerable subjetividad cuando los historiadores miran retrospectivamente.

Por ejemplo, el gran avivamiento de Florencia, Italia, bajo Savonarola, empezó en 1496 y terminó en 1498. Es posible que la misma Reforma Protestante pudiera considerarse parte del resplandor crepuscular, puesto que Lutero estaba influenciado fuertemente por Savonarola. El Gran Despertar en las colonias americanas empezó en 1739 y terminó en 1741. El segundo Gran Despertar puede haber durado más, algunos dicen de 1800 a 1830, aunque otros fechan el fuego de las reuniones de James McGready en las riberas del Río Gasper de Kentucky de 1800 a 1804 y el resto es resplandor crepuscular. El Tercer Gran Despertar de 1857 a 1858 solamente duró nueve meses. El avivamiento en Ulster, Irlanda tuvo lugar en 1859. El famoso avivamiento Welsh empezó en 1904 y terminó en 1905, y dejó un poderoso resplandor crepuscular en muchos diferentes lugares del mundo. Los hechos de la calle Azusa ocurrieron de 1906 a 1909, y todo el movimiento pentecostal podría considerarse resplandor crepuscular. El avivamiento coreano ocurrió en el año de 1907. El avivamiento Tommy Hicks de Argentina tuvo lugar en 1954, y estuvo precedido por el avivamiento de varios meses en City Bell bajo Edward Miller en 1951. El avivamiento de Indonesia duró más de cuatro años de 1965 a 1970.

El actual avivamiento de Argentina todavía está en la etapa de fuego, aunque partes del resplandor crepuscular, tales como Toronto y Pensacola, ya han empezado a surgir. Empezó en 1982 y, al momento de escribir esto, está entrando en sus quince años.

Esto hace surgir una pregunta importante. ¿Por qué la bendición de Dios se ha detenido tanto tiempo en Argentina, mientras en la mayoría de los casos de avivamiento se ha extinguido más pronto? Conforme he estado observando el desarrollo del cristianismo y el crecimiento de las iglesias en todo el mundo en algunas décadas pasadas, he llegado a algunas conclusiones. Aunque no puedo decir que tengo una respuesta final a la pregunta, creo que ahora tengo algunas hipótesis razonables.

## Lo que el Espíritu ha estado diciendo a las Iglesias

Mi primera hipótesis se relaciona con los tiempos en que nos encontramos ahora. Mirando hacia atrás, hay cierta razón para creer que Dios ha estado orquestando la historia en tal forma que somos la primera generación en mucho tiempo que tiene la inequívoca posibilidad de ser la generación de servicio cuando se derrame la más grande manifestación del Espíritu Santo en toda la tierra. Posiblemente Dios no permitió que se extendieran los avivamientos anteriores porque aún no era tiempo. ¿Qué es, entonces, lo que el Espíritu Santo ha estado diciendo a las iglesias?

Para tener el cuadro general, necesitaríamos regresar a la Reforma Protestante durante la cual se estableció el paradigma teológico de nuestra base bíblica. La justificación por fe, la autoridad absoluta de la Biblia y el sacerdocio de todos los creyentes ha sido desde entonces nuestro fundamento teológico. El Movimiento de Santidad a fines del siglo pasado trajo otro componente crucial, y el Movimiento Pentecostal surgió de ese, añadiendo el tangible poder del Espíritu Santo a través de sus dones y ministerios de poder. Fue en 1950 cuando empezó la gran cosecha evangelística, la que ha ido aumentando en volumen cada década. En 1960 el Espíritu empezó a hablar fuertemente a las iglesias acerca de los ministerios sociales y la preocupación por los pobres y los destituidos. Actualmente la iglesia está alimentando a más gente hambrienta que nunca antes. En 1970 empezó el gran movimiento de oración, aunque previamente ya había echado raíces en Corea.

Por más de veinticinco años hasta ahora, el pueblo de Dios ha estado de rodillas. Posiblemente los anteriores avivamientos no se podían sostener porque no había suficiente del tipo de oración que se necesitaba. David Bryant comenta: «Este movimiento de oración es un don de Dios. A causa de nuestra aversión natural a la oración, Dios debe fomentar la oración en nosotros. Así como la fe es un don de Dios, la oración también es un don de Dios. Por lo tanto, la gente de oración es un don de Dios, y los movimientos de oración son su don también. Y si Dios está otorgando su don, no dejará de contestar las oraciones que él mismo ha fomentado en nuestros corazones. Verdaderamente el movimiento de oración es una señal que reafirma poderosamente que el avivamiento nacional y mundial está a la mano».[6]

En 1980 el Espíritu Santo empezó a restaurar el don y el oficio de profeta en toda la Iglesia. Para muchos, este ha sido el paso más difícil de dar, y algunos todavía se están resistiendo. Pero en cuanto los tradicionalistas como yo empezaron a entender y aceptar el ministerio de los profetas, el Espíritu Santo dio el siguiente paso lógico, en 1990, y empezó a hablar a las iglesias acerca de la restauración de los dones y del oficio de apóstol. Esto ha dado vida a las palabras de Efesios 4:11, un versículo clave en el gobierno de la iglesia, que dice: «Y él mismo constituyó a unos, apóstoles; a otros, profetas; a otros, evangelistas; a otros, pastores y maestros».

6   Bryant, *The Hope at Hand* (La Esperanza al Alcance de la Mano), p.138

Nosotros los tradicionalistas hemos estado acostumbrados a individuos que son reconocidos en las iglesias como evangelistas, pastores y maestros, pero ha sido necesario en nosotros un cambio de concepto para que reconozcamos que los apóstoles y los profetas aparecen en la misma lista bíblica.

¿Podría ser que la restauración del oficio y ministerio de los apóstoles en la década del 90 sea la pieza final de la preparación del cuerpo de Cristo para el gran derramamiento del Espíritu Santo del que hemos estado hablando? Parece ser que vivimos en tiempos extraordinarios. Estamos en medio de la más grandiosa cosecha de almas que el mundo ha conocido jamás; hemos estado siendo testigos de más manifestaciones de poder sobrenatural que en toda la historia, incluyendo el Libro de Hechos; tenemos más unidad del cuerpo de Cristo de lo que hemos visto en 1600 años; y el mayor porcentaje de humanos de todos los tiempos están expuestos regularmente al mensaje del evangelio. Es la primera vez que los cristianos han podido ver la luz al final del túnel de la Gran Comisión. ¡Puede llevarse a cabo en nuestra generación!

Parece que Dios también está equipando a su pueblo para presentar y ganar batallas de alto nivel en la guerra espiritual de las que las generaciones anteriores no estaban conscientes y tal vez ni preparadas, puesto que no se había reestablecido el gobierno bíblico de la iglesia. Ciertos conceptos como guerra espiritual a nivel estratégico, cartografía espiritual, arrepentimiento indentificativo y oración evangelística ahora se están usando ampliamente en todos los continentes. Hace diez años ni siquiera existían esos términos en nuestro vocabulario.

Por lo tanto, no cabe duda de que el clima espiritual mundial de la década de los 90 es más viable a sostener el fervor de un avivamiento como el de Argentina de lo que antes había sido el caso. Permítame ser más específico.

## Los líderes argentinos tienen oídos para oír

Mi segunda hipótesis en cuanto a por qué el avivamiento de Argentina se ha sostenido durante quince años es que los pastores, iglesias y líderes del avivamiento de Argentina han obedecido el mandato de Jesús de que «el que tiene oído, oiga lo que el Espíritu dice a las iglesias» (Apocalipsis 2.7).

Recientemente he leído o he vuelto a leer con atención, treinta y cinco libros sobre avivamiento. Conforme lo hacía empezó a surgir un patrón significativo. Tres de los temas más frecuentes y persistentes relacionados con los movimientos de avivamiento históricos contemporáneos son la oración, el arrepentimiento y el diablo. Entre paréntesis, no encontré en estos libros ningún análisis serio del hecho de que casi todos los avivamientos descritos fueron relativamente cortos, de dos o tres años más o menos. Charles Finney, por ejemplo, cuidadadosamente discute las condiciones que considera que son necesarias para encender el fuego del avivamiento, pero no se preocupa por las variables que separarían a los fuegos largos de los cortos.

Había una gran cantidad de material sobre la oración en estos libros, pero la mayoría giraba alrededor de la oración individual, piadosa y egoísta. Casi no encontré discusión sobre algunas de las formas de oración que se elevan en el avivamiento de Argentina, tales como la intercesión profética agresiva, la invasión del mundo invisible con la oración, la oración bidireccional o profecía, el establecimiento de blancos en la oración a través de mapas espirituales, actos proféticos o incluso intercesión intencional estructurada por líderes cristianos. Los pocos libros que hicieron cuando menos alguna mención sobre los temas fueron escritos muy recientemente.

El arrepentimiento es invariablemente una de las primeras manifestaciones externas de la obra del Espíritu Santo, y la literatura lo refleja fuertemente. Pero a través de la historia de los avivamientos, se da por sentado que el arrepentimiento es personal, con confesión de pecado y pasos subsecuentes hacia la santidad personal. No recuerdo referencias en los libros que he leído a arrepentimiento como grupo ni a arrepentimiento identificativo por la sanidad de las heridas de las ciudades o de grupos de pueblos o naciones. Por otro lado, algunos de los más notables aspectos del avivamiento de Argentina han sido las reuniones públicas dirigidas por Eduardo Lorenzo u Omar Olier o Víctor Lorenzo o Marfa Cabrera o Cindy Jacobs u otras en las que ha habido confesiones de pecado como grupo y participación en actos de reconciliación significativos y a menudo emocionales.

Al diablo se le menciona con frecuencia en los libros de avivamiento como vencido en acontecimientos de avivamiento. Pero su *modus operandi* se caracteriza con más frecuencia por las obras de la carne que por la demonización. Al enemigo se le conoce por emplear el mundo, la carne y el diablo. Pero en la literatura de avivamiento que he visto, no se enfatiza claramente la actividad directa del diablo a través de la demonización, en completo contraste con el avivamiento de Argentina. John Arnott está de acuerdo con la liberación cuando dice: «Lo que es demoniaco tiene que ver con el hecho de que, esperamos, la persona pueda ser liberada de la influencia demoniaca».[7] Pero en contraste con Argentina, Arnott encuentra que su «experiencia [en Toronto] ha sido que las manifestaciones de la carne y de lo demoniaco son de veras raras, aunque tienden a captar toda la atención».[8] Como verá en el capítulo de Pablo Bottari, el echar demonios en Argentina no es más raro hoy que bajo el ministerio de Jesús y de los apóstoles.

En los avivamientos pasados hay pocos o ningún registro de librar batalla con los agentes de Satanás de alto rango a los que la Biblia se refiere como «principados y poderes». El romper maldiciones no pareció ser importante en las narraciones de los avivamientos de más corta duración. En Pensacola, sin embargo, tal vez debido en alguna forma a la influencia de Argentina, la guerra espiritual a nivel estratégico y la intercesión profética son parte de las vívidas reuniones de oración del martes por la noche (anteriormente celebradas el domingo por la noche) en la Asamblea de Dios de Brownsville. Un observador escribe: «Las banderas de guerra espiritual y la de almas se colocan en la parte final del sur del edificio. Los guerreros de oración están de pie unidos en orden de batalla espiritual con las manos extendidas hacia adelante con poder. Las almas son llamadas de las ciudades, países y continentes hacia el sur. Se ordena a los poderes de maldad espiritual que están en los lugares altos que abandonen su dominio sobre los individuos y las

---

7 Arnott, *The Father's Blessing* (La Bendición del Padre), p. 137.
8 *Ibid.*

comunidades por la sangre y el nombre de Jesucristo».[9] Este acto profético se repite luego en el occidente, el oriente y el norte.

## El Orden Apostólico

Mi tercera hipótesis del por qué del fuego del avivamiento de Argentina se ha sostenido más de lo usual, se relaciona con lo que he dicho previamente acerca del surgimiento del ministerio apostólico y del oficio de apóstol en los 90. No entraré en mucho detalle aquí, porque una de las mejores discusiones de esto, en la literatura reciente, se encuentra en el siguiente capítulo de Pablo Deiros. El giro prominente en Argentina del tradicional paradigma de la Cristiandad, al nuevo paradigma apostólico, consiste en traer consigo los cambios más radicales en la forma de hacer iglesia, desde la Reforma Protestante.

Este giro es tan nuevo que hasta los que están a la vanguardia de la transición todavía están luchando por entender este enorme movimiento de Dios no solo en Argentina, sino en cada Continente del mundo. Muchos de los que están cumpliendo con una función apostólica se resisten a permitir que el término «apóstol» se les aplique a ellos mismos, aunque otros sí lo hacen. La cobertura apostólica del avivamiento argentino que avanza y madura, lo distingue de muchos de los avivamientos cortos. Uno de los paralelos cercanos podría ser el avivamiento Wesleyano que empieza en los 1730, en el cual John Wesley, Charles Wesley y George Whitefield fueron las figuras apostólicas reconocidas que dieron dirección y gobierno al movimiento que fue sostenido por décadas.

En Argentina, cuatro de los autores de los capítulos de este libro están reconocidos como los líderes clave del avivamiento apostólico, aunque también se podrían incluir otros nombres. Omar Cabrera es el precursor. Su ministerio en los 70 como pastor itinerante de los 150,000 miembros de la Iglesia Visión para el Futuro, que se reunía en múltiples lugares alrededor de Argentina, se caracterizó consistentemente por las manifestaciones externas de poder espiritual, ahora comunes en toda la nación. Pero a causa de que estos

<hr>

9   Renee DeLoriea, *Portal en Pensacola*, Destiny Image Publishers, Shippensburg, PA, 1997, p. 42.

acontecimientos milagrosos eran tan raros en ese tiempo, y porque Cabrera usó métodos innovadores, tales como usar el cuello clerical, su ministerio fue rechazado por los líderes evangélicos de ese tiempo, y fue relegado por ellos al margen de lunático. ¡No más! Han tenido lugar actos de reconciliación, y algunos consideran ahora a Omar Cabrera como el apóstol en jefe del avivamiento de Argentina.

La persona a quien Dios escogió para encender el fuego del avivamiento mismo fue un «sin nombre y sin rostro», propietario de una fábrica de tuercas y pernos, Carlos Annacondia. Un laico con un sexto grado de educación y padre de nueve hijos no sería una elección predecible para ser uno de los gigantes espirituales en servir a toda una generación. No podría ser mera casualidad de que el primer servicio evangelístico público de Annacondia se celebrara el mismo día en que la armada británica hundía al buque de guerra argentino General Belgrano en la Guerra de las Islas Malvinas, en 1982. Durante quince años hasta ahora, Annacondia ha saturado a la nación con campañas evangelísticas al aire libre en las cuales él predica treinta o cuarenta noches seguidas, mientras aún administra su fábrica. En cada servicio, entre 5,000 y 20,000 personas permanecen de pie (no hay sillas) de 8:00 a 12:00 para adorar a Dios, recibir sanidad y liberación demoniaca, para ver maldiciones rotas sobre sí mismos y sus familias, para ser llenos del Espíritu Santo, y para oír un simple mensaje de salvación. Cuando se hace la invitación, no hay súplicas o el cerrar los ojos o el inclinar la cabeza o el cantar «Tal como Soy». Los pecadores típicamente corren hacia el altar, algunas veces empujándose unos a otros para llegar primero. Algunos calculan que más de dos millones han hecho su primera decisión para Cristo en las reuniones de Annacondia.

Por todas partes donde se da el avivamiento argentino, en lugar de permitir que el fuego se extinga, de tiempo en tiempo Dios ha aumentado la intensidad un grado o dos. Uno de los avances más notables vino a través de Claudio Freidzon, pastor de la Iglesia Rey de Reyes, una congregación de Buenos Aires afiliada a las Asambleas de Dios. Poco después de que Annacondia empezara sus reuniones, Freidzon, entonces profesor de teología en el seminario de River Plate junto con algunos pastores interesados, se reunieron y oraron con él cada jueves. Poco tiempo después, decidió tratar con una campaña al estilo Annacondia en el Belgrano distrito de Buenos Aires, y la iglesia Rey de Reyes, ahora de 5,000 miembros fue plantada como resultado de esto. Pero el cambio más significativo vino en 1992. Aquí es donde dice Claudio en su conmovedor libro, *Espíritu Santo, tengo hambre de ti*: «El año de 1992 representó un nuevo período en mi ministerio. Dios derramó un salero en mi lengua, causando una intensa sed espiritual, una hambre por el Espíritu Santo. Él no solamente llenó mi copa con el Espíritu Santo, sino que hizo que el Espíritu se desbordara hacia otros».[10] Después de leer el libro de Benny Hinn, Buenos Días, Espíritu Santo, Freidzon visitó su iglesia en Orlando y Benny Hinn le impuso las manos y oró por él. Desde entonces, lo que ha venido llamándose «la unción» caracterizada por un grán número de personas que caen bajo el poder del Espíritu Santo al mismo tiempo, se ha convertido en parte del avivamiento de Argentina y se ha vuelto común en forma creciente en las iglesias en general.

Una de las iglesias fué la Iglesia Bautista Central de Buenos Aires, pastoreada por Pablo Deiros. La Iglesia Bautista Central, con 114 años al momento de escribirse esto, ha sido una de las principales fracciones del paisaje eclesiástico de buenos Aires en toda Argentina. Cuando Deiros, junto con su co-pastor Carlos Mraida, abrió su iglesia a la obra del Espíritu Santo a través de «la unción» causó una gran agitación en todos los niveles del liderazgo cristiano argentino. Deiros con su doctorado en Filosofía del Seminario Teológico del Sudoeste, también es profesor del Seminario Bautista de Buenos Aires y autor de varios libros de texto usados en toda América Latina. Deiros había entablado una amistad cercana con Carlos Annacondia, e incluso invitó al director del ministerio de liberación de Annacondia, Pablo Bottari, para servir en el cuerpo directivo de la Iglesia Bautista Central para instalar un ministerio de liberación en la iglesia local. Durante varios años Pablo Deiros ha sevido también conmigo en la facultad de la Escuela del Seminario Fuller de Misión Mundial en Pasadena, California, y tengo el privi-

---

10    Claudio Freidzon, *Espíritu Santo, tengo hambre de ti*, Creation House, Orlando, Fl, 1997, p. 63

legio de co-editar este libro con el cuarto apóstol del avivamiento de Argentina.

Este contexto apostólico ha sido una razón muy importante del por qué el avivamiento de Argentina se ha sostenido hasta ahora, y por qué muchos lo están viendo como una «cabecera de avivamiento» para otras partes del mundo.

En resumen, mis tres hipótesis principales del por qué el fuego del avivamiento de Argentina ha durado tanto, son: (1) El tiempo; una convergencia divina de factores históricos; (2) la apertura por parte de los líderes argentinos para correr el riesgo de unirse a los nuevos movimientos del Espíritu Santo y (3) la presencia de un orden apostólico para dar forma a nuevos odres.

También creo que hay otros tres factores que deben ser considerados y pueden ser instructivos para otros movimientos del avivamiento.

## 1. La destrucción de la fortaleza espiritual en Argentina.

En toda América Latina, los argentinos se han creado una reputación de ser la gente más orgullosa del Continente. Es verdad que tienen un país hermoso y mucho de que estar orgullosos, pero otros latinoamericanos han tendido a resistir algunas formas en que se manifiesta frecuentemente el orgullo argentino. Esto no es un secreto para los argentinos, algunos de los cuales son conocidos por estar orgullosos de su orgullo.

Espiritualmente hablando, este orgullo nacional ha sido una fortaleza que el enemigo ha usado para mantener a la nación en oscuridad. Durante los años 70 las iglesias evangélicas de Argentina no habían crecido bien, y Argentina estaba entre las naciones latinoamericanas con el más bajo porcentaje de evangélicos. Muy pocas cosas notables habían ocurrido entre las iglesias de Argentina, con la excepción del avivamiento de 1954 bajo Tommy Hicks uno de los avivamientos de corta duración.

Uno de los misioneros más conocidos de Argentina, Edward Miller, ha experimentado un fuerte movimiento del Espíritu Santo en City Bell en 1951. Una de las profecías registradas que él y su grupo recibieron en este tiempo refleja algo de orgullo argentino». «¡Oh Argentina! ¡Estás rechazando mi amor! ¿Por qué eres tan orgullosa? ¿Porque eres rica? ¿Quién te dió las riquezas? ... Crees que eres la más elevada; la vanidad sobreabunda en tu semblante ... Humíllate y te perdonaré. Si no haces esto, morirás sin misericordia, porque tu orgullo es grande».

Pero Dios fue misericordioso, y usó el conflicto con Gran Bretaña sobre la soberanía de las Islas Malvinas. Durante la guerra, las autoridades argentinas mintieron al público y les dijeron que estaban ganando. Cuando Gran Bretaña salió victoriosa, un trauma nacional sin precedentes conmovió a Argentina. Claudio Freidzon dice:[11] Fue el dolor y el sufrimiento de nuestra nación lo que preparó los corazones para el evangelio. La guerra de las Malvinas dejó una tremenda herida en los corazones de la gente. Vivimos días de tensión y profunda tristeza como consecuencia de la muerte de muchos jóvenes inocentes en ese frígido lugar. Nuestro orgullo fue hecho pedazos por la derrota (énfasis mío). En la arena espiritual, esta situación llevó al deseo de mucha gente de abrirse al Señor».

Satanás perdió mucho del poder que tenía en Argentina, porque la fortaleza nacional del orgullo había sido destruida, y esto abrió el camino al avivamiento. Como mencioné, Carlos Annacondia tuvo su primera reunión pública y el avivamiento en el mismo día que el General Belgrano fue hundido.

## 2. Avivamiento para la gente común

El famoso historiador inglés, Arnold Toynbee, repetidamente ha señalado el punto de que los movimientos religiosas importantes siempre entran en la sociedad a través de la gente común y luego ascienden en la escala social.

Este fue el caso con los inicios del avivamiento de Argentina en las reuniones de Carlos Annacondia. Hay mucha gente de clase media y alta que ahora son nacidos de nuevo y están participando plenamente en las manifestaciones del avivamiento, pero en los primeros días los pobres y los destituidos eran los que llenaban los lugares vacíos y eran salvos. Esto combinado con la inherente sencillez de los evangelistas laicos con sexto grado de educación, dieron una característica de avivamiento de Argentina que lo ha

_______________

11  *Ibid.*, p. 45

mantenido lejos de los peligros del elitismo y del subsecuente estancamiento.

El significado de esto se aclara a través del rápido examen del Espectro de Wilkes desarrollado y presentado primeramente en Argentina por Peter Wilkes, pastor de la Iglesia South Coast Community en San José, California. En este perfil que va desde los valores de la clase más alta a la izquierda hasta los valores de la clase más baja a la derecha, se ha acreditado al avivamiento de Argentina el mantenerse colocado hacia la derecha. Incluso los participantes de la clase alta del avivamiento con gusto se fusionan con los valores de las clases más bajas en el Espectro de Wilkes.

---

## EL ESPECTRO DE WILKES
### Clase referente al valor cristiano

| CLASE ALTA | CLASE MÁS BAJA |
| --- | --- |

### INCLINACIÓN PERSONAL

| | CLASE ALTA | CLASE MÁS BAJA |
| --- | --- | --- |
| 1. | Intelectual | Intuitivo |
| 2. | Racional | Emocional |
| 3. | Científico | Experimental |
| 4. | Racionamiento deductivo | Razonamiento Inductivo |
| 5. | Orientado al tiempo | Orientado a los eventos |
| 6. | Letrado esencial | Letrado opcional |
| 7. | Controla la vida | La vida lo controla |

## TENDENCIAS ESPIRITUALES

| 1. | Fe compleja | Fe simple |
| 2. | Conversión tranquila | Conversión de confrontación |
| 3. | Critisismo bíblico | Literalismo bíblico |
| 4. | Teología sistemática basada en la filosofía | Teología pragmática basada en el ministerio |
| 5. | Etica relativa | Etica absoluta |
| 6. | Predicación basada en el estudio | Predicación basada en la oración |
| 7. | Demonología suave | Demonología fuerte |

---

### 3. El Evangelismo es lo primero y lo último

Estoy convencido de que muchos avivamientos no han durado porque fueron enfocados en bendecir a los que ya eran cristianos, renovando su fe en Dios, aumentando su intimidad con Jesús, intensificando sus experiencias de adoración, sanando su cuerpo, restaurando las relaciones familiares rotas, proveyendo a necesidades económicas, profundizando su hambre por la palabra de Dios, reconciliándolos con los enemigos, perdonando sus pecados, moviéndolos hacia la santificación, proveyendo el don de lenguas, animándolos con las palabras proféticas, y cosas así. El evangelizar a los perdidos en la comunidad y afuera en el mundo, invariablemente se menciona, pero frecuentemente queda sujeto a una suposición fundamental, principalmente basada en que debemos pulir a los ya cristianos y desarrollar su caminar con Dios primero, y luego, cuando esto se haya hecho, estaremos equipados apropiadamente para movernos hacia los perdidos.

Hay mucha verdad fundamental en esa presunción, pero el hecho de este asunto es que muchos avivamientos se detienen al implementar la primera parte y nunca han llegado a evangelizar agresivamente a los perdidos.

Por otro lado el avivamiento de Argentina fue lanzado por un poderoso evangelista. Porque Carlos Annacondia nunca se ha desviado ni un poco de su llamamiento primario para alcanzar a los perdidos, y porque Omar Cabrera también tenía esto como su principal enfoque cuando todavía estaba solo, estos dos apóstoles clave en forma efectiva han prevenido que el avivamiento de Argentina caiga víctima del «síndrome bendíceme» que ha sido la ruina de muchos otros. El libro más vendido de Ed Silvoso, Que Nadie Perezca (Regal Books) es el más fuerte argumento que tenemos al presente para mantener el evangelismo al frente y al centro del movimiento como el avivamiento argentino. Silvoso dice: «Con frecuencia nuestra idea de avivamiento es extremadamente de auto servicio, y así, umbilical. El avivamiento que falla para traer a los perdidos a Jesus es un avivamiento de auto servicio, centrado en las necesidades y desos del hombre, y no en la gloria de Dios»[12]

## Conclusión

Hay un dicho: «Lo que se gana por intercesión se mantiene por intercesión». Roy Fish, uno de los pocos autores sobre avivamiento que discute el tema de sostener el avivamiento, dice esto: «Si el avivamiento va a sostenerse, el pueblo de Dios debe permanecer humilde ante Él; deben continuar siendo constantes en la oración; siempre deben estar buscando al Señor; y deben llevar vidas caracterizadas por el arrepentimiento y alejarse constantemente de cualquier camino de maldad. En cierto grado, los requisitos para asegurar el avivamiento se convierten en los requisitos para sostener el avivamiento».[13]

Edwin Orr dice que uno de los requisitos para asegurar el avivamiento es que Dios haga de su pueblo «una oración». Quiero terminar este capítulo con esta nota de unas palabras de Frank Damazio:

12   Edgardo Silvoso, *Que Nadie Perezca*, Regal Books, Ventura, CA, 1994, p. 70

13   Roy Fish, «Cómo Mantener el Fuego Encendido», *¡Avivamiento!* Editado por John Avant, Malcolm Mc Down y Alvin Reid, Broadman and Holman Publishers, Nashville, Tn, 1996, p. 153

«Siempre ha habido un espíritu de oración de intercesión asociado con el despertar espiritual, tanto en las Escrituras como en la historia. El avivamiento es precedido de la oración, nace a través de la intercesión y es sostenido por la oración ferviente y perseverante. La oración es el elemento vivo central para todo despertar espiritual, y para cualquier movimiento del Espíritu Santo».[14]

14   Frank Damazio, *Estaciones de Avivamiento*, BT Publishing, Portland, OR, 1996, p. 363

# capítulo dos

# Las raíces y los frutos del avivamiento en Argentina

*Por Pablo A. Deiros*

En los últimos años se ha comenzado a hablar en todo el mundo de la obra de Dios en Argentina. Algunos han calificado de verdadero avivamiento los fenómenos que configuran la experiencia religiosa de múltiples iglesias evangélicas en el país. Otros niegan totalmente toda operación sobrenatural de Dios en las iglesias, y señalan a graves distorsiones del evangelio como factores indicativos de una situación religiosa que, a su juicio, es cada vez más calamitosa. Aun otros, no hablan de avivamiento, pero sí consideran que hay signos evidentes de un proceso de creciente renovación espiritual de las iglesias en Argentina. Hay también quienes ven indicadores alentadores de crecimiento y desarrollo espiritual, pero reconocen al mismo tiempo graves problemas que desalientan todo triunfalismo.

Sea cual fuere la interpretación que hagamos de la realidad presente de las iglesias evangélicas en Argentina, parece evidente que en los últimos quince años ha habido un despertar espiritual, un crecimiento numérico, una madurez organizativa, un surgimiento de liderazgo calificado, una unidad entre los pastores, un mayor compromiso evangelístico, un desarrollo del discipulado y la formación ministerial, mucho más significativo que nunca antes en el algo más de un siglo y medio de testimonio evangélico en el país.

## Factores a tomar en cuenta

Se han mencionado como factores históricos a tomar en cuenta en el análisis del despertar evangélico de la última década los largos años de dictadura militar (1976-1983), la violencia del Estado y la violencia subversiva, la represión generalizada, la frustración por la guerra de las Malvinas (1982), el advenimiento de la democracia, la agudización de la crisis política, social y especialmente económica, entre otros. No obstante, para muchos observadores de la realidad evangélica reciente, el factor decisivo ha sido un mover muy poderoso del Espíritu Santo. Estrechamente ligada con este factor propiamente religioso, se ha dado una serie de fenómenos únicos entre los evangélicos de Argentina. De singular significación han sido las campañas masivas de evangelización, con énfasis sobre sanidad y liberación, llevadas a cabo por destacados evangelistas. De todos, quien merece una mención especial por el impacto continuado de su ministerio a lo largo de la última década, es el evangelista Carlos A. Annacondia.

Estos años fueron también testigos del surgimiento de superiglesias (o megaiglesias), como Ondas de Amor y Paz, y Visión de Futuro, entre otras. El periodismo evangélico se desarrolló notablemente, al punto que hoy hay varias publicaciones de gran circulación, siendo la pionera y más destacada el periódico *El Puente*. El proceso de unidad cristiana ha tenido un desarrollo casi explosivo. El número de consultas, encuentros, talleres, conferencias, congresos y otros programas, que han concentrado a todo el espectro evangélico en los últimos años, ha sido notable. Nunca antes, como en esta década, se han organizado tantos consejos pastorales en tantas partes del país. Cerca de doscientos consejos de pastores están activos y produciendo un fenómeno nunca visto antes: una sólida unidad espiritual y un compromiso conjunto con la misión. Por primera vez en toda la historia de las iglesias evangélicas en Argentina, está creciendo la idea neotestamentaria de una sola iglesia en cada ciudad, con una diversidad de congregaciones locales, ligadas entre sí por un fuerte amor fraternal y una sólida convicción en cuanto a la necesidad de conquistar la ciudad entera para Cristo.

El crecimiento de la obra en estos años ha sido notable. De «un pequeño pueblo muy feliz», los evangélicos argentinos han pasado a constituir casi el 10% de la población del país. En la ciudad de Buenos Aires, estadísticas recientes indican que de una población total de casi 3.000.000 de habitantes, unos 80.000 son miembros de una iglesia evangélica, es decir, casi un 3%. Si se multiplica por dos esta suma para cuantificar con moderación el total de la comunidad evangélica en la ciudad, se llega a casi un 6% de la población total. Hay unas 350 iglesias en la Capital Federal y la mayor parte de ellas son muy jovencitas. En toda la década de 1960 se fundaron solo dos iglesias en la ciudad de Buenos Aires. En la década de 1970 fueron cuatro, mientras que en la de 1980 fueron 10. Sin embargo, entre 1991 y 1992 solamente surgieron 17 nuevas iglesias en la Capital Federal. ¡Y Buenos Aires es el campo misionero más difícil y necesitado de toda la república!

La multiplicación de programas radiales y televisivos, la inserción de las iglesias en sus comunidades a través de programas de servicio, el desarrollo de una «cultura evangélica», la multiplicación astronómica de organizaciones evangélicas paraeclesiásticas, la organización de entidades fraternales y de cooperación, junto con la realización cada vez más fácil y efectiva de actividades de gran convocatoria, con una participación cada vez más amplia de todo el pueblo de Dios, todo esto y mucho más, es evidencia fehaciente de un gran mover del Espíritu Santo en Argentina en los últimos años.

A estos factores de algún modo externos hay que agregar otros que hacen a los perfiles más internos de los creyentes y las iglesias. Se está produciendo una creciente homogenización teológica. Cuestiones que por décadas fueron motivo de debates interminables, hoy dejan lugar a un diálogo más fecundo y a notables acercamientos doctrinales. Se está entrando rápidamente a lo que podríamos calificar de un cristianismo posdenominacional. Los perfiles denominacionales que parecían cerrados herméticamente, hoy manifiestan una porosidad notable, al tiempo que las iglesias parecen más abiertas a ser afectadas por otras tradiciones que la propia, como también a afectar a otros grupos con su propio aporte. Algo similar puede decirse en materia litúrgica. El nivelamiento teológico está siendo acompañado por un nivelamiento en las formas de adoración y culto. Hoy es posible adorar a Dios en casi cualquier iglesia evangélica en Argentina, sin necesidad de tener un himnario y conociendo la mayor parte de las canciones que se cantan.

No es posible en el espacio disponible hacer un análisis detallado de todos los elementos mencionados y de muchos otros que quedan en el tintero. Por eso, voy a mencionar tan solo algunos pocos factores en mayor detalle, al solo efecto de motivar al lector a una mayor reflexión sobre la cuestión de las raíces y los frutos del avivamiento en Argentina.

## La tercera ola

Durante la década de 1980, hemos sido testigos del surgimiento en Argentina de una enorme nube de nuevas manifestaciones religiosas, mayormente de corte pentecostal-carismático o bien profundamente afectadas por esta tendencia, especialmente por sus prácticas y estilos. Miles de creyentes renovados espiritualmente, pero que jamás habían pasado por una iglesia pentecostal y ni siquiera compartían su particular enfoque doctrinal, se sintieron partícipes de una experiencia carismática. Estos cristianos procuraron vivir y expresar esta vivencia de su fe, generalmente entusiasta y desbordante, en el contexto de su propia tradición denominacional. Muchos de ellos siguieron siendo buenos bautistas, metodistas o presbiterianos, pero no podían negar su práctica sincera del don de lenguas, sanidad, profecía y otras experiencias sobrenaturales. Su manera de alabar al Señor y de expresar su fe los hacía muy parecidos a los pentecostales o a los carismáticos, pero en su doctrina seguían siendo fieles miembros de su denominación.

Algunos de estos creyentes, a lo largo de la última década, han fundado nuevas congregaciones e incluso hay quienes han establecido nuevas denominaciones con un alto matiz pentecostal, pero sin llevar el nombre de pentecostal o carismático. Generalmente, los artículos de fe de estos grupos no son muy diferentes de los de cualquier denominación evangélica clásica. Si hay alguna diferencia, la misma debe buscarse en la vivacidad de sus cultos, el compromiso de su servicio, un discipulado intensivo de los creyentes, la aceptación de que las «señales y prodigios» ocurren en nuestros días del mismo modo que en los tiempos neotestamentarios, y la práctica consciente y regular de los dones espirituales o sobrenaturales. Muchos de los líderes de estos grupos han sido formados en las instituciones teológicas denominacionales tradicionales, pero directa o indirectamente han sido influidos por el movimiento carismático. Estos creyentes mantienen buenas relaciones con líderes pentecostales y carismáticos, y aplican en sus congregaciones algunos elementos misiológicos y eclesiológicos que parecen explicar el crecimiento de las iglesias de esas agrupaciones religiosas. A pesar de su integridad doctrinal denominacional y su buena disposición hacia las estructuras eclesiásticas tradicionales, muchos de ellos son marginados, se los considera con sospechas, cuando no se los hostiga como ajenos a la denominación. Pero casi ninguno de ellos encuentra motivos que justifiquen su alejamiento de la denominación en la que han conocido al Señor y en la que se han formado como cristianos.

Hacia 1983, algunos líderes comenzaron a hablar de una «tercera ola» de pentecostalismo, que estaba penetrando en las iglesias históricas sin producir la conmoción o tensiones que produjo el movimiento carismático en la década de 1960. Se habla de este movimiento como una «tercera ola» porque se lo considera como un sucesor de las otras dos, es decir, el pentecostalismo clásico y el movimiento carismático. Esta nueva ola está constituida por evangélicos de las denominaciones tradicionales más importantes, que manifiestan haber recibido dones del Espíritu Santo, pero que rechazan el rótulo de pentecostales o carismáticos.

C. Pedro Wagner, conocido profesor del Seminario Teológico Fuller, de Pasadena, California, se considera como parte de esta «tercera ola» de cristianos. El dice haber hablado en lenguas, pero se rehúsa a ser calificado como pentecostal o carismático. Procurando explicar esta «tercera ola», dice Wagner: «Veo en los años de

1980 una apertura de los evangélicos tradicionales y otros cristianos a la obra sobrenatural del Espíritu Santo, que han experimentado los pentecostales y carismáticos, pero sin hacerse pentecostales o carismáticos».[1]

Hacia mediados de la década de 1980 ya había evidencias de que la «tercera ola» estaba penetrando en las iglesias protestantes históricas de Argentina, sin producir la confusión de etiquetas y calificativos, que el surgimiento del movimiento carismático había producido en las décadas anteriores. Una expresión de esto fue el creciente apoyo que muchas iglesias evangélicas no pentecostales comenzaron a dar a las campañas de Carlos Annacondia, que es un evangelista pentecostal.

Además, es posible notar en Argentina, como ocurre en todo el mundo, una creciente «pentecostalización» de la vivencia cristiana. Quizás sería más correcto decir que en esferas cristianas tradicionales cada vez se toma más en serio la doctrina del Espíritu Santo, se presta mayor atención a los dones del Espíritu Santo, y se procura vivir la fe en una dimensión sobrenatural bajo el señorío de Cristo.

De allí que, la razón principal para el desarrollo de esta «tercera ola» en las iglesias históricas, como así también del surgimiento de los movimientos pentecostales y carismáticos, parece ser el gran hambre por una fe cristiana viva y una adoración más expresiva. Obviamente, esta necesidad emocional no se ve satisfecha por las liturgias y rituales tradicionales de las iglesias históricas. Un cristianismo descomprometido, formal y frío no parece atraer mucho. Por el contrario, cada vez son más los creyentes que prefieren formas más «libres» de comunicación con Dios, en oposición a las formas estilizadas y ritualizadas de la adoración y oración tradicionales. Es por esto que, quienes se ven más atraídos hacia la alabanza carismática son precisamente los miembros de las iglesias más formales. El deseo de una comunicación con Dios directa y libre a

---

1    C. Peter Wagner, «A Third Wave» (Una tercera ola), *Pastoral Renewal* 8, julio-agosto, 1983, pp. 1-5. Véase también, C. Peter Wagner, *Spiritual Power and Church Growth* (Poder espiritual y crecimiento de iglesia), Strong Communications, Altamonte Springs, FL, 1986, pp. 13-14.

través de la oración y la alabanza hace que muchos anhelen sinceramente formas de culto más «carismáticas».

Si las iglesias evangélicas tradicionales no satisfacen estas necesidades, las personas no por ello van a dejar de sentirlas, y procurarán darles satisfacción en alguna parte. Hacia 1983, uno de los motivos principales de preocupación de muchos líderes cristianos, dentro del protestantismo histórico, era el número creciente de creyentes de corte carismático que estaban dejando sus iglesias, para unirse a iglesias pentecostales locales o a iglesias carismáticas independientes. En este sentido, los últimos quince años han sido en Argentina años de gran movilidad intereclesiástica. Miles de creyentes se movieron de una iglesia local a otra, e incluso cambiaron su filiación denominacional, en procura de llenar sus necesidades espirituales no satisfechas. Para algunas congregaciones locales esto significó un crecimiento numérico sin precedentes, mientras que para otras resultó casi en su muerte.

La «tercera ola» representa una reacción de muchas iglesias evangélicas bíblicas y tradicionales a esta necesidad. A medida que más iglesias se abren a una adoración más «libre» y «carismática», son menos los miembros que las dejan. Por el contrario, estas iglesias de la «tercera ola» se están transformando en verdaderos polos de atracción para muchos creyentes insatisfechos con la frialdad espiritual y falta de compromiso de sus iglesias locales más tradicionales. Nótese que no me estoy refiriendo a nuevos desarrollos denominacionales o a diferencias en los planteamientos doctrinales, sino a la manera de llevar a cabo la adoración y de tomar en cuenta lo que la Biblia enseña sobre el Espíritu Santo y sus dones. Es decir, una iglesia evangélica de la «tercera ola» seguirá siendo tan bautista, metodista, presbiteriana o hermano libre como cualquier otra congregación hermana de la misma denominación, pero sus cultos, su programa de discipulado, sus relaciones fraternales y su compromiso de encarnación y servicio en el mundo serán singulares, y por cierto, muy atractivos y dinámicos.

Por otro lado, a medida que las iglesias pentecostales van moderando algunas de sus prácticas más extremas, y las iglesias evangélicas históricas van abriéndose a una mayor libertad en el ejercicio de los dones del Espíritu, las diferencias entre ellas parecen disminuir. Es más, muchos creyentes de origen pentecostal se sienten sumamente atraídos por una iglesia evangélica conservadora, pero «renovada», que cree en los dones del Espíritu y los ejerce y tiene una alabanza viva, pero es más ordenada, tiene una buena organización eclesiástica y cuenta con un mejor programa de educación cristiana y predicación.

Hoy, casi nadie habla de los pentecostales como si fuesen una secta o una expresión religiosa fuera del cristianismo histórico, como era el caso hasta hace unas dos décadas atrás. En general, los evangélicos en Argentina consideran a los pentecostales como una parte importante de su propia familia religiosa, y aprecian la contribución especial que ellos pueden hacer para el enriquecimiento de quienes sostienen una fe bíblica y teológicamente conservadora. A su vez, los líderes pentecostales ya no miran a sus pares de las iglesias evangélicas tradicionales como liberales, que cuentan con una mejor formación teológica, pero ignoran todo acerca del Espíritu. Algo similar puede decirse respecto del movimiento carismático, que desde fines de la década de 1970 ha ido decantándose como una denominación o iglesia independiente. Los líderes carismáticos hoy gozan de respeto y aceptación en círculos evangélicos argentinos. Sus iglesias están mayormente integradas a instituciones fraternales y de servicio evangélicas, y participan activamente en proyectos comunes con iglesias y denominaciones pertenecientes al protestantismo histórico.

## La tercera ola en perspectiva

¿Cómo evaluar un fenómeno tan reciente? ¿Cómo ubicar la creciente «tercera ola» dentro del cuadro total del desarrollo histórico del cristianismo? La misma pregunta es la que levanta C. Pedro Wagner, y la responde de la siguiente manera:

Un creciente número de eruditos y líderes de la iglesia cristiana creen que Dios está haciendo algo nuevo durante estos años finales del siglo veinte. La profecía de Joel, citada por Pedro en su sermón del día de Pentecostés, dice:

> Y en los postreros días, dice Dios, derramaré de mi Espíritu sobre toda carne, y vuestros hijos y vuestras hijas profetizarán; vuestros jóvenes verán visiones, y vuestros ancianos soñarán sueños (Hechos 2.17).

No se puede saber con seguridad si lo que está sucediendo es el cumplimiento de esta profecía y la indicación de que estos son los últimos días. No obstante, esto no está fuera de lo posible.

En la primera parte de nuestro siglo, los pentecostales volvieron a descubrir el poder de Dios y se convirtieron en canales de las señales y los prodigios. Pronto, pasada la mitad del siglo, los carismáticos llegaron a concordar con aquellos, y desarrollaron grupos llenos del Espíritu Santo en las iglesias tradicionales. Este pudiera ser el tiempo de Dios para que los que no se han identificado con ninguno de estos movimientos se pongan en contacto con la clase de poder que se describe en el Nuevo Testamento.[2]

Da la impresión como que, a pesar de las enormes diferencias doctrinales y eclesiológicas, hay un hilo invisible de experiencias similares en relación con el Espíritu Santo, que une bajo un común denominador a las diversas comunidades cristianas de mayor impacto y crecimiento hoy en Argentina. No todas las iglesias creen lo mismo ni hacen lo mismo. Pero todas ellas se sienten renovadas espiritualmente en el marco de su propia tradición denominacional, y todas están experimentando un crecimiento numérico notable.

Se ha sugerido que la visión de Ezequiel de los huesos secos ilustra la manera en que Dios ha estado renovando a su iglesia en los últimos cinco siglos (Ezequiel 37). Según esta ilustración, los huesos secos representan a la Iglesia Católica Apostólica y Romana de la Edad Media, con una profunda necesidad de renovación. Los esqueletos mantenían, a pesar de su sequedad, la estructura sacramental y litúrgica de la fe cristiana. La carne y los tendones que se agregaron a los huesos representan el aporte de la Reforma pro-

2   C. Peter Wagner, *Señales y prodigios hoy*, Editorial Vida, Miami, 1985, p. 125.

testante, a través de la cual las Escrituras y la proclamación de la Palabra de Dios pusieron nueva forma a los cuerpos. Pero todavía les faltaba el aliento del Espíritu. La renovación pentecostal trajo otra vez a la vida a los viejos cuerpos y los transformó en un ejército vivo y poderoso. Este soplo del Señor sigue operando en nuestros días y preparando a la iglesia para recibir al Rey que viene.

## El futuro de la renovación

A la luz de los muchos estudios que se han estado haciendo en el pasado y las proyecciones para el futuro, es posible mirar hacia adelante para ver qué puede suceder con la renovación espiritual que parece estar en curso en Argentina.

Según proyecciones hechas por el Consejo Mundial de Iglesias a comienzos de la década de 1970 y a nivel mundial, para el año 2000 más del 50% de todos los cristianos en el mundo tendrán las siguientes características: (1) no pertenecerán a la raza blanca; (2) vivirán en el hemisferio sur; y (3) serán de corte pentecostal-carismático. Los hechos y las pautas de crecimiento de la iglesia en los últimos años en Argentina parecen confirmar esta tendencia.

Si estas proyecciones se mantienen hasta fines del siglo, no es insensato predecir que la cristiandad para esa fecha tendrá una configuración más o menos como la siguiente:

Un 25% de toda la cristiandad estará constituida por los pentecostales clásicos, provenientes mayormente de los movimientos pentecostales que pululan en el Tercer Mundo, especialmente en América Latina. Estos cristianos continuarán teniendo una cuota muy pequeña de liturgia y ritual, y enfatizarán los dones del Espíritu Santo en sus cultos regulares. Seguramente seguirán siendo las iglesias de crecimiento mayor y más rápido en el mundo. También aparecerán en las naciones del Tercer Mundo y en los Estados Unidos algunas «superiglesias» con membresías superiores a las 50.000 personas.

Otro 25% de la cristiandad total serán cristianos carismáticos pertenecientes a las iglesias del protestantismo histórico y a la Iglesia Católica Romana. Estos provendrán mayormente de las naciones occidentales desarrolladas de Europa y Norteamérica, si bien tendrán una gran relevancia también en América Latina, especialmente en sus grandes ciudades. Sus cultos se caracterizarán por ser algo carismáticos y serán típicos de los creyentes de la «tercera ola» que pueden o no ser calificados como pentecostales o carismáticos. Gradualmente superarán a las viejas iglesias «liberales» o «tradicionales» en su tamaño e influencia. En un sentido, estas iglesias «renovadas» se transformarán en la rama principal o histórica de las iglesias del siglo XXI. Es probable que este sea el cristianismo protestante argentino característico, o al menos el más influyente, en las próximas décadas.

Otro 25% estará constituido por los cristianos no carismáticos pertenecientes a las iglesias del protestantismo histórico y a la Iglesia Católica Romana. Estos incluirán a dos grupos. Por un lado, estarán las iglesias «liberales» que continuarán declinando en el número de sus miembros. Y por el otro, estarán las iglesias evangélicas conservadoras no carismáticas que seguirán creciendo muy pobremente, pero que quedarán como una proporción más pequeña dentro del número total de cristianos. Los «liberales» tendrán menos poder en las estructuras denominacionales, pero continuarán dominando el movimiento ecuménico mundial, en franca decadencia. Los evangélicos más conservadores continuarán oponiéndose al movimiento carismático o de renovación, y cada vez más se refugiarán defensivamente en su cascarón fundamentalista.

Finalmente, el último 25% estará constituido por cristianos nominales de todas las iglesias y denominaciones que no practicarán su fe y serán cristianos solo en un sentido cultural. La mayoría de estos caerán en una apostasía progresiva. Estos cristianos culturales o nominales constituirán la mayoría de los miembros de las iglesias occidentales (mayormente blancos del hemisferio norte), que considerará que la iglesia es irrelevante para el hombre moderno, y que, como apóstatas, tendrán sus nombres en la lista de miembros de la iglesia, pero no concurrirán a sus cultos ni participarán en su misión, o bien abandonarán del todo la iglesia.

Es del todo probable que el futuro del cristianismo sea modelado por las iglesias pentecostales y nativas del Tercer Mundo subdesarrollado, en interacción dinámica con los elementos carismáticos vigorosos de las iglesias evangélicas tradicionales o históricas. La historia reciente del crecimiento de la iglesia en Africa y América

Latina indica que la suerte del cristianismo en el siglo XXI bien puede estar en las manos de las iglesias pentecostales nacionales que están surgiendo en el Tercer Mundo y de un catolicismo romano renaciente, inspirado y renovado por la renovación carismática.

Es difícil afirmar o negar que lo dicho en relación con la situación futura del cristianismo en todo el mundo sea un cuadro aproximado de lo que puede ocurrir con el cristianismo en los próximos años en Argentina. Sin embargo, hay algo que parece cierto, y es que la renovación espiritual va a continuar profundizándose hasta bien entrado el siglo XXI y extendiéndose a todo el mundo cristiano. Quizás este es el lugar para recordar la exhortación de Santiago, el hermano y siervo del Señor: «Por tanto, hermanos, tened paciencia hasta la venida del Señor. Mirad cómo el labrador espera el precioso fruto de la tierra, aguardando con paciencia hasta que reciba la lluvia temprana y la tardía. Tened también vosotros paciencia, y afirmad vuestros corazones; porque la venida del Señor se acerca» (Santiago 5.7-8).

## La unción

Uno de los fenómenos religiosos más interesantes que se están produciendo en este momento en el seno del protestantismo evangélico en Argentina es lo que, desde 1992, se ha dado en llamar «la unción». Básicamente se trata de la experiencia de la llenura del Espíritu Santo, en términos más o menos acordes con lo que sobre el particular se ha enseñado en medios evangélicos. Entre los elementos que caracterizan las manifestaciones asociadas al fenómeno se encuentran las caídas bajo la supuesta influencia del Espíritu, explosiones de llanto o risa incontenibles, temblores, sensación de calor o frío, y un agradable estado de armonía y éxtasis que es descrito en términos de «borrachera espiritual».

Por cierto, el conjunto de estas vivencias no es nuevo, ya que la historia del cristianismo registra cientos de casos similares a lo largo de los siglos. Generalmente, tales vivencias han estado asociadas a tiempos de renovación y avivamiento espiritual. John White, un destacado siquiatra cristiano y profesor asociado de siquiatría en la Universidad de Manitoba, Canadá, ha enumerado y descrito recientemente algunas de las formas corrientes de este comportamiento inusual, que ocurren en una renovación espiritual.[3] Desde un ángulo de análisis distinto, David Pytches, quien fuera obispo anglicano de la diócesis de Chile, Bolivia y Perú, considera los mismos fenómenos como legítimas manifestaciones de la obra del Espíritu Santo para la renovación espiritual entre los creyentes y el avivamiento entre los inconversos.[4]

No obstante, el fenómeno no es algo que se haya originado en América Latina, sino que responde a la influencia ejercida por dos libros de gran venta en todo el continente: *Buenos días, Espíritu Santo* y *La unción*, ambos escritos por el pastor carismático norteamericano Benny Hinn. Estos dos escritos suyos han figurado entre los libros religiosos de mayor venta en los Estados Unidos en los últimos años y han gozado de una gran circulación en Argentina.[5]

Hinn es evangelista y ha servido como pastor del Centro Cristiano en Orlando, Florida, una congregación carismática independiente de unos 7.000 miembros. Su predicación y estilo ministerial, al igual que el funcionamiento de su iglesia es el característico de cualquier congregación de corte carismático. No obstante, ha llamado poderosamente la atención por su práctica regular de orar por la llenura del Espíritu Santo, y las manifestaciones que acompañan a esta experiencia. Hinn ha sido duramente criticado por esto y por supuestos errores doctrinales. Quienes más fuertemente lo han hostigado dentro y fuera de los Estados Unidos son líderes carismáticos y especialmente representantes de sectores evangélicos fundamentalistas. Su ministerio televisivo (más de 15,000.000 de televidentes por semana) y el contenido de sus libros (más de 1.700.000 de ejemplares entre los dos mencionados, solamente en inglés) ha estado bajo la lupa y el escrutinio de muchos.[6]

3    John White, *Aunque resuciten los muertos*, Ediciones Certeza ABUA, Buenos Aires, 1993, pp. 7-10.

4    David Pytches, *Ven, Espíritu Santo*, Ediciones Certeza ABUA, Buenos Aires, 1992.

5    Benny Hinn, *Buenos días, Espíritu Santo*, Unilit, Miami, FL, 1991; e Idem, *La unción*, Unilit, Miami, FL, 1992.

6    Stephen Strang, «Benny Hinn Speaks Out and Explains Changes in His Teachings and Ministry», *Charisma*, agosto 1993, pp. 22-29; Stephen F. Cannon, «Good Morning, Holy Spirit, Benny Hinn and Revelation Knowledge», *The Quarterly Journal* 11, julio-setiembre 1991, 1, 10-15; G. Richard Fisher, «Benny Hinn's Anointing: Heaven Sent or Borrowed?»

La influencia de Hinn en Argentina llegó no solo por sus libros sino también por el ministerio de un pastor argentino de la Unión de las Asambleas de Dios, Claudio Freidzon. En 1992, este pastor pentecostal de la iglesia Rey de Reyes, en Buenos Aires, fue a visitar a Hinn en Orlando. Según él, fue allí que recibió «la unción», que luego comenzó a ministrar a su congregación. En pocos meses su iglesia creció notablemente, al tiempo que pastores y miembros de todas las iglesias evangélicas de Argentina y países vecinos asistían a los cultos para recibir la llenura del Espíritu. Lo interesante del caso, es que la mayor parte de los pastores por los que Freidzon oró pertenecen a denominaciones históricas y tradicionales, en cuyas iglesias comenzaron a repetirse los fenómenos de caídas, borracheras y otras manifestaciones características de la unción del Espíritu Santo.

En los últimos meses de 1992 y la primera mitad de 1993, el número de iglesias locales evangélicas renovadas espiritualmente por «la unción» había crecido de manera llamativa, mientras Freidzon estaba congregando cada vez más gente en enormes estadios de fútbol en campañas de evangelización y sanidad, acompañadas de oración por «la unción». El fenómeno llegó a tal grado de impacto, que las principales denominaciones evangélicas se vieron forzadas a discutir la cuestión. Pocas iglesias se han dividido por esto, que en todo caso ha sido más bien la ocasión que la causa de las fracturas ocurridas. Pero es evidente que las opiniones han estado y están divididas. Sea como fuere, el clima de despertar espiritual, de entusiasmo religioso, y de deseos de servicio y consagración parece evidente en aquellas congregaciones que están pasando por este tipo de experiencias espirituales. Desde Argentina, el fenómeno de «la unción» está pasando a otros países del continente y muy pronto puede que se torne en un elemento característico de buena parte del protestantismo evangélico latinoamericano de estos pocos últimos años del siglo.

Algo llamativo es que el fenómeno, aparentemente de corte pentecostal-carismático, si bien con características más o menos si-

*The Quarterly Journal* 12 , julio-setiembre 1992, pp. 1, 10-16; Perucci Ferraiuolo, «Christian Leaders Admonish Hinn», *Christianity Today*, 16 de agosto de 1993, pp. 8-39.

milares, se vive dentro del marco de cada tradición denominacional y es ajustado a las pautas teológicas propias de cada una. Por ello, es difícil que la experiencia y sus manifestaciones generen nuevas formas institucionales. Más bien, la «unción» parece operar como un elemento secundario, que se agrega a un proceso más global de renovación espiritual, que está en marcha y que puede ser preparatorio de un tiempo de gran avivamiento espiritual a nivel continental, si no mundial.

## Movimiento de alabanza

Argentina está siendo conmovida en estos últimos años por un verdadero movimiento de alabanza. El aumento casi explosivo de la producción de canciones cristianas por todo el continente parece ser expresión de esto. Se está produciendo una verdadera revolución no solo litúrgica sino en los contenidos de la adoración comunitaria. Los himnos evangélicos tradicionales y su expresión más característica, el himnario, están siendo reemplazados por una nueva gama de canciones.

La nueva música se caracteriza por ser más alegre y vivaz. Se la ubica dentro de los cánones de la música juvenil contemporánea, con profusión de instrumentos propios de una orquesta moderna: guitarras y bajos eléctricos, batería, percusión, teclados, y vientos o metales propios del jazz (trompeta, saxofón, clarinete). El canto congregacional generalmente es acompañado por el batir de las manos, la elevación de los brazos y la danza. No se usan libros de canto o cancioneros, sino que se suele cantar de memoria o proyectar la letra de la canción con un retroproyector. Esto permite una participación más activa de todo el cuerpo en el acto de alabanza. La emotividad es mayor y las canciones se suceden sin solución de continuidad durante mucho más tiempo que el que tradicionalmente se dedicaba a la entonación de los himnos.

La poesía de estas canciones es mucho más lírica que la de los himnos tradicionales. Su propósito no es tanto didáctico o moral, como emocional y experiencial. Generalmente se trata de textos bíblicos, cuyo contenido está orientado a la alabanza, que son cantados con buen ritmo. El objetivo no es tanto la expresión doctrinal de la fe, como la manifestación emocionada de los sentimientos hacia el Señor, en base al contenido bíblico. El tiempo de alabanza generalmente da comienzo al culto y ocupa un buen tramo del mismo. Se trata de una celebración festiva, alegre y bulliciosa de la presencia del Señor en medio de su pueblo. A este tiempo de regocijo espiritual, le sigue un tiempo de adoración, en el cual, a través de canciones más suaves, lentas y más orientadas a la oración, la congregación se acerca al trono de Dios en reconocimiento de quién es Él.

Esta distinción entre un tiempo de alabanza y otro de adoración, característico de las nuevas modalidades de culto, encuentra expresión en la enseñanza y la práctica de uno de los líderes de adoración que más han influido recientemente en todo el pueblo evangélico en el continente, Marcos Witt. Hijo de misioneros norteamericanos, pero nacido y radicado en México, desde donde cumple su ministerio de producción de música cristiana y promoción de nuevas formas de adoración. Su visita a la Argentina a principios de 1993 fue impactante. Desde entonces, Witt ha estado llevando a cabo talleres de adoración en el país casi todos los años. En una de sus últimas visitas a Buenos Aires (28 de marzo de 1997), condujo en la adoración a una multitud de más de 55.000 personas, que colmó la capacidad del estadio de Vélez Sárdsfield.

Lo más interesante de los nuevos modelos es la nivelación litúrgica que se está produciendo. Iglesias de las más diversas denominaciones, incluso las más alejadas del pentecostalismo o el movimiento carismático, adoptan un estilo carismático de alabanza y adoración. El mismo Witt ha señalado: «La alabanza, la adoración, la música, deben ser factores que nos unan y no que nos dividan».[7] Y parece ser que esto es lo que está ocurriendo.

Según él, a partir de mediados de la década de 1980 comenzó un movimiento de alabanza y adoración, que reunió a varios líderes en México. Estos se propusieron llevar a cabo un ministerio docente sobre la cuestión. En los últimos años este ministerio ha trascendido las fronteras mexicanas y está revolucionando la liturgia evangélica en todo el continente. Las canciones de Witt y sus asociados no solo están inundando el ávido mercado evangélico, sino que se

---

7    Marcos Witt, «Somos siervos, no artistas», *El Puente*, junio de 1993, p. 24.

están tornando en las expresiones características del culto evangé-lico por todas partes. Como se indicó, hoy es posible adorar a Dios en la mayoría de las iglesias evangélicas de Argentina cantando las mismas canciones, muchas de ellas introducidas por Marcos Witt.

Movimientos litúrgicos, como los promovidos por Witt; el in-cremento de la producción musical, como la multitud de casetes que sale de Centroamérica, especialmente de Guatemala; y una ma-yor libertad, variedad, creatividad, espontaneidad y contextualiza-ción de la alabanza en las iglesias evangélicas latinoamericanas es el anticipo de tiempos de gran avivamiento. El perfil general de toda esta producción es pentecostal-carismático. Quizás este fenó-meno sea la expresión culminante de la tesis que he sostenido en toda esta presentación, en el sentido de que el perfil del protestan-tismo en Argentina en el siglo XXI será de tinte pentecostal-caris-mático.

## ¿Hay un avivamiento espiritual en la Argentina?

En los últimos años he escuchado esta pregunta infinidad de veces. Las respuestas han sido de las más diversas y opuestas. Sin embar-go, creo que nunca escuché a nadie levantar preguntas sobre la pre-gunta misma. Es decir, ¿es esta una pregunta válida para nuestra consideración y reflexión? ¿Es el tipo de pregunta que debemos plantearnos hoy en términos de la acción redentora de Dios y la proclamación de su reino? ¿Es esta cuestión lo suficientemente re-levante en términos misionológicos como para que nos concentre-mos en ella? Y si lo es, ¿es posible que haya otras preguntas y cuestiones de mayor urgencia o que requieren de una atención prio-ritaria?

Buena parte del problema no reside tanto en el discernimiento espiritual y la comprensión de los hechos históricos, como en el eti-quetamiento de los mismos. Supongo que a ningún buen cristiano se le ocurrirá afirmar que Dios no está haciendo *nada* para redimir a las personas en Argentina. Tal conclusión sería absurda. Segura-mente que Dios está haciendo *algo* para hacer real la presencia de su Reino en este país. La cuestión es llegar a una respuesta en cuan-to a qué es lo que Él está haciendo y cómo entender o calificar lo que Él está haciendo.

Esta cuestión del etiquetamiento es importante. Corremos el peligro de perder el contenido por concentrarnos en la etiqueta del envase. Además, también parece evidente que no todos los que hablan o escriben usando el vocablo «avivamiento» lo hacen refiriéndose al mismo asunto. Para algunos el término señala a eventos similares a despertares espirituales como el Gran Avivamiento en las colonias norteamericanas en la primera mitad del siglo XVIII. Otros consideran como avivamiento procesos de renovación espiritual de mayor duración temporal, como el surgimiento del pentecostalismo y el movimiento carismático. Hay quienes estiman que avivamiento es un programa de evangelización masivo e intensivo. Aun otros hablarán de avivamiento toda vez que el tenor espiritual de un sector del pueblo de Dios se profundiza o se enciende el entusiasmo religioso. También están quienes identifican ciertas manifestaciones exteriores de la fe, especialmente señales, prodigios, maravillas, milagros, o el ejercicio de los dones del Espíritu Santo, como indicadores de un auténtico avivamiento. Incluso están aquellos que piensan que un proceso de restructuración, renovación institucional o *aggiornamento* de viejas formas es una fuente de avivamiento. Quizás haya algunos otros modos en que el vocablo ha sido utilizado de maneras más o menos específicas, sin contar a quienes usan el término en un *lato sensu* para referirse a todo fenómeno que pueda reconocerse como una manifestación de una poderosa acción redentora de Dios en la historia.

Sin embargo, un avivamiento espiritual no es reestructuración, ni renovación, ni actualización o *aggiornamento,* ni restauración, revitalización, o reforma. Un avivamiento espiritual demanda una combinación de elementos vivenciales que mueven a la iglesia a un retorno a sus raíces teológicas en las Escrituras junto con un compromiso misionero con respecto a la cultura, en obediencia al señorío de Cristo y bajo el poder del Espíritu Santo. La iglesia ha sido constituida por Jesucristo para la misión. En consecuencia, el avivamiento espiritual tiene que ver básicamente con la recuperación de esta *raison d'etre* de la iglesia. Pero esto no es simplemente un retorno a un pasado ideal. Como indica Wilbert Shenk, profesor del Seminario Teológico Fuller: «La fundación de la iglesia estuvo ligada a su propósito en relación al mundo en el que la iglesia estaba ubicada. La iglesia existe para la *missio Dei* en favor del mundo. La renovación auténtica se manifestará en un testimonio intensificado en el mundo en favor del Reino de Dios. Esta debe ser la clave que guíe la (re)institucionalización de la iglesia en un momento particular en la historia».[8]

Es precisamente porque la iglesia ha sido colocada por Cristo con una misión en el mundo, que su vitalidad, es decir, su grado de avivamiento espiritual, debe ser evaluado en términos de su compromiso misionológico con el mundo. Toda vez que la iglesia se somete en obediencia al señorío de Cristo y se llena del Espíritu Santo comprometiéndose con la misión de Dios en el mundo, se puede decir que ocurre esa manifestación sobrenatural de la gracia de Dios, que llamamos avivamiento espiritual. Un auténtico avivamiento espiritual ocurre siempre con evidencias de la acción poderosa de Dios para la redención humana, a través de su pueblo espiritualmente renovado y obediente.

## Un cambio de paradigmas

Volvamos a levantar el interrogante anterior: ¿hay un avivamiento espiritual en la Argentina hoy? Quizás la mejor manera de formular la pregunta debería ser: ¿hay avivamiento en el mundo hoy? El presente fenómeno de globalización no solo nos impone insertar los fenómenos locales adecuadamente en su propio marco espacio-temporal, sino también en el contexto global en el que hoy se verifican los hechos, tanto humanos como divinos. Desde esta perspectiva globalizada, es posible señalar que algo está pasando en todo el mundo hoy en términos espirituales y misionológicos, según he indicado más arriba. Argentina no está excluida de este fenómeno observable.

¿Qué es lo que está pasando? Sería tedioso que ocupara el poco espacio que me queda en enumerar qué está pasando en el mundo hoy, observando la realidad desde la perspectiva del Reino. No

8    Wilbert R. Shenk, «Envisioning the Church of the Future: Mission and Renewal», ponencia presentada al cuerpo docente de la School of World Mission, Fuller Theological Seminary, Pasadena, California, el día 4 de marzo, 1997. (Fotocopia.)

obstante, deseo llamar la atención del lector sobre un elemento que, desde una perspectiva histórica, me parece sumamente interesante para nuestra consideración. Estimo que este elemento puede darnos una clave interpretativa, no solo para entender qué es un avivamiento, sino también para comprender, a nivel global, la dirección de los cambios espirituales que se están dando, y así poder discernir la poderosa mano de Dios obrando a través de su pueblo en medio de los tiempos en todo el mundo, y particularmente en Argentina.

Este elemento al que hago referencia es el profundo *cambio de paradigmas* que estamos experimentando en los últimos años del presente milenio y a las puertas del que comienza. Esto es lo que genera entusiasmo y expectativa en algunos, temor e incertidumbre en otros, y rechazo y resistencia en los demás.

Miremos la historia del testimonio cristiano para entender un poco más lo que está ocurriendo hoy en todo el mundo. Loren Mead, en su libro *The Once and Future Church*, plantea un marco interpretativo muy interesante, que puede ayudarnos a entender los «dolores de parto» del tiempo presente. Según él, la iglesia occidental ha conocido solo dos paradigmas dominantes en sus casi 2000 años de vida. Y nosotros estaríamos viviendo el *kairos* crítico de la transición entre el segundo paradigma y el tercero.

## El paradigma apostólico

El primer modelo de iglesia, que Mead designa como el paradigma apostólico, abarca los tres primeros siglos de testimonio cristiano. En razón de que los paradigmas tienen que ver con la comprensión que la iglesia tiene de su misión en el mundo, se puede decir que la misión primaria y fundamental de la Iglesia Apostólica fue el testimonio, la proclamación del evangelio del Reino.

La iglesia primitiva se veía a sí misma como un pueblo fiel rodeado de un ambiente hostil, en el que cada miembro estaba llamado a ser testigo del amor de Dios, según se había manifestado en Cristo. La misión era inmediata y urgente; el campo de labor era el mundo; todos los creyentes eran protagonistas; todos estaban dotados de los carismas y el poder del Espíritu para cumplir la tarea; y todos entendían que en el nombre de Jesús tenían autoridad para proclamar el evangelio del Reino, sanar a los enfermos y echar fuera demonios. Cada discípulo de Jesús era un portador del mensaje del evangelio, anunciando por todas partes que Jesús había muerto, resucitado y era el Señor. Y que Jesús, el Cristo, podía rescatar a los perdidos y transformarlos en una nueva humanidad que, redimida, debía vivir conforme a los valores del Reino de Dios, alejándose de los valores del mundo dominante y en decadencia.

## El paradigma de la cristiandad

Con la «conversión» del emperador Constantino a comienzos del siglo IV, se abrió un nuevo paradigma: el paradigma de la cristiandad. En el año 313, con el edicto de Milán, Constantino puso fin al ambiente hostil que enfrentaban los cristianos en el ámbito del Imperio Romano y les concedió la condición de ser una religión oficialmente tolerada. De la noche a la mañana, la iglesia pasó de ser una minoría perseguida, la congregación de los «llamados afuera» (*ekklesia*) y se convirtió en la congregación de los «llamados adentro», integrándose al sistema imperante.

De este modo, la iglesia, el mundo y el Imperio pasaron a ser una sola cosa. Formar parte del Imperio significaba ser cristiano. Ser ciudadano y ser cristiano eran sinónimos. Ya no era necesario para los cristianos «*ir* al mundo» porque se formaba parte del mundo. La misión no estaba afuera de la iglesia, sino adentro; y su ejecución no era responsabilidad de todos los cristianos, sino de algunos llamados por Dios a tal efecto. Ser testigo del Reino no presuponía la disposición de morir por Cristo (i.e., ser mártir), sino a lo sumo llevar la misión de la iglesia a los nuevos territorios conquistados por el Imperio, a fin de convertir a la religión cristiana y a la civilización cristiana a aquellos que todavía estaban sumidos en el paganismo.

La constantinización de la iglesia y el establecimiento del paradigma de la cristiandad cambió radicalmente la comprensión que de sí misma tuvo la iglesia y especialmente la definición de su misión. De mano de todos los creyentes confesantes, la misión pasó a estar en manos de los líderes religiosos. Se constituyó un clero, cuya ocupación primordial fue el manejo de los ritos y los misterios religiosos, y un laicado, cuyo rol principal fue el de sostener al clero y recibir los beneficios de su mediación religiosa. El clero pasó a ser así el símbolo de lo sagrado, los dispensadores del ministerio de la Palabra al pueblo espiritualmente ignorante. Fueron ellos quienes se apropiaron de manera exclusiva de los carismas del Espíritu: los únicos capaces de ejercer autoridad apostólica, de recibir palabra profética, de evangelizar, de cuidar del rebaño, y de enseñar la fe según debe ser enseñada. Fue el clero el responsable de discernir la verdad, y qué es de Dios y qué no; de dispensar la gracia a través de los sacramentos y de perdonar los pecados de los penitentes. Fueron ellos también un importantísimo factor de control social y sirvieron también como agentes generadores de consenso cultural. Se ocuparon de presidir las ceremonias públicas de adoración y los ritos de pasaje como el bautismo, la confirmación, el matrimonio y la muerte.

Los «laicos» más consagrados participaron de la misión pagando el sostenimiento del culto y de la clase clerical, manteniendo la institución y la estructura creada mediante la participación en infinidad de comisiones y organizaciones internas o paralelas, y especialmente proveyendo de edificios y medios económicos, de modo de ayudar al clero a tener todo lo necesario para cumplir «su ministerio».[9]

Lejos de estar enfocadas en el cumplimiento de la misión de proclamar el Reino de Dios, las iglesias del paradigma de la cristiandad se preocuparon más por fortalecer sus estructuras de poder, definir sus dogmas y prácticas, marcar su identidad denominacional en contraste con los demás cristianos, desarrollar un programa de actividades orientado hacia adentro de la comunidad religiosa, perseguir y hostigar a quienes tenían una experiencia y comprensión diferente de la fe, enredarse en los procesos de institucionalización, y sobre todo, dedicar todas sus energías y recursos al mantenimiento de lo conquistado en todos estos aspectos. Precisamente, es en esto último donde mejor puede verse la crisis presente de la cristiandad tradicional, puesto que estas iglesias están en de-

---

9    El vocablo «laico» es la designación típica para referirse a los creyentes cristianos que no forman parte del clero, en el paradigma de la cristiandad. La vigencia del uso de este término es una evidencia más de que los elementos constitutivos de este paradigma siguen todavía operando en el cristianismo contemporáneo.

cadencia, a pesar de haber montado todas sus estructuras organizacionales en torno al propósito del mantenimiento de lo que está, en lugar de enfocarse en el cumplimiento de la misión en el mundo.

Este paradigma de la cristiandad ha estado vigente, salvo algunas excepciones, en casi todo el cristianismo (católico, protestante y ortodoxo) hasta aproximadamente nuestros propios días. ¿Por qué digo «hasta aproximadamente nuestros propios días»? Porque tengo la impresión que en estos últimos años se está produciendo un cambio paradigmático de enorme significación y de escala global. Con esto no quiero significar que el paradigma de la cristiandad es cosa del pasado y que es fácil describir el perfil del nuevo paradigma. Por el contrario, creo que nos encontramos en un período de transición precisamente por la dificultad que tenemos en ver con claridad lo que está ocurriendo. Creo que nuestra pregunta sobre el avivamiento en Argentina es expresión de esta confusión. No obstante, voy a intentar resumir mi comprensión de la dirección en que me parece nos estamos moviendo en todo el mundo, y en particular, en Argentina.

## El nuevo paradigma apostólico

A riesgo de sonar muy atrevido, estimo que estamos en camino de un nuevo paradigma que, por sus manifestaciones más evidentes, merecería el calificativo de nuevo paradigma apostólico. Algunos han denominado este fenómeno como nueva reforma apostólica.[10] De cualquier forma como se la denomine, parece evidente que estamos no solo frente a una nueva manera de ser cristianos, sino también a una nueva manera de ser la iglesia de Jesucristo en el mundo.

Para comprender esto, es necesario un cambio de eje en nuestra aproximación histórica. Tradicionalmente hemos leído la historia desde el presente hacia el pasado. Sin embargo, hay una gran expectativa escatológica en nuestros días. Por cierto, algunos estiman que no se trata de otra cosa que de un fenómeno equivalente al de

10    C. Peter Wagner ha titulado así un nuevo curso que dicta en la extensión de la School of World Mission del Fuller Theological Seminary en la ciudad de Colorado Springs, Colorado.

cualquier cambio de siglo y muy especialmente al clima que acompaña a cualquier cambio de milenio. Sea como fuere, y más allá de la particular teoría escatológica que cada uno subscriba, parece ser que hay una gran expectativa en cuanto al *telos* y un consenso muy difundido de que estamos en los últimos tiempos, y que el retorno del Señor está muy próximo.

En un tiempo apocalíptico como el que vivimos y con un *eschaton* magnificado, la historia debe leerse no desde el presente hacia el pasado, sino desde el futuro hacia el presente. Desde esta perspectiva, el paradigma de la cristiandad, que está profundamente internalizado en todas las expresiones del cristianismo tradicional después de tantos siglos de vigencia, está en crisis. Y lo está, supongo, no por iniciativa humana sino por la irrupción redentora de Dios en preparación del retorno glorioso de Cristo. El Señor viene a buscar a su Esposa, a su Iglesia, pero no va a regresar para encontrarse con el «harén» que se ha formado durante los siglos de imperio del paradigma de la cristiandad. Las profecías asociadas con el fin de los tiempos describen a un pueblo de Dios más parecido a la Iglesia Apostólica que a las iglesias de la cristiandad tradicional. Hoy parece más evidente que nunca antes, en el desarrollo histórico del paradigma de la cristiandad, que el ejercicio de los carismas se democratiza y vuelve al pueblo creyente, de donde fue tomado por los especialistas de la religión. El denuedo en el testimonio de los cristianos va acompañado de prodigios, señales y maravillas, sanidades, milagros y choques de poder espiritual. Y todo esto puede estar poniendo en evidencia el anunciado derramamiento del Espíritu Santo sobre toda carne (no solo de los que confiesan su nombre para salvación), a fin de que todo ser humano tenga la oportunidad de llegar a confesar a Jesucristo como Señor en su propia lengua.[11]

Probablemente, algunos no coincidirán con esta interpretación escatológica. Pero sí me parece fuera de cuestión que el paradigma de la cristiandad está en crisis terminal y merece un entierro decente. Hay varios elementos propios de este paradigma que se encuen-

---

11   La profecía de Joel 2 solo se cumplió en parte el día de Pentecostés, según la interpretación de Pedro (Hechos 2).

tran en el ocaso. Uno de ellos es el denominacionalismo y sus productos históricos. Hay que ser ciego para no ver la declinación numérica constante del cristianismo denominacional en las tres últimas décadas en todo el mundo, especialmente en el mundo noratlántico, que fue su cuna. Y esto, sin signos claros de recuperación o de que esta tendencia se revierta, a pesar de los enormes esfuerzos que se están haciendo, particularmente en el protestantismo troncal. Evidente también parece ser el proceso de homogenización teológica y litúrgica. Una generación atrás cada denominación tenía motivos de sobra para sentirse orgullosa de su propia y distintiva tradición teológica, y era posible que se atribuyera un particular estilo de adoración. Es cada vez más difícil hoy hacer una seria distinción entre la nube de viariadas expresiones de la fe cristiana o marcar líneas de supuesta identidad que merezcan una designación propia.

Frente al ocaso del paradigma de la cristiandad, parece estar amaneciendo una nueva manera de ser cristianos. Por su carácter incipiente, se podía hablar de una «iglesia experimental» o una iglesia que se sabe más peregrina que nunca y marcha al futuro en busca de su identidad, no en términos de su propia agenda histórica, sino en términos de la agenda del Reino. Es decir, una iglesia que se pregunta cada día dónde está Dios actuando redentoramente en este tiempo, para involucrarse inmediatamente con Él en su misión, a través de un proceso de encarnación y servicio.

## Modelos experimentales

Lo que llama la atención es que esta iglesia experimental está surgiendo en todo el mundo y a gran velocidad. También en Argentina. Para decirlo de algún modo, da la impresión como que las iglesias no quieren ser más iglesias según el modelo de la cristiandad. Se reúnen en gimnasios, escuelas, cines, playas de estacionamiento, y especialmente en infinidad de casas de familia. Los estudiosos del fenómeno lo describen y califican de diversas maneras, pero todos afirman su observación de que estas serán las iglesias que van a sobrevivir la transición y van a caracterizar el cristianismo del siglo XXI, antes del pronto retorno de Cristo. Algo interesante para destacar es que uno puede adorar a Dios en cada una de estas congregaciones sin sentir que cambia radicalmente de tradición o de forma, como ya indiqué más arriba.

¿A qué se debe esto? Ya señalé que los paradigmas tienen que ver con la misión. Un cambio paradigmático en el cristianismo no es tanto un cambio de doctrina o en la comprensión del fundamento de la misma, como un cambio en la comprensión de la naturaleza de la iglesia y su misión. En otras palabras, un cambio paradigmático de esta índole no es tanto una cuestión teológica como más propiamente una cuestión misionológica. El paradigma de la cristiandad se caracterizó por considerar la misión cristiana como cumplida en el mundo y en la cultura con la que la iglesia se había identificado. El mantenimiento del culto, la vigilancia sobre la sana doctrina (para entonces no algo vivo y dinámico, sino un dogma seco y legalista), el incremento del poder y el prestigio, la acumulación de riquezas y reconocimiento, el celo por el control de la sociedad y la cultura, fueron los elementos que configuraron la misión de las iglesias dentro de este paradigma. En todo caso, la misión entendida como proclamación del Reino fue trasladada a tierras lejanas y a pueblos paganos, lejos del alcance de la cultura propia.

Sin embargo, en nuestros días, aun las iglesias subscriptas al paradigma de la cristiandad reconocen la necesidad de evangelizarse a sí mismas y de evangelizar la propia cultura en términos que este mundo posmoderno en el que nos desenvolvemos pueda entender. Cada vez parecen ser más los cristianos que entienden que la misión de proclamar el Reino comienza desde adentro de nuestros templos y se extiende a todo el mundo, y que esta es la tarea de todo creyente lleno del Espíritu Santo. Para muchos hoy, llegar a la conclusión de que la iglesia está en misión los siete días de la semana y las veinticuatro horas del día, es un verdadero descubrimiento copernicano. Como lo es también el involucramiento de cada creyente en la tarea, con el fin de introducir al Reino de Cristo al mayor número posible de los que están fuera de su señorío.

## El viejo nuevo paradigma

Por novedosa que esta comprensión de la misión pueda resultar para algunos, no es algo nuevo en la historia del testimonio cristiano. Esta comprensión dinámica de la misión de la iglesia es muy similar a la que la iglesia tenía bajo el paradigma apostólico. De allí la designación de este tiempo como nuevo paradigma apostólico. No es extraño, pues, que vuelvan a ejercitarse los carismas y a restablecerse ministerios espirituales, que quedaron anulados o se pervirtieron con la constantinización de la iglesia y la transformación del pueblo de Dios en lo que hemos denominado cristiandad. Señales, prodigios y maravillas no son tomados como manifestaciones del poder de Dios limitadas e institucionalizadas a través de mediaciones establecidas y reguladas. Lo sobrenatural de Dios para la redención de una nueva humanidad no se da por la operación de «santos» o virtuosos excepcionales o cánones estandarizados, sino como elementos que acompañan naturalmente la acción redentora de Dios en estos últimos tiempos. Los números crecientes que tanto aterran a algunos aferrados a un cristianismo institucional, medible y predecible, parecen la meta lógica de una iglesia que proclama con denuedo el evangelio de Cristo, en obediencia al mandato de Dios, quien quiere que todos se salven y ninguno perezca.

Cada vez son más las iglesias que no parecen conformarse con ser un pequeño remanente escogido, de una supuesta buena calidad espiritual. La verdad de que Dios habla hoy no queda reducida al título de una versión bíblica, sino que es el hecho necesario para un pueblo que está involucrado en un campo de batalla espiritual y en el que necesita dirección específica, puntual e inmediata de su Señor, mientras confronta al enemigo en su nombre en todos los frentes donde este sigue pretendiendo deshumanizar la vida humana. La unción del Espíritu se democratiza y no queda retenida como privilegio de los «espirituales», los «religiosos», los «iniciados», los administradores oficiales de los misterios de la fe, o los poseedores exclusivos de las claves crípticas de la verdad.

En el nuevo paradigma apostólico las iglesias comprenden que el compromiso misionero reconoce la prioridad del contexto por sobre la estructura. La iglesia ya no está vuelta sobre sí misma, sino de cara al mundo y sus necesidades. No está tan preocupada con su doctrina como con su praxis redentora; con su prestigio y nombre como con hacer real la presencia del Reino en medio de las circunstancias humanas en el nombre de Jesús; con su poder político como con su poder espiritual; con su agenda de actividades como con obedecer la voluntad de Dios y comprometerse con Él en su misión. En el nuevo paradigma apostólico, las necesidades de las personas son las que determinan la acción y el testimonio de la iglesia. Como indica Wilbert Shenk: «En el modelo apostólico de testimonio el "otro" es invitado a establecer los términos de la interacción: si va a ser una oportunidad para la sanidad, el exorcismo o la solución de una cuestión confusa. La presencia del testigo es esencial en hacer que tal intercambio sea del todo posible; pero si va a tener lugar eso depende de la actitud e iniciativa del otro».[12]

### Avivamiento sí; avivamiento no; avivamiento sí

En definitiva, ¿hay un avivamiento espiritual en la Argentina hoy? No quiero responder sí o no, porque creo que la pregunta está mal planteada y cualquier respuesta que dé puede ser confusa, porque todavía no sabemos a ciencia cierta qué es un avivamiento o por lo menos no nos hemos puesto de acuerdo en qué entendemos por ello. Sí quiero afirmar algunas impresiones que tengo: (1) que estamos atravesando en todo el mundo cristiano un profundo período de transición; (2) que esta transición es de carácter paradigmático; (3) que el paradigma de la Cristiandad dominante por casi diecisiete siglos está en plena crisis de disolución y decadencia; (4) que está surgiendo un nuevo paradigma que, por sus características esenciales merece el nombre de nuevo paradigma apostólico; (5) que lo más característico de este nuevo paradigma es el cambio de una actitud de mantenimiento institucional a una de misión encarnacional y de servicio en el poder del Espíritu Santo (lo cual representa un perfil apostólico); y, (6) que es mi convicción personal que este paradigma será el último en desarrollarse antes del glorioso retorno de Cristo.

Creo que el verdadero y auténtico avivamiento espiritual es inseparable de la misión. Los dos están ligados esencialmente. Ambos surgen del mismo fundamento bíblico y teológico. El pacto de Dios con Abraham fue para que este fuese fuente de bendición a todas las naciones (Génesis 12.2,3). Este pacto fue renovado y reafirmado por el Mesías, Jesús. La iglesia, que es su cuerpo en el mundo, existe por el mismo propósito salvífico de Dios para las naciones y para cumplir un papel fundamental en la misión de Dios. Por eso, toda vez que la iglesia se desprende de sí misma, asume un profundo desapego de los reclamos mundanos, se somete al señorío de Cristo, es llena del Espíritu Santo, obedece la voluntad de Dios, se sujeta al registro de su revelación, y se lanza al mundo a cumplir con la misión de Dios, allí hay un avivamiento espiritual.

La pregunta que queda pendiente es si es posible y necesario moverse del paradigma de la cristiandad al nuevo paradigma apostólico, de una actitud de mantenimiento a una de misión, sin que todo lo que hasta ahora hemos venerado como seguro y efectivo, como médula de nuestra identidad y base de nuestra presencia en el mundo no estalle y lo perdamos definitivamente. Creo que este planteamiento no puede ser respondido de otra manera que no sea radicalmente, una manera tan radical como el camino de la cruz de Jesús, como la del grano de trigo que muere a su estructura y forma para dar lugar a algo nuevo, o como el odre viejo que es puesto a un lado para permitir que el vino nuevo sea vertido en un odre nuevo. No se trata de un dilema, sino de una opción. La única manera en que la iglesia, en estos tiempos finales, podrá romper la seducción consigo misma, el narcisismo institucional y religioso, el centripetismo de su activismo estéril, y la actitud defensiva y paralizante, es un salto radical, una verdadera conversión, un cambio de paradigmas.

Ralph W. Neighbour, desde una tradición en buena medida perteneciente al paradigma de la cristiandad, sugiere en relación con el mismo: «Abandónalo y comienza algo nuevo». Con cierto pesimismo respecto a las iglesias tradicionales, Neighbor nos recuerda: «Yo comencé por preguntarme a mí mismo la pregunta: ¿puede el vino nuevo ser vertido en odres viejos? La respuesta es "no". Los intentos de renovación no resultan por una razón: nuestro Señor nos dijo hace como 2000 años atrás que esto no se podía hacer. Cada vez que nosotros tratamos de ignorar su clara enseñanza, fracasamos. En retrospectiva, podía haberme ahorrado 24 años de soñar con un sueño imposible si hubiese tomado su admonición literalmente».[13] En definitiva, si hay o no un avivamiento espiritual en la Argentina es algo que cada uno deberá responder por sí a la luz de su propio compromiso con la misión hoy. Mirando la obra de Dios en Argentina desde mi horizonte particular, creo que el Señor ha estado haciendo cosas nunca vistas ni experimentadas antes en el país. El derramamiento poderoso de su Espíritu Santo y sus manifestaciones en estos últimos años no tienen antecedentes en la historia del testimonio evangélico en Argentina. Las evidencias de su accionar sobrenatural son abundantes y crecientes. Solo alguien que esté distraído, demasiado concentrado en una visión negativa de la obra, abstraído en su propios prejuicios y preconceptos, replegado sobre sí mismo, y encadenado a compromisos institucionales y formales, no puede ver que hay una gracia especial de Dios operando a través del pueblo que confiesa su nombre en Argentina. Si lo mejor que está ocurriendo es de Dios, yo no quiero perder el tiempo en discutirlo, sino en vivirlo en toda su intensidad. Mi oración hoy es la misma que hice el domingo 1 de noviembre de 1992 por la mañana, en el culto de mi iglesia en Buenos Aires, cuando recibí la unción poderosa del Espíritu Santo: «Señor, si esto es tuyo, lo quiero todo...»

---

13　Ralph W. Neighbour, *Where Do We Go From Here?*, Touch Publication, 1990, p. 92.

# capítulo tres

# Visión de futuro

*Por Omar Cabrera*

Dios, en su gracia, me llamó a su servicio cuando apenas tenía doce años de edad. Siempre me he sentido impactado por todo aquello que tiene que ver con la manifestación sobrenatural del poder de Dios. Había visto manifestarse el poder divino en la sanidad de mi hermano. El había sido desahuciado por los médicos cuando solo contaba con veintiún años. Después de interminables estudios, quienes lo atendían terminaron afirmando que le quedaban solo tres meses de vida, debido a un tumor que tenía en la base del cráneo. Pero él recibió una sanidad maravillosa de parte de Dios. Y después de recibir este milagro, finalmente partió a la presencia del Señor... ¡pero cuarenta y cinco años más tarde!

Con posterioridad a esta experiencia, fui creciendo con una fe viva, procurando aprender de memoria la Palabra de Dios. Había en mí una profunda convicción interior, de que llegado el momento, yo iba a poder predicar el mensaje del evangelio de nuestro Señor Jesucristo y llegaría con él a las multitudes. Así, pues, desde muy jovencito, sentí que el Señor me llamaba para ser parte de su ejército de siervos, consagrados a la proclamación del evangelio del Reino.

Por esto mismo, a los diecisiete años concurrí a una

Escuela Bíblica, con el propósito de prepararme para servir mejor a mi Señor. Después de graduarme, salí a predicar al interior de la provincia de Buenos Aires, en Argentina, tratando de abrir iglesias entre gente muy pobre o campesinos de pocos recursos. Poco a poco fui viendo y experimentando lo que era la manifestación sobrenatural del poder de Dios. Sentía un fuego muy grande dentro de mi corazón, y año tras año, iba haciendo progresos espirituales en todas las áreas de mi vida. Era muy joven, pero el Señor ya estaba trabajando profundamente en mi ser interior, formando en mí un carácter tesonero y una voluntad férrea rendida en obediencia a Él. Tenía la firme convicción de que en sus planes, Él tenía preparado para mí un gran ministerio en mi país.

## Argentina

Argentina, en un determinado momento de su historia reciente, parecía ser uno de los lugares más duros sobre la faz de la tierra para la predicación del evangelio. Todo el cristianismo que existía respondía más bien a una tradición religiosa dominante, el catolicismo romano. Pero la gente, aparte de la idolatría predominante en el catolicismo, estaba sumida en la incredulidad. Todos parecían estar buscando en lo mágico y esotérico una respuesta a sus necesidades, tanto físicas como espirituales. Generaciones tras generaciones, lo único que habían experimentado era que la vida dependía del poder de los curanderos y los brujos. La medicina en mi país estaba bastante adelantada, pero ya sea por falta de recursos económicos o porque la mente estaba dirigida a buscar otras respuestas, millones parecían estar involucrados en todo lo que tenía que ver con las prácticas de la magia y el curanderismo.

Mis ojos espirituales siempre estuvieron abiertos a la realidad de un mundo espiritual y sobrenatural. Para mí, este «trasmundo» era más real que el mundo físico y que las formas tangibles en las que desarrollamos nuestra existencia cotidiana. Siempre pensaba que la verdad del poder del evangelio era algo tremendamente real. Sin embargo, nunca se nos había enseñado en las iglesias evangélicas, que se podía alcanzar y tocar a nuestra generación no solo con palabras o exponiendo las Sagradas Escrituras, sino también con la operación sobrenatural del poder de Dios. Yo sabía que existía un poder que se podía manifestar en mi vida, de la misma manera en que se había manifestado en la vida y el ministerio de nuestro Señor Jesucristo. Estaba convencido de que este poder había seguido obrando en la iglesia primitiva, no solo a través del ministerio de los discípulos, sino también con los nuevos miembros que llegaron a formar parte de ese cuerpo espiritual. Pero hasta ese tiempo, todavía no había experimentado la operación de este poder milagroso fluyendo a través de mi propia vida y ministerio.

Luego de casarme y de terminar otros estudios teológicos en los Estados Unidos, volvimos a Argentina con el propósito de probar en la práctica, que Dios podía manifestarse a través nuestro. Estábamos seguros de que Él podía hacerlo, aun en medio de nuestra propia incredulidad, o quizás, a pesar de nuestras propias limitaciones. A fines de la década de los años de 1960 levantamos una obra muy grande. Allí estuve predicando durante quinientas cuarenta noches sin parar. La gente se reunía de noche a noche para escuchar la Palabra de Dios y ver los milagros que el Señor obraba. Después de tan arduo ministerio, sentí la necesidad de un descanso, y me fui nuevamente a vivir al extranjero. Luego de un año y medio de descanso, estudio, y reflexión, regresé a Argentina con otra visión. El Espíritu Santo me había dado indicaciones claras en cuanto a qué debía hacer. Me había ordenado introducir el mensaje de Cristo en la mente y el corazón de aquellos que por años habían oído del poder de Dios, pero que nunca lo habían experimentado.

En la década de los años de 1970 ya se había desatado en Argentina un movimiento juvenil popular muy influyente, que estaba animado por ideologías de izquierda, y pregonaba la vía revolucionaria para la solución de los problemas del país. Esto terminó en el surgimiento de un movimiento subversivo, con la organización de guerrillas, primero rurales y más tarde urbanas. El país ingresó así en un caos tremendo y se vio envuelto en un clima de violencia generalizada. A la irracionalidad subversiva se sumó la irracionalidad de la represión militar, con lo cual el saldo de terror y de muerte fue atroz.

En este contexto de gran inseguridad y temor, Dios nos colocó para servirle. En 1972 comenzamos una nueva obra, dirigida especial y únicamente a todos los que traían sobre ellos la marca de una religión ritualista y sacramentalista, la religión predominante en Argentina: el catolicismo romano. El Señor me comisionó de manera muy particular a enfocar mi ministerio evangelístico, en ganar para la fe de Cristo a quienes eran católicos romanos nominales. Para nuestra sorpresa, fueron miles y miles los que respondieron al llamado del evangelio. Entonces ocurrió lo que nunca habíamos experimentado antes: vimos congregarse hasta veinte mil personas en la primera semana de nuestras reuniones.

## Predicación con oposición

Como ya indiqué, Argentina, al igual que muchos otros lugares del mundo hace un cuarto de siglo atrás, estaba casi completamente cerrada a la predicación del mensaje de Cristo. Lamentablemente, la gente estaba atada solamente a una tradición religiosa, la católica romana. Además, la fusión entre la Iglesia y Estado hacía que, cada vez que queríamos llevar a cabo alguna cruzada evangelística importante, debíamos enfrentar a todo un sistema opositor. Muchas veces la oposición terminaba en una persecución atroz. Yo experimenté esto en carne propia en mi ministerio. En más de una ocasión, las autoridades policiales y de seguridad vinieron con perros y gases lacrimógenos, para dispersar a la gente que se había reunido para participar de alguna reunión. Tanto yo como el equipo de colaboradores que me acompañaba, terminamos más de una vez siendo llevados detenidos a los calabozos de la policía.

A causa de la persecución durante estos años, he tenido cuatro casos de juicios o demandas en los tribunales. Se me acusó de todo. A veces la acusación era de practicar sanidades no siendo médico o no teniendo licencia para curar. Otras veces se me acusaba de abusar de la credulidad de la gente y de engañarla, prometiéndoles sanidades falsas. En otros casos, se me arrestaba por desacato, es decir, por no obedecer a las autoridades. En más de una ocasión, tuve que plantearme a mí mismo y ante mis acusadores el argumento de Pedro y Juan ante el concilio de los judíos: «Juzgad si es justo delante de Dios obedecer a vosotros antes que a Dios» (Hechos 4.19). A veces, las acusaciones parecían increíbles, como en aquella ocasión en que, a causa de que las personas caían al piso bajo el poder de Dios, me hicieron un juicio diciendo que practicaba el hipnotismo en público.

A lo largo de muchos años, como profesor en escuelas bíblicas, había estudiado todos los métodos sobre evangelización. Sin embargo y a pesar de nuestros enormes esfuerzos, nunca habíamos tenido resultados muy grandes. Al menos, los frutos no estaban a la altura del trabajo que empeñábamos en lograrlos. Como no hacíamos mayores esfuerzos por predicar fuera de nuestro templo, tampoco podíamos pensar en predicarles a las multitudes. Al quedarnos encerrados dentro de las cuatro paredes de nuestra iglesia, veíamos pasar la gente por la calle sin gozar de la salvación, pero nos sentíamos impotentes para hacerlos entrar a escuchar el evangelio. En medio de todo esto, habían estado visitando Argentina grandes predicadores internacionales, que con mucha publicidad apenas habían logrado que algunos grupos de creyentes respondieran a la invitación de alcanzar a las masas perdidas. En general, parecía como que la iglesia de Jesucristo dormía tranquilamente, sin mayor preocupación por los perdidos.

Durante el año 1954, el pastor Tommy Hicks había conmovido a la ciudad de Buenos Aires con su mensaje poderoso, acompañado de señales, prodigios y maravillas. En esas semanas de testimonio cristiano, se vivió uno de los eventos más gloriosos en la historia evangélica de Argentina hasta ese momento. Más de doscientas mil personas asistieron juntas a una sola reunión. ¡Los evangélicos argentinos jamás habíamos visto algo así! Yo estuve allí, y tuve el privilegio de ser testigo de la operación maravillosa del poder de Dios. Todos los niveles gubernamentales, sociales, políticos y educacionales fueron tocados al ver la operación del poder de Dios en las personas. De todo el país venían para escuchar el mensaje de vida eterna y de poder. Pero como suele ocurrir, la iglesia no estaba preparada para una cosecha tan grande y para conservar frutos tan abundantes. El eco de ese gran despertamiento espiritual, que conmovió a todo el país, poco a poco se fue diluyendo, si bien algunos pastores fueron motivados a encarar una evangelización más decidida fuera de la iglesia.

## Predicación y guerra espiritual

Durante la década de los años de 1970, comencé a tener ciertas experiencias que tenían que ver directamente con el mundo espiritual. Fue como si un velo se descorriera de delante de mí. Ahora podía ver que la misión de la iglesia no era solamente la predicación del evangelio, sino que también había una batalla de tipo espiritual que debía ser encarada y completada con toda pasión. En ese tiempo no se hablaba con mucha frecuencia de guerra espiritual, y mucho menos de tomar las ciudades para Cristo. No obstante, en mi experiencia personal, la oración intercesora fue uno de los elementos más importantes para poder actuar en un nivel de fe. Yo creía firmemente que no solo nuestras oraciones eran contestadas, sino que también podía entrar en los corredores espirituales, donde se experimenta el poder y la obra del Espíritu Santo, para desde allí aplicar la Palabra de Dios (la semilla incorruptible) en el corazón de las vidas en necesidad.

Me tomaría mucho espacio reflexionar sobre lo que es la guerra espiritual a través de la oración, acompañada con el enfrentamiento a los principados y las potestades. No obstante, este asunto fue fundamental en mi experiencia personal. En ese momento de mi vida y ministerio me di cuenta de que, juntamente con la oración, debía tener la firme convicción de que el poder del Espíritu Santo desciende visitando los pueblos y ciudades, añadiendo a la proclamación del mensaje grandes milagros y sanidades. Se puede tomar mucho tiempo para orar, pero si no salimos y peleamos al enemigo en su propio terreno, proclamando el evangelio de Cristo, el esfuerzo puede ser insuficiente. Es como si estuviésemos tratando de remar con un solo remo.

En mi caso personal, llegué a comprender que, después de un tiempo de oración y días de ayuno, podía enfrentarme y luchar contra las huestes espirituales de maldad, que se movían sobre pueblos y ciudades, de una manera más efectiva. Pude constatar que el lugar apático e indiferente se abría y que las huestes de incredulidad dejaban que la gente respondiera al llamado de Dios. Esto era algo que mi mente no podía imaginar, de tal manera que quedaba atónito y maravillado, al ver que las personas eran motivadas por el Espíritu

Santo a recibir la Palabra y a aceptar a Cristo Jesús en sus corazones.

Fue así que poco a poco logré entender cómo se podía penetrar en el terreno del enemigo y establecer el Reino de Dios con verdadero poder. De un lugar, donde el pueblo era movido por la presencia de Dios, iba a otro, donde se podían ver los mismos resultados. El método era el mismo y los resultados eran los mismos. Por cierto, siempre fue de gran ayuda recibir la revelación de qué clase de fuerzas estaban operando sobre una ciudad determinada. Después de un tiempo intenso de oración y ayuno, muchos lugares que habían estado completamente cerrados e indiferentes al evangelio, se abrían como tierra fértil. La predicación del evangelio rompía con el poder de la tradición religiosa, la indiferencia era quebrada, y aun aquellos que estaban orgullosos de su capacidad intelectual se daban cuenta de que necesitaban a Dios. La voluntad de las personas que estaban involucradas en la magia o el esoterismo eran tocadas para asistir a las reuniones y recibir el mensaje de salvación. Centros donde se practicaba la adoración a Satanás eran aniquilados, por esa presencia divina que caía sobre la ciudad. Incluso muchos de los que eran líderes de algunos de estos movimientos ocultistas, terminaban cometiendo suicidio o desapareciendo.

## Evangelismo de poder

Al predicar a las masas, traté de no hacer proselitismo, ni usar de sicología de masas o apelar a una aproximación negativa, hablando mal o buscando puntos de controversia con la religión oficial, el catolicismo romano. Por el contrario, siempre traté de evitar todos los puntos que podían producir roces o distanciamientos con las personas que recibían mi testimonio cristiano. Mi propósito no era que las personas abandonaran la Iglesia Católica Apostólica Romana, sino que entraran al Reino de Dios por la fe en Jesucristo. La gente de alguna manera sabe cuándo uno está tratando de darle el mensaje con la finalidad de atraerlos para el bando propio. En lo posible, he procurado que nadie interpretara que estaba tratando de hacerle cambiar de religión. Siempre procuré evitar al máximo todo tipo de enfrentamientos y controversias innecesarias, aunque nunca comprometí el mensaje fundamental de la Palabra de Dios, y claramente expuse lo que es la idolatría y el pecado, según las Escrituras.

Pero las personas que venían con sus grandes cargas, problemas, dificultades y enfermedades, ya fueran emocionales o físicas, encontraban una respuesta inesperada al tener un encuentro personal con el Señor. El poder de Dios se ponía de manifiesto a través de milagros, señales y prodigios. La operación del amor redentor de Cristo era maravillosa. Mis mensajes giraban en torno a la idea de que Cristo era poderoso para hacer nuevas todas las cosas en las vidas de aquellos que confiaban en Él para salvación y se rendían a su señorío. Convencido de que el evangelio «es poder de Dios para salvación a todo aquel que cree» (Romanos 1.16), predicaba el mensaje no con «palabras persuasivas de humana sabiduría, sino con demostración del Espíritu y de poder» (1 Corintios 2.4). Ministraba la Palabra esperando ver frutos dignos de arrepentimiento para salvación, y milagros de sanidad y liberación en las vidas de las personas.

En un momento dado de mi ministerio, se produjo una ola de visitación divina tan grande, que las multitudes comenzaron a venir de a miles. He tenido reuniones con tres, diez, veinte, treinta, cuarenta, y hasta cuarenta y ocho mil personas en un solo encuentro. La manifestación del poder de Dios sobre las ciudades en que tuve ocasión de ministrar fue tan grande en algunos casos, que la gente venía de ocho a diez horas antes de que comenzara la reunión, para poder encontrar un lugar. Y no se trataba solamente de la predicación en las reuniones de la noche, sino que durante la mañana, las personas podían venir para tomar cursillos sobre el desarrollo de la fe, la oración y cómo debían seguir la vida cristiana. Pude ver que las transformaciones que ocurrían en las vidas de las personas eran genuinas y las conversiones eran reales. La gente vivía un verdadero encuentro con el Señor. Las personas comenzaban a vivir los beneficios del Calvario a través de una nueva vida en Cristo.

## De ministerio evangelístico a iglesia

Al principio de mi ministerio evangelístico, pensaba que el mismo era para enriquecer al cuerpo de Cristo. Mi idea era la de servir como evangelista y contribuir al desarrollo y crecimiento de las iglesias. Pero, lamentablemente, algunos de los métodos que utilizaba no se conformaban con los que eran más comunes o los usados con más frecuencia hasta ese entonces. No todos los cristianos evangélicos entendían mi llamado específico a atraer a Cristo a las masas de católicos romanos nominales. Por eso, la mayoría de las veces, tuve que luchar solo, junto con el pequeño grupo de obreros que me acompañaba. Todos ellos habían llegado a ser salvos bajo mi ministerio, y se habían transformado en discípulos míos. Muchos de ellos llegaron a dejar sus trabajos y profesiones, para dedicarse a tiempo completo a la extensión del Reino de Dios a través de mi ministerio evangelístico.

Abrir nuevos surcos no es tarea fácil. Hay que tener la sabiduría de Dios para exponer el mensaje de tal manera que la gente lo entienda. Entender el mensaje es un paso fundamental, a fin de que el mismo llegue a ser aceptado y atesorado en el corazón. Como bien indicó Jesús, toda vez que sembramos el evangelio, puede ocurrir que parte de la semilla caiga junto al camino (Mateo 13.4). Según la propia interpretación del Señor, estos son aquellos que oyen la palabra del Reino y no la entienden, y entonces «viene el malo, y arrebata lo que fue sembrado en su corazón» (Mateo 13.19). En cambio, los que pertenecen a la buena tierra y producen fruto en abundancia, estos son los que oyen y entienden la palabra (Mateo 13.23).

Como suele ocurrir en todos los comienzos, yo seguía la marcha de mi ministerio sin saber bien a dónde iba a llegar. En cada pueblo o ciudad que se abría y convertía al evangelio, la gente quería seguir escuchando la Palabra. No obstante, a causa de la oposición y las persecuciones, debimos aplicar un nuevo método de evangelismo. Es así que iba a una ciudad, predicaba allí por unos diez a cuarenta y cinco días seguidos, y luego establecía una fecha, para volver cada mes siguiente solo por dos o tres días más de reunión. El propósito era confirmar a los nuevos creyentes y ayudarles a crecer en su vida cristiana. Por supuesto, siempre nos ocurrió que, entre el estadio o el lugar donde teníamos la campaña y el templo donde congregábamos a los nuevos creyentes, se perdían muchos frutos. La falta de una continuidad inmediata a nuestro ministerio evangelístico, a través de un programa de discipulado, hacía que muchos nuevos creyentes quedaran en el camino. No obstante, aplicando este método de visitas periódicas, se fueron constituyendo grupos de creyentes, con una concurrencia creciente de personas. Estos creyentes fueron luego los miembros permanentes de las iglesias que se fueron estableciendo en distintos pueblos y ciudades a lo largo y a lo ancho del país.

Así fuimos visitando ciudades tras ciudades de Argentina. Llegamos a predicarle el evangelio a más de cuatro millones de personas. Durante el año 1985, llegué a predicarle mensualmente, cara a cara, a unas 145.000 personas. Esa fue la concurrencia regular a nuestros encuentros durante varios años. Aquí debo aclarar que yo no era el pastor de una iglesia de 145.000 miembros, sino que este era el total de la gente que venía a escuchar el mensaje de vida, que predicaba de ciudad en ciudad como evangelista itinerante. Pero también era el número de las personas que se congregaban para aprender a orar, a leer las Sagradas Escrituras, y a vivir la vida cristiana en obediencia a Cristo. De este modo, el trabajo evangelístico se trasformó poco a poco en el ministerio de una iglesia esparcida en numerosas congregaciones por todo el territorio de Argentina. Esta iglesia la pastoreaba mensualmente, de manera itinerante, mi esposa Marfa, un grupo reducido de predicadores y yo. Lo hacíamos viajando permanentemente, permaneciendo dos o tres noches en las diferentes ciudades donde teníamos organizado un grupo estable de creyentes.

Contradiciendo todos los métodos de evangelismo más conocidos, las reuniones masivas más concurridas tenían lugar los días lunes y martes. La razón es que es más difícil reunir a la gente en el día domingo, ya que, conforme a nuestra costumbre latina, este es un día que se dedica a la familia y a las tareas domesticas. De todos modos, es posible imaginar el enorme esfuerzo, términos de tiempo y desgaste físico, que este ministerio itinerante nos demandaba. Vivíamos arriba de un automóvil. Allí dormíamos, comíamos, orábamos, planificábamos, etc. Aquellos fueron años de grandes sacrificios para mi esposa, mis hijos y para mí. Pero, de este modo, el ministerio evangelístico se fue transformando poco a poco en una gran iglesia esparcida por todo el país.

## Resultados y nuevos desafíos

Después de todo el esfuerzo realizado a lo largo de tantos años de evangelización constante, ha quedado como fruto un 64% del total de personas alcanzadas con el evangelio. Esto equivale más o menos a la cantidad actual de asistentes a nuestras reuniones, es decir, unas 92.800 personas. Por cierto, este total no está concentrado en un solo lugar, sino que está diseminado por los distintos grupos que conforman nuestra iglesia en todo el país. En este momento (1997) tenemos congregaciones organizadas en 187 pueblos y ciudades de Argentina, habiendo en algunas de estas localidades hasta cinco lugares diferentes de predicación.

La gracia del Señor nos ayudó mucho al abrirnos el acceso a los medios de comunicación. Estos medios habían estado completamente cerrados para nosotros, a causa del control que ejercía el gobierno y las restricciones que se imponían a su uso por parte de evangélicos. En ciertos casos, las autoridades actuaron presionadas por la iglesia oficial, que a su vez era la única que gozaba del privilegio de tener algún acceso a los medios radiales y televisivos. Sin embargo, en un momento dado, Dios nos entregó las ondas radiales. De este modo, pudimos salir al aire durante las noches, los siete días de la semana. Tuvimos también la oportunidad de predicar a través de la televisión, aunque las posibilidades eran más escasas debido a los altos costos de producción y de los espacios. El poder económico en Argentina, especialmente para el pueblo de Dios y los diferentes ministerios evangélicos que estaban llegando a las masas, era muy ajustado. Comprar espacios en radio y especialmente en televisión era, para la mayoría de los evangélicos, un sueño casi imposible.

En este sentido, la posibilidad de tener un programa radial era más viable. Por lo menos, era posible producir un programa y emitirlo, contando con más alternativas. De este modo, en cada ciudad donde podíamos tener un programa de radio, este servía para ablandar y preparar la tierra para la siembra del evangelio. Especialmente esto era así, si el programa podía estar en el aire por unos dos años como mínimo. Gracias al ministerio de la radio, nos ocurrió muchas veces que, cuando íbamos a hacer una cruzada en algún lugar, ya había de 500 a 3.000 personas esperando recibir la Palabra.

Para un ministerio itinerante como el nuestro, esto resultó ser de una gran importancia estratégica.

El sistema de comunicación por correspondencia también cumplió un papel muy importante en nuestro ministerio. Cada dos meses, le enviábamos una invitación al hogar de cada una de las personas con las que habíamos hecho contacto en una determinada ciudad. Esto motivaba a la gente a seguir concurriendo a las reuniones, y ayudaba a mantener vivo su interés en nuestro ministerio.

No obstante, poco a poco tuve que ir dándole forma institucional a lo que estaba resultando de las campañas evangelísticas. Me fui dando cuenta de la necesidad de elaborar una estructura eclesiástica, que sirviera como elemento de contención y desarrollo de los frutos obtenidos de las campañas de evangelización. Al principio, todos pensaban que lo nuestro era solamente un movimiento evangelístico. Por ello mismo, a veces fui muy mal juzgado, e incluso se me tildó de ser unipersonal en mi trabajo. Sin embargo, a medida que se iba dando el crecimiento numérico, tuve que ir capacitando a un liderazgo que me ayudara con los nuevos creyentes. Así pude ir preparando a quienes luego serían los pastores de nuestra iglesia, en sus múltiples congregaciones. Con el correr del tiempo, Dios fue levantando a los ministros que la iglesia necesitaba, y así vinieron los presbíteros y otros líderes. Debimos también dividir el trabajo que hacíamos en diez regiones, que abarcaban todo el país.

En el año 1985 implementamos las células de discipulado en los hogares. Nosotros las denominamos *núcleos de familia*. Eso solidificó el trabajo, porque la gente podía aprender más profundamente las doctrinas bíblicas en las células, además de gozar de oportunidades de comunión cristiana. En un determinado momento, el 40 % de todos los que se entregaban al Señor a través de nuestro ministerio era por medio de las reuniones en las casas. Este trabajo lo seguimos desarrollando hasta el día de hoy, y tratamos de que cada miembro de la iglesia, directa o indirectamente, esté conectado a una célula. De este modo, podemos saber de inmediato cuales son sus necesidades, y quiénes son los hermanos que, por pruebas o por diferentes luchas, se ha debilitado en la fe y necesitan de asistencia pastoral.

En el presente, aparte de los programas de radio, estamos produciendo programas de televisión que en este momento se ven vía satélite en distintas partes del mundo. También las personas, al escribir y pedir ayuda por sus problemas, reciben respuesta a sus necesidades sentidas. Hemos elaborado una base de datos, en la que hemos organizado una lista de recursos para responder a ciento cuarenta y ocho cuestiones diferentes o categorías distintas. A esto se suma un ministerio de consejería telefónica, que funciona las veinticuatro horas del día.

## ¿Cuál es el secreto?

Los resultados que han quedado de nuestro ministerio hasta ahora se deben, primeramente, a que se ha podido encontrar la forma de entrar en lo que hoy se denomina guerra espiritual. Pero juntamente con esto, es necesario subrayar que hay una permanente dependencia de la obra y el poder del Espíritu Santo. Nótese que ambas cosas son complementarias: guerra espiritual y dependencia del Espíritu.

Si solo nos abocamos a la guerra espiritual, pero el Espíritu Santo no desciende y se mueve sobre los pueblos y las ciudades, tendremos «mucho ruido, y pocas nueces». Si no actuamos con denuedo, predicando el mensaje allí donde debe ser oído, el resultado será algo completamente infructuoso. Debe haber un perfecto complemento entre la guerra espiritual y la operación del Espíritu Santo.

Nunca debemos dejar que penetre en nuestro corazón la idea de que un lugar es demasiado duro o difícil. Quizás no veamos grandes manifestaciones de poder de manera inmediata o constante. Pero siempre que hemos tomado el tiempo para orar y ayunar luchando contra las fuerzas del mal, y hemos salido a proclamar el mensaje de la Palabra de Dios, presentando a Cristo Jesús como el único Señor y Salvador, los resultados han sido extraordinarios.

Doy gracias a Dios que en la década de los años de 1980, Él levantó a otros ministerios evangelísticos en Argentina. Miles de pastores se animaron a salir de las cuatro paredes de sus templos, y han desafiado con fe y una predicación fervorosa las puertas del Hades. Hoy podemos decir con plena convicción, que en Argentina el hombre fuerte ha sido atado, y que estamos viviendo un tiempo de verdadera libertad en el mundo espiritual para dar a conocer a Cristo. El terreno ha sido abonado por el Espíritu Santo, y las personas están más dispuestas que nunca a recibir el evangelio del Reino.

En este momento, estamos viendo un gran movimiento espiritual entre los pastores evangélicos. La práctica de la unidad y la oración conjunta es más frecuente y está más extendida que nunca antes. Pero Argentina, como nación, está pasando por una de las crisis más grandes de toda su historia. Por un lado, está el mundo sin Cristo, que ha perdido mucha de su confianza en el gobierno o en el sistema económico. El país está sumido en un déficit crónico en materia educacional, en el cuidado de la salud, en todo lo relacionado con la justicia y los derechos humanos. En los últimos años, hemos sido testigos de los escándalos de corrupción más grandes que recuerde nuestra historia. Pero, por el otro lado, está la iglesia de Dios, que también ha estado sufriendo muy profundamente debido a los escándalos que se han producido dentro de la comunidad evangélica. Es como que Dios estuviese exponiendo la corrupción del mundo en todos sus niveles y en todos los lugares, incluso dentro de la iglesia. Y esto hace que la iglesia se vea sacudida hasta sus cimientos. En este contexto, no es fácil luchar y vencer el espíritu de reproche y juicio, cuando no de culpa y vergüenza. Un escándalo siempre afecta a muchos y produce un debilitamiento en la fe y la credibilidad, que hace más difícil la presentación del mensaje. Por otro lado, también es cierto que hemos estado aprendiendo lo que es la misericordia, mayormente, todo lo que está relacionado con el amor y la unidad en Cristo .

## ¿Es esto un avivamiento?

Muchos consideran que no podemos usar la palabra avivamiento en toda su extensión, para describir con1 precisión lo que espiritualmente está ocurriendo en Argentina. Lo que sí creo que podemos afirmar con certidumbre es que estamos viviendo un tiempo de consolidación. Es como si por años hubiésemos estado pescando y tirando las redes entrando toda clase de peces. Pero ahora llegó el momento de limpiarlos, procesarlos, y envasarlos. Hay muchos que en algún momento manifestaron su fe en Cristo, pero que no han alcanzado una entrega total, han vuelto a sus viejas tradiciones, pecados, prácticas idolátricas y esotéricas. Es necesario hoy llegar a ellos y traerlos de nuevo al redil de Cristo, para sanar sus heridas y ayudarles a crecer y madurar en su fe.

Algunos opinan que no hay avivamiento en Argentina, porque el testimonio cristiano no ha llegado a hacer mella en las estructuras sociales ni ha logrado transformar los males que sufre el país. Pensando en si hemos afectado el aspecto social y moral, podemos decir que es cierto que ha habido un cambio en aquellos que han recibido el milagro del nuevo nacimiento. Pero es difícil poder decir lo mismo acerca de los que están en eminencia y autoridad, como el presidente de la nación, gobernadores, ministros, y personas con altos cargos en el gobierno. De igual modo, no se ha tenido éxito en llegar con el evangelio a los empresarios, agentes de la cultura, controladores de los medios de comunicación, educadores, y líderes comunitarios. Da la impresión como que a estos círculos no se ha logrado influirlos con el evangelio como corresponde. Sí creo que hay un cambio de actitud hacia el evangelio en muchos de estos círculos de poder, especialmente en el interior del país. Alguien que ha sufrido tanta oposición y persecución por causa del evangelio como yo, puede ver con más claridad esta diferencia de actitud, que a mi juicio es mucho más favorable y positiva que hace unos pocos años atrás.

En verdad en estos últimos diez años es posible ver frutos perdurables del evangelio del Reino. Hay una apertura evidente en la gente para escuchar y recibir el mensaje de salvación. Las personas se animan sin mayor resistencia a romper con las tradiciones religiosas. Cada vez son más los que manifiestan una buena disposición para integrarse como miembros de las iglesias evangélicas, sin los prejuicios que hasta no hace mucho hacían de esto algo casi imposible. Creo que en Argentina, los creyentes evangélicos debemos seguir creyendo que lo que Dios ha comenzado entre nosotros, lo perfeccionará hasta el día de Cristo. Mi impresión es que el Señor está más entusiasmado con lo que el Espíritu Santo está haciendo en Argentina, que muchos cristianos evangélicos.

Si pensamos que hemos tenido fallas, probablemente estas se deben a que las bendiciones celestiales fueron tan grandes y tan inesperadas que no estábamos preparados para ellas. Todas las iglesias que habían estado orado por mucho tiempo para ver este despertar espiritual, se encontraron de pronto con el problema de no tener suficientes obreros o pastores bien preparados para apacentar el gran rebaño que el Señor estaba formando. Durante décadas, en todas las iglesias evangélicas argentinas estuvimos orando por un avivamiento, pero no hicimos nada para prepararnos para recibirlo.

Lo más importante creo que es seguir aprovechando este momento especial que estamos viviendo. No me cabe la menor duda que hoy estamos atravesando en Argentina un tiempo de oportunidades únicas para la proclamación del evangelio del Reino. Lógicamente, la oración y el ayuno seguirán siendo las bases para esta gran lucha. Y esto, sin descuidar la vida personal de constante comunión con el Señor, para no caer en debilidades y pecados. Lo peor que puede ocurrirnos es que permitamos que Satanás nos engañe y nos seduzca para desobedecer al Señor cayendo en pecados, que no solo pueden ser morales, sino también de orgullo y arrogancia espiritual. En realidad, estamos mucho más expuestos a caer en una autosuficiencia perniciosa, producida por el orgullo o las vanidades, y con ello desplazar a Cristo del centro de nuestra existencia.

Si pensamos que en Argentina hay más indicaciones de fracaso espiritual que de avivamiento, puede ser que se deba no a que el Espíritu Santo no esté operando con poder, sino a que nosotros nos estamos ocupando en lo que no debemos. Si hay debilitamiento espiritual, es probable que se deba a que hemos estado muy ocupados en trabajar para el crecimiento numérico solamente, poniendo en marcha diferentes programas, edificando templos cada vez más grandes, o concentrándonos en proyectos de extensión, haciendo con todo esto que nuestra visión se debilite y comencemos a retroceder.

## Visión de futuro

¿Qué podemos esperar de Dios los cristianos argentinos? ¿Será posible para nosotros pasar de este tiempo de consolidación a uno de avivamiento efectivo? ¿De qué manera podemos capitalizar con mayores frutos todo lo mucho que el Señor nos ha dado hasta ahora? Para esto, es necesario que vivamos en una constante dependencia de Dios, y no dejemos de tener ese tiempo tan precioso de estar diariamente en la presencia del Señor. Para vivir y permanecer en un avivamiento es necesario beber del agua viva de manera constante, ya sea a través de la Palabra de Dios o buscando la unción del Espíritu Santo, para llevar el trabajo adelante.

A veces cuesta un poco poder hacer entrar a la gente en una vida espiritual profunda de relación con el Señor. Esto ocurre por causa del desconocimiento de las Sagradas Escrituras y de la voluntad perfecta de Dios. No obstante, se debe llevar a las almas a una verdadera experiencia de vida cristiana, acompañada por el renunciamiento al mundo, a la carne y al diablo. No hay que olvidar que la paciencia también es necesaria, porque debemos mirar a cada nuevo creyente como a un niño en Cristo, lleno de limitaciones, pero también con enormes posibilidades. Por cierto, siempre existirá la posibilidad de que se detengan en su crecimiento o caigan a lo largo del camino. Es inevitable que así sea, porque están aprendiendo a caminar con el Señor.

Por eso, debemos tener cuidado de no apurarnos por querer ver de inmediato cambios radicales en las vidas de las personas. Tampoco podemos pretender que de la noche a la mañana estos nuevos cristianos lleguen a una verdadera vida profunda y madura en Cristo. Precisamente, esperando estos resultados instantáneos y casi mágicos, algunos cayeron en el fanatismo que perjudicó mucho el crecimiento y la conservación de los frutos obtenidos. Creo que debemos ir al paso de la manada. Por más buenos que sean nuestros métodos de discipulado y lo que llamamos nuestra sana doctrina, nada puede producir resultados más maravillosos que los que produce el Espíritu Santo en un ser humano. Solo Él puede hacer que su luz haga huir las tinieblas, y que su verdad destruya las mentiras del diablo en las mentes y los corazones de las personas.

Para que los frutos permanezcan, debe haber una santidad verdadera. El corazón debe ser purificado constantemente por la sangre de Cristo. A veces se han cometido pecados y faltas, ya sea por negligencia, debilidades o por ataques directos de las fuerzas del mal. Entonces, se hace necesario ser ministrado por otros miembros del Cuerpo de Cristo, para así estar en estado de gracia, a fin de poder ser usados por el Señor en su Reino. Debemos permitir que la gracia del Señor fluya sobre nosotros y en nosotros, para que viendo la bendición y el poder de Dios operar con fuerza, no caigamos en el error de querer construir un Reino para nosotros mismos. Todo lo que tenemos y todo lo que somos lo hemos recibido mediante la gracia del Señor. Debemos, pues, estar bajo el cuidado de un cuerpo espiritual de siervos de Dios íntegros, a quienes tenemos que someternos. Debemos estar dispuestos a recibir su ayuda y consejo espiritual, y con ellos tenemos que ligarnos en oración para mantener la unidad del cuerpo y ser edificados en amor. Debemos estar perfectamente conscientes de que hemos sido llamados como simples colaboradores de Jesucristo, quien en verdad es el único que edifica su iglesia y la hace crecer.

A su vez, el mensaje que predicamos debe estar bien balanceado, porque hay un cielo y un infierno, hay bendiciones y maldiciones, hay un camino ancho que lleva a la perdición y hay un camino angosto que lleva a la vida eterna. Lo peor que podemos hacer en tiempos de oportunidad como estos, es dar un mensaje incierto. Estos son tiempos de guerra espiritual y de conquista. Y como bien señala el apóstol Pablo: «Si la trompeta diere sonido incierto, ¿quién se preparará para la batalla?» (1 Corintios 14.8).

Ante todo, debemos predicar sobre el poder del amor. El único idioma que entiende la gente es el idioma del amor. Todo aquello que hiere, o que se hace como para demostrar que uno es el dueño de la verdad, en lugar de atraer a los perdidos, los aleja. Pero debemos estar preparados para cuando vengan los lobos, o los tiempos en los que seamos atacados por el enemigo. Es en esos momentos cuando, con verdadera altura espiritual y con la inspiración del Espíritu Santo, debemos exponer todos los puntos de controversia, pero pensando en que lo que hagamos o digamos debe ser usado para la edificación de los oyentes y no para su ofensa o escándalo. El mensaje no debe ser algo diluido o permisivo, sino que se debe llamar al pecado «pecado». Al hacerlo, debemos renunciar a un lenguaje condenatorio, porque nuestro Señor no vino a buscar justos, sino a pecadores para que se arrepientan y entren al Reino de Dios.

Puedo afirmar que Dios se ha movido en nuestro ministerio durante estos veinticinco años, con una gran manifestación de su poder salvador y sanador. Él ha obrado produciendo milagros creativos, resucitando muertos, y alentándonos con mensajes y visitaciones de seres angelicales. Hemos podido ver la operación divina cuando estuvimos atravesando por peligros, sufriendo grandes accidentes y enfermedades, o expuestos a oposición y persecución. Sin embargo, siento que todavía no hemos comenzado a ver todo lo que Dios tiene preparado para los que le aman.

Afirmo y declaro que está viniendo otra ola de poder divino más grande que lo que hasta ahora hemos conocido y experimentado en Argentina. Creo esto, porque hemos crecido adquiriendo una dependencia más fluida y directa del poder del Espíritu Santo. También veo que Dios está levantando a muchos jóvenes para ganar a su propia generación para Cristo.

Hay en mi corazón una profunda gratitud al Señor por haberse dignado elegirme para ser parte de este nuevo despertar espiritual.

# capítulo cuatro

# Evangelización de poder al estilo criollo

*Por Carlos Annacondia*

En los últimos quince años, en todos los círculos evangélicos de Argentina, ha sido tema de conversación el desarrollo de campañas de evangelización masivas, que han reunido grandes multitudes en lugares abiertos. El número de participantes por reunión ha alcanzado cifras récord, mientras que los eventos no tienen parangón en la historia del testimonio evangélico en el país. Estas campañas se han caracterizado por una poderosa proclamación del evangelio de Cristo, acompañada por la operación de milagros, prodigios, señales, sanidades e infinidad de liberaciones demoníacas. Las manifestaciones del poder de Dios obrando en bien de las personas y llenando sus necesidades más inmediatas ha sido sorprendente.

Junto con tales expresiones del poder de Dios, ha llamado la atención el creciente nivel de unidad entre los pastores evangélicos y la participación de un cada vez mayor número de iglesias que representan a las diferentes denominaciones evangélicas que trabajan en el país. Es más, uno de los resultados colaterales de estas campañas que hemos llevado a cabo en casi todas las principales ciudades de Argentina, ha sido el establecimiento de consejos de pastores en cada una de ellas. Al presente, la mayoría de los casi doscientos consejos pastorales que funcionan en Argentina, trazan su origen a la comisión de campaña que se organizó en ocasión de un evento evangelístico en el que me tocó proclamar el evangelio.

## De empresario a evangelista

Mi nombre completo es Carlos Annacondia. Nací en la ciudad de Quilmes, provincia de Buenos Aires, el día 12 de marzo de 1944. Soy un argentino típico de la región litoral de mi país, es decir, descendiente de inmigrantes europeos. Mi madre, María Alonso, es española; mientras que mi padre, Vicente Annacondia, era de origen italiano. Toda mi vida se desarrolló en mi ciudad natal. Tuve una infancia feliz, junto a mis hermanos Angel y José María, en un contexto muy humilde. No obstante, pude prosperar gracias a un negocio familiar. Desde 1977 he estado al frente de la Bulonera Quilmes S.C.A., empresa que todavía funciona y me ayuda a sostener a mi familia numerosa. Tengo nueve hijos con mi esposa, María Luján Rebagliatti, con quien me casé en 1970.

Hasta los 35 años fui un empresario conocido y respetado en mi ciudad natal. Tenía más de veinte empleados y contaba con un buen ingreso económico. Pero mi vida no consistía en otra cosa que en hacer dinero. Pensaba que si podía tener una casa de fin de semana, podría lograr la paz que no tenía. Cuando logré esa casa, busqué tener una más grande y más cómoda... pero ni aun así pude tener paz. Compré otras cosas, como un apartamento en Mar del Plata, donde esperaba disfrutar de mis vacaciones y de paz, pero no fue así. Lo mismo ocurrió con los automóviles que compré. Había una gran preocupación en mi vida, y eran mis hijos. Había escuchado hablar del evangelio. Sabía que era algo bueno, pero pensaba que era para otros y no para mí.

No tuve oportunidad de realizar otros estudios que la escuela primaria, además de algo de contabilidad y administración. Pero me preocupaban mis hijos. Quería para ellos lo mejor, especialmente, que no cayeran en los pecados en que veía caían muchos jóvenes a mi alrededor. Mi vida estaba rodeada de temores: temor a la muerte, a perder todo lo que había logrado, a que algo malo pudiera ocurrirle a mi familia. Fue en estas circunstancias que el Señor me salió al encuentro.

Llegué a conocer a Cristo como Señor y Salvador en ocasión de una campaña evangelística, que se llevaba a cabo en la ciudad de San Justo, provincia de Buenos Aires, y en la que predicaba el pastor Manuel A. Ruiz, de Panamá. Fue el 19 de mayo de 1979. Había llegado al lugar movido por mera curiosidad. Quería saber si Dios era tan poderoso como decían. Me ubiqué al final del salón de reunión. No sé si oí lo que se hablaba, pues había mucho bullicio y el sistema de sonido no parecía funcionar muy bien. De todos modos, tuve un encuentro con Dios. El Espíritu Santo me tocó de manera maravillosa. Me habló a mi corazón: «Tú estás muy preocupado por tu familia, por tus hijos, por las cosas de la tierra. Si me entregas tu corazón, toda tu vida, no tendrás que preocuparte más por tus hijos, por tu hogar, puesto que yo me ocuparé de guardar tu hogar, tu familia y tu vida». Eso me impactó sobremanera, puesto que nunca había comentado mis inquietudes personales, ni siquiera con mi esposa. Entonces entendí que Dios era real, que existía y que me amaba de forma personal. Comprendí que era un pecador necesitado de Él, que había vivido ajeno a Dios a pesar de profesar la religión católica romana. En verdad, era un ateo práctico, o mejor un «ateo cristiano», porque no buscaba a Dios, a pesar de que afirmaba creer en Él. Pero Dios me doblegó.

En ese mismo momento, comencé a llorar sin poder parar. Mi esposa estaba a mi lado y también lloraba. A la invitación del predicador, levanté mi mano como expresión de mi fe en Cristo, y a partir de ese mismo momento, Él comenzó a transformar mi vida radicalmente. Dejé de fumar, de tomar bebidas alcohólicas, de tener dudas, de llenarme de temores; y comencé a vivir mi vida en el amor de Jesucristo. A los diez días de mi conversión, fui bautizado en el Espíritu Santo, y lleno de Él me dispuse a servir al Señor.

Apenas me había convertido, cuando le pregunté al Señor cuál era el ministerio que Él quería darme para que le sirviera. En mi cabeza estaba la pregunta de si Dios quería que ganara dinero para ayudar a otros a predicar, o si Él quería que yo mismo predicara. Le pedí que me revelase su voluntad, a fin de no equivocarme y tomar por el camino que Dios quería que yo tomara. De pronto, sentí el profundo deseo de ser evangelista. Pero, lógicamente, veía esto como algo muy distante, porque lo miraba con ojos humanos y no con una fe confiada.

En cierta oportunidad, estábamos preparando una campaña, en la que yo colaboraba. Una hermana oró, porque confrontábamos un serio problema financiero y queríamos traer a unos predicadores del exterior. Esta persona oró para que el Señor levantara a un evangelista de entre nosotros. Entonces, el Espíritu Santo le indicó que ese evangelista era yo. Ella se quedó muy confundida, porque yo apenas tenía un año y medio de convertido. Pero al terminar la reunión, ella profetizó que yo no solo predicaría en Argentina sino en toda América. De este modo, fui invitado a predicar en mi primera campaña. Fue en el año 1981, y se llevó a cabo en la ciudad de Bernal, en una villa de emergencia, lo que en Argentina conocemos como «villa miseria», ya que está poblada por personas muy pobres que ocupan viviendas muy precarias. Quedé sorprendido al ver como Dios actuaba. Este fue el comienzo de mi ministerio como evangelista.

## «Señor, ¿qué quieres que yo haga?»

El llamado de Dios para el ministerio evangelístico comenzó en el momento mismo en que rendí mi vida a Cristo. En esto fui también guiado y acompañado por quien entonces era mi pastor, Jorge Gomelski, a quien Dios puso desde el primer momento a mi lado para aconsejarme y enseñarme en sus caminos. Yo había hecho un pacto con el Señor. Le prometí que iba a servirle a cambio de que Él me diese lo que el mundo no había podido darme: la paz, la felicidad, la seguridad, la tranquilidad. Todo esto, Él me lo dio cuando le entregué mi vida a Jesucristo. Por eso, desde el comienzo mismo de mi vida cristiana, estuve dispuesto a servir a mi Señor con todas mis fuerzas.

Tan pronto como Dios trajo bendición espiritual a mi vida, le pedí me diese un ministerio. Y Él me lo dio, y me prosperó de tal modo en esta tarea, que muchos consideran que mi ministerio es exitoso. Sin embargo, si yo tengo algo de parte de Dios es por pura gracia. Cuando Dios me dio el ministerio, Él me preguntó: «¿Estás dispuesto a pagar el precio?» El precio por mi ministerio no era algún sacrificio que yo tenía que hacer para que Dios me lo diera. El precio era llevar sobre mis hombros la carga y la responsabilidad de ese ministerio, lo cual significaba abandonar el hogar, no estar con los hijos, enfrentar críticas y oposición, tener que poner dinero de mi bolsillo, etc. No obstante, yo sabía que estaba haciendo tesoros en los cielos, donde ni la polilla ni el orín corrompen. Pero tenía un precio que pagar.

A veces, se me doblan las rodillas, y digo: «¡Dios, no puedo más!» Y Él me recuerda: «¿Cómo? ¿No estabas dispuesto a pagar el precio?» El ministerio es un regalo de gracia para el hombre y la mujer que se disponen a servir a Dios. Pero hay un precio que pagar para llevarlo a cabo. Por eso, el éxito ministerial tiene ciertos requisitos. El primero es estar en la perfecta voluntad de Dios. Y para ello hace falta una conversión radical. El segundo es apartarse del mal para servir a Dios. Y esto involucra una consagración total.

En mi experiencia, mi ministerio comenzó en lugares muy pobres, en barrios muy humildes. Visitaba los hospitales y oraba por todos los enfermos. Al principio tuve una gran lucha, porque me preguntaba si el Señor quería que abandonara mi empresa y todos mis bienes. Me parecía oír la voz de Dios diciéndome: «Tú tienes tu corazón en tus cosas». Yo le pedía al Señor: «¡Úsame! ¡Úsame!» Y Dios me contestaba: «Ve a las villas miseria, y entrégame tu negocio». No estaba muy dispuesto a ninguna de estas dos cosas. Así que, estuve un año llorando y luchando, hasta que le dije a mi esposa: «Voy a abandonarlo todo. Ya no aguanto más esta situación». Regalé mi automóvil, y fui a consultar con mi pastor, Jorge Gomelski. Él me dijo: «Si estás dispuesto a dejarlo todo para Dios, no lo tires así. Consérvalo, y cuando Dios te lo demande, dáselo». Esto sacó una carga de cinco mil kilos de peso de sobre mis hombros. Así lo hice, y a partir de ese momento, sentí que toda mi vida estaba consagrada al Señor, y pude ir a las villas miserias a predicar el evangelio a los pobres.

En mi búsqueda de un ministerio, después de mi conversión, el Señor me habló por medio de Ezequiel 37. Sentí claramente que Él me enviaba a predicar, «para que aquellos que están muertos en delitos y pecados, puedan vivir; incluso para que la iglesia misma sea renovada en el Espíritu Santo». Alguien profetizó sobre mí, indicándome que debía iniciar un avivamiento en Argentina, y que desde el sur del continente ese avivamiento iba a llegar a todo el mundo. Cierto día de 1981, mi hijo mayor, Carlos Alberto, comenzó a profetizar en lenguas. Parecía hablar en alemán, ya que entendía que decía: «*Argentinien, Argentinien*». Le pedí a mi esposa que interpretara, y ella lo hizo, diciendo: «Pronto, pronto, pronto. Gran avivamiento en Argentina. Argentina será mía, dice el Señor».

Es así como me dispuse a cumplir con el mandato del Señor. Pero la Gran Comisión tiene cuatro aspectos. El primero de ellos es la salvación, que está implícita en las palabras de Jesús «Id por todo el mundo y predicad el evangelio a toda criatura» (Marcos 16.15). El segundo aspecto de la Gran Comisión es la liberación, y lo encontramos expresado en la frase «en mi nombre echarán fuera demonios» (Marcos 16.17a). El tercero tiene que ver con la llenura del Espíritu Santo, y está relacionado con una de sus manifestaciones: «hablarán nuevas lenguas» (Marcos 16.17b). Esta es la investidura que necesitamos todos los creyentes. Y, por último, el cuarto aspecto de la Gran Comisión es la sanidad. El Señor dijo a sus discípulos: «sobre los enfermos pondrán sus manos, y sanarán» (Marcos 16.18b).

## Mensaje de salvación

¿Cómo se inició el ministerio Mensaje de Salvación? Todo surgió de una propuesta mía a mi pastor, Jorge Gomelski. «Vamos a hacer un programa radial», le dije. El pastor respondió: «¿Y quién va a predicar?» Yo sugerí: «Usted, pastor». Así es que conseguimos un espacio en Radio Real, de Uruguay. El alcance de esta radio en Argentina era bastante amplio, y el horario muy conveniente. Así nació este programa radial, allá por el año 1980. El pastor Gomelski era el responsable de presentar el mensaje, mientras que yo solo oraba. Más adelante, el pastor me pidió que hiciese la presentación del programa y su cierre.

El nombre «Mensaje de Salvación» identificó a este ministerio casi desde el principio. El productor de la radio me pidió unas palabras de presentación para el programa. Escribí: «Escuche un mensaje de salvación en la voz del pastor Jorge Gomelski, en el

programa "Jesús te ama, salva y sana"». Pero cuando el l
sentó el espacio, dijo: «Escuche Mensaje de Salvació
quedó fijado el nombre del ministerio. Dios usó a una persona no creyente para ponerle un nombre definitivo a nuestro ministerio, y nosotros lo aceptamos.

Muy pronto, comenzaron a llegar invitaciones al pastor Gomelski para ir a predicar a diferentes iglesias. Y toda vez que él no podía hacerlo, me enviaba a mí. Fue así que el Señor nos puso en el corazón la necesidad de llevar a cabo campañas evangelísticas, primero en barrios muy humildes, al aire libre o en locales rentados. Nunca tuve oportunidad de concurrir a un seminario o instituto bíblico, tampoco estudié homilética ni predicación. Al principio procuré imitar a los mejores predicadores que conocía, especialmente al varón de Dios que me llamó a Cristo, el pastor panameño Manuel Arlindo Ruiz. Algunos dicen que predico como él, incluso con su acento centroamericano. Quizás sea así, pero esa fue toda la escuela de predicación que tuve.

A partir de 1981, las campañas evangelísticas se fueron sucediendo una detrás de la otra, y cada vez por más días, con mayor asistencia de personas y más decisiones de fe por Cristo. En el cuadro que sigue puede observarse la secuencia de las campañas que llevé a cabo en los primeros años de mi ministerio evangelístico.

| Lugar (*) | Año | Decisiones de fe |
|---|---|---|
| 1. Don Bosco (Beccar) | 1981 | 110 |
| 2. Villa Domínico | 1982 | 100 |
| 3. Florencio Varela (Alpargatas) | 1982 | 70 |
| 4. Florencio Varela (Barrio San Eduardo) | 1982 | 279 |
| 5. Quilmes (Kolynos) | 1983 | 700 |
| 6. Don Bosco (Beccar) | 1983 | 1.000 |
| 7. Ezpeleta | 1983 | 350 |

| | | |
|---|---|---|
| 8. Bernal (IAPI) | 1983 | 750 |
| 9. Francisco Solano | 1983 | 700 |
| 10. Quilmes Oeste | 1983 | 800 |
| 11. Wilde | 1983 | 1.500 |
| 12. Bosques | 1983 | 600 |
| 13. Tres Arroyos | 1983 | 100 |
| 14. Berisso | 1984 | 2.000 |
| 15. Ranelagh | 1984 | 1.600 |
| 16. City Bell | 1984 | 1.700 |
| 17. La Plata, Ensenada y Tolosa | 1984 | 50.000 |
| 18. Monte Grande | 1984 | 8.500 |
| 19. Lomas de Zamora | 1984 | 1.800 |
| 20. Mar del Plata | 1984 | 83.000 |
| 21. San Justo | 1985 | 60.200 |
| 22. San Martín | 1985 | 57.000 |
| 23. Moreno | 1985 | 16.000 |

(*) Todos los lugares mencionados se encuentran en la provincia de Buenos Aires, Argentina.

Muy pronto, comencé a aplicar en las campañas la comprensión de la Gran Comisión que me dio el Señor. Además de proclamar el evangelio de salvación en Cristo, puse un fuerte énfasis en la sanidad de los enfermos y especialmente en la liberación de los oprimidos por Satanás. Aprendí a reprender de manera directa a las potestades y principados de maldad, a volverme contra Satanás y sus demonios con toda autoridad en el nombre de Jesús, a atarlos y echarlos fuera de las vidas de las personas cautivas.

Esta comprensión del mandato del Señor y esta práctica de proclamar, sanar y liberar continúa siendo fundamental en mi ministerio hasta el presente. De manera especial, el ministerio de liberación es característico de mis campañas. Por eso, un buen tiempo de mi ministración lo dedico a esta oración de guerra espiritual, en la que invierto hasta la última gota de energía que Dios me ha dado, seguro del poder del Señor para librar a los que están sujetos a servidumbre.

## Las grandes campañas

A partir del año 1984, Dios me permitió ministrar el evangelio de Cristo a grandes multitudes. Para ese tiempo el ministerio Mensaje de Salvación estaba bien organizado, con varias personas a cargo de diversas responsabilidades. Contaba también con una infraestructura básica para poder congregar a varios miles de personas en reuniones al aire libre: carpas gigantes, equipo de iluminación, vehículos para el transporte de materiales, plataforma, sillas, equipo de sonido, etc. Esto nos permitió asociar a un mayor número de iglesias y prolongar por más tiempo cada esfuerzo evangelístico. En algunos lugares, mantuvimos dos meses de predicación continuada todas las noches, incluso bajo lluvias intensas o con un frío insoportable. Después de más de doce años de ministerio, seguimos sirviendo al Señor con el mismo entusiasmo y cosechando frutos abundantes.

En cada campaña, el clima de fiesta popular es sumamente atractivo. Luces poderosas rodean el amplio perímetro preparado para concentrar la multitud. Levantamos una gran plataforma bien decorada, y por detrás colocamos una gran carpa de franjas amarillas y blancas, donde se ministra liberación. Otra carpa está dedicada a orar por los enfermos y en otra funciona la librería. A esto se agregan varios kioskos en la periferia del lugar, donde se venden alimentos y refrescos. La música alegre, el canto de la enorme multitud, y las caravanas de vehículos y personas acercándose al lugar escogido, despiertan una gran expectativa. La informalidad del encuentro y la libertad para moverse, ya que la gran mayoría está de pie, ayudan a que las horas pasen sin sentir mayor cansancio.

Después de un tiempo de alabanza y adoración al Señor, de los necesarios anuncios, indicaciones, o presentaciones, subo a la plataforma a presentar el mensaje del evangelio de salvación. Antes de predicar, suelo orar reprendiendo y atando a todo espíritu de incredulidad, duda o rechazo, a fin de que las personas puedan no solo entender el mensaje, sino también recibirlo en su corazón. Creo firmemente lo que la Palabra dice, que Satanás, el dios de este siglo, «ha cegado el entendimiento de los incrédulos, para que no les resplandezca la luz del evangelio de la gloria de Cristo» (2 Corintios 4.4). Por eso esta oración de represión es fundamental. Luego, predico de manera sencilla, clara, apelando no solo al entendimiento de las personas sino también a sus emociones. Mis mensajes son breves, testimoniales, y siempre basados en una porción de la Biblia, generalmente algún relato tomado de los evangelios. Como no he estudiado homilética, mi presentación es más narrativa que argumentativa o didáctica.

Una vez presentado el mensaje, hago una invitación a las personas a colocar su fe en Cristo como único Señor de sus vidas. El Espíritu Santo toca sus corazones y es emocionante ver cómo miles de personas de todas las edades pasan corriendo al altar, con sus manos en alto y confesando sus pecados. Oro por ellos y allí muchas veces comienzan a manifestarse personas demonizadas. En realidad, estas manifestaciones ocurren desde el comienzo mismo de la reunión, e incluso mientras las personas se acercan al lugar de reunión.

No hay un orden establecido para el programa de la campaña. Sin embargo, luego de que los consejeros toman los datos de las personas que han expresado su fe en Cristo y de algunas canciones, oro por los enfermos. Creo que la mayor parte de las enfermedades son provocadas por espíritus inmundos. Por eso, reprendo cada espíritu de enfermedad, enfermedad por enfermedad conforme el Espíritu me guía. Pido a las personas que coloquen sus manos allí donde tienen su dolencia, siempre que esto sea posible. Muchos caen tocados por el Espíritu Santo, y son sanados milagrosamente.

Luego, con la autoridad que recibí de Dios en el nombre de Jesús, me vuelvo contra Satanás y sus demonios en las vidas que tienen bajo cautiverio. Reprendo a todo espíritu de brujería, hechicería, control mental, macumba, umbanda, espiritismo, y otras religiones paganas; me vuelvo contra ataduras emocionales y físicas en las vidas de las personas. Este es un momento de gran tensión y aquí dejo que el Espíritu me guíe para declarar la libertad en Cristo en aquellos puntos de las vidas en que Satanás ha colocado sus cadenas. Las manifestaciones son terribles. Personas caen en medio de convulsiones y gritos, llanto y espasmos. Hermanos entrenados (en nuestra jerga los llamamos «camilleros») toman a quienes se manifiestan y los trasladan a la carpa de liberación, donde otros hermanos también entrenados por nuestro equipo proceden a ministrarles liberación. Algunas escenas son horribles y ponen de manifiesto cuán devastadora y destructiva es la obra del diablo en las vidas de aquellos que están oprimidos por él.

Después de un tiempo de alabanzas cantadas, invitamos a quienes han recibido sanidad a pasar a la plataforma a dar testimonio para la gloria de Dios. Por cierto que tomamos todos los recaudos posibles para que estos testimonios respondan a sanidades auténticas y verificables. Después de cuatro o cinco horas de reunión, vamos llegando al fin del encuentro cuando yo y algunos miembros de mi equipo oramos por la llenura del Espíritu Santo por cada persona que así lo desee. Muchos caen tocados por el Espíritu y son fortalecidos, sanados, restaurados, y reconfortados en su fe. En muchas ocasiones, salgo para cenar y relajarme un poco, ¡a las dos o tres de la mañana!

En general, esta es la manera en que ministro en toda ocasión que tengo para proclamar el evangelio del Reino. Para mí no hay diferencia si estoy frente a una multitud de 20.000 personas al aire libre, o ministrando a 200 personas reunidas en un templo. Tampoco hago diferencia si se trata de una campaña de treinta días corridos o de tres días un fin de semana. En realidad, en todos los casos, Dios me permite servirlo contando con el mismo poder y autoridad y viendo los mismos resultados.

Dios me ha permitido predicarle el evangelio de salvación a más de un millón de personas, no solo en Argentina, sino en casi todo el mundo. El año 1985 fue un año muy especial. Después de las grandes campañas que llevamos a cabo en San Justo, San Martín y Moreno, siguieron otras en Beccar, Haedo, Rosario y La Boca. Todas ellas tuvieron asistencias masivas y se prolongaron por más de un mes con predicación diaria. Más tarde, el Señor me permitió ministrar en muchos otros lugares, fuera de la provincia de Buenos Aires. He estado proclamando las buenas nuevas en muchas ciudades: varias veces en Miami, Brasilia, Asunción, San Justo, dos veces en San Miguel-Moreno, La Plata, Corrientes, Resistencia, Francisco Solano, Llavallol, Grand Bourg, Morón, Santiago del Estero, Tandil, Bandfield, Bahía Blanca, Santa Fe, Buenos Aires. He visitado muchos países con campañas en sus ciudades principales: en varias ocasiones en Estados Unidos, dos veces en España, en varias ciudades de Alemania, Rusia, Perú, El Salvador, dos veces en Finlandia, Puerto Rico, varias veces en Bolivia, Japón, Uruguay. E infinidad de otros lugares.

Cada campaña ha sido y es singular. Generalmente, la asistencia va en aumento a medida que transcurre la campaña. Por ejemplo, en 1996, en San Martín tuvimos unas tres mil personas por noche en los primeros tres días de campaña. El cuarto día, contamos a los asistentes uno por uno y el total resultó ser 3.451, sin contar a los niños pequeños. Pero a partir del quinto día, la asistencia comenzó a superar las 4.500 personas. En comparación con otras campañas, esta tuvo una asistencia pobre, en buena medida debido a que estábamos en un lugar poco visible. Sin embargo, en 1985 en la misma ciudad, tuvimos noches con una asistencia mucho mayor, especialmente la última noche, cuando hubo alrededor de 70.000 personas.

Nuestras campañas cuentan con muy poca publicidad profesional. En realidad, la gente viene porque alguien la trae. A medida que pasan los días, se corre la voz de que Dios está obrando milagros y que cosas extraordinarias ocurren. Esto atrae a las personas en grado creciente a medida que avanzan los días. Como es de imaginar, hace falta de una buena organización para manejar tremenda cantidad de gente. Además del equipo permanente que me acompaña en mis campañas, se nombra una comisión local de campaña, que se ocupa de todos los arreglos locales. Esta comisión coordina al ejército de personas que hacen falta para servir en un esfuerzo de esta magnitud. Ujieres, consejeros, encargados de las ofrendas, camilleros, consejeros de liberación, personal de seguridad, y muchos más.

## El testimonio de un testigo ocular

La siguiente es una descripción hecha por un pastor norteamericano de su primera visita a una cruzada de Mensaje de Salvación en 1987.[1] Me parece que puede proveernos de una perspectiva útil del ministerio que he estado llevando a cabo en los últimos quince años para la gloria de Dios.

«Fui a la cruzada en ómnibus, con un grupo de presbiterianos. A medida que el ómnibus se acercaba al lugar de la cruzada, vimos docenas de guirnaldas de lamparitas colgando alrededor del campo, que creaban la atmósfera de un carnaval de pueblo pequeño. El sitio mismo era un amplio espacio abierto, casi todo de tierra, que bordeaba una calle de mucho tránsito. Cuando llegamos, todo estaba en plena marcha. La plataforma tenía unos dos metros de altura y sobre ella había músicos y cantantes, y un maestro de ceremonia que con entusiasmo animaba a la multitud a unírseles. Los enormes parlantes a cada lado de la plataforma podían atravesar los oídos de cualquiera que se parase demasiado cerca.

»Annacondia subió al escenario y presentó un mensaje del evangelio razonablemente normal. Hizo la invitación para salvación y cientos de personas se amontonaron adelante, llenando el área que había sido reservada alrededor de la plataforma, por una cadena humana de hombres y mujeres vestidos de manera uniforme, miembros de las iglesias locales. Después de una oración por salvación, Annacondia continuó con lo que yo solo puedo describir como una andanada contra las huestes demoníacas que estaban presentes en el área. Por toda la audiencia comenzaron a darse manifestaciones demoníacas en las personas. Algunas caían al piso y comenzaban a retorcerse o reptar, otras comenzaron a sacudirse y a gritar, aun otras comenzaron a temblar o de alguna manera reaccionaban a la diatriba de Annacondia contra las huestes demoníacas presentes en la cruzada.

---

1   Michael D. Richardson, «Revival in Argentina», Paper, Fuller Theological Seminary, 1997, pp. 10-12.

»Varios hombres estaban cerca de la plataforma. Estos eran los observadores. Su tarea era ver a quienes expresaban una manifestación de algún tipo y enviar a los camilleros a sacar a esa persona de la multitud y llevarla a la carpa de liberación detrás de la plataforma. Esta era una enorme carpa con capacidad para unas 5.000 personas sentadas, en caso de que lloviese en el lugar de la cruzada. Así que dos hombres corrían en la multitud y levantaban, si podían, a la persona que se estaba manifestando, y llevaban a esta persona atrás, a la carpa. Lo que se veía era increíble. Algunas personas parecían confundidas, pero no tanto como nosotros que esa noche estábamos visitando la cruzada por primera vez. La mayor parte de la multitud parecía tomar la situación sin demasiada perturbación. La clase baja de Argentina, y eso es lo que la mayoría de los asistentes a la cruzada eran, son bien conscientes de las cosas que ocurren en el reino de los espíritus. Generalmente son conscientes y pueden haber tenido alguna experiencia con demonios, brujas, brujos, chamanes, y sectas religiosas que tienen ritos que mueven poder para el bien o para el mal.

»Después de observar esta escena por unos quince minutos, fuimos a la carpa donde se estaba ministrando liberación. Adentro, la gente estaba distribuida en grupos de tres por toda la carpa. Dos estaban ministrando liberación a cada persona que había sido traída. Esas personas podían ya estar bien emocionalmene en razón de que la liberación ya había ocurrido y ellas estaban sentadas tranquilas sobre sus sillas mientras eran aconsejadas. Otros estaban tirados en el piso contoneándose y gritando, y los dos que ministraban, generalmente laicos de las iglesias locales, o bien estaban sujetando a estas personas, o estaban hablándoles, gritándoles o de alguna manera tratando de echar al espíritu intruso. Algunas de las personas estaban inconscientes, o todavía en algún otro grado de manifestación demoníaca. Probablemente unas sesenta personas estaban en la carpa recibiendo algún tipo de ministerio para ser liberados de ataduras demoníacas.

»Más tarde, Annacondia oró por los enfermos y se dio una vuelta por la carpa, como si fuese el médico de guardia. Dio instrucciones por aquí y por allá a los que ministraban en la carpa y a veces se detuvo y lidió con un demonio ... Después de un tiempo en la carpa de liberación, Annacondia salió y comenzó a orar por los creyentes justo enfrente de la plataforma. Hizo que todos se formaran en una línea recta. Había cientos de ellos. Hizo que algunos colaboradores se ubicaran detrás de la línea de personas. Entonces les pidió que extendiesen sus manos y él sopló sobre ellos. Casi el 90% cayó hacia atrás en los brazos de sus colaboradores que estaban aguardando atentos. Esta actividad continuó hasta bien entrada la medianoche.

»Yo he asistido a muchas otras campañas de Annacondia mientras he estado en Argentina y el patrón ha sido casi idéntico en cada situación. También he visto a Carlos ministrar a cristianos en el marco de conferencias. Incluso en este contexto han habido sanidades espectaculares como resultado de su ministerio».

## ¿Cuál es el secreto?

Dios me ha permitido predicarle a decenas de miles de personas de toda lengua, raza y color. Cientos de miles han manifestado haber puesto su fe en Cristo como Salvador. ¿Cómo ha sido esto posible? ¿Cuál es el secreto? El secreto de este ministerio y de cualquier ministerio que se lleve a cabo en su nombre consiste en creer que Dios ya nos dio el poder para hacerlo. El Señor dice en su Palabra que Él *ya* entregó el poder a su pueblo, para que este cumpla con su misión. Y esto lo hizo a través de su Hijo Jesucristo.

La Biblia afirma que Jesús, «habiendo reunido a sus doce discípulos, les dio poder y autoridad sobre todos los demonios, y para sanar enfermedades. Y los envió a predicar el reino de Dios, y a sanar a los enfermos» (Lucas 9.1-2). ¿Qué fue lo que hicieron aquellos discípulos? «Y saliendo, pasaban por todas las aldeas, anunciando el Evangelio y sanando por todas partes» (Lucas 9.6). Más tarde, Jesús comisionó a otros setenta de sus discípulos, y les dijo: «Id; he aquí yo os envío como corderos en medio de lobos ... En cualquier ciudad donde entréis, y os reciban ... sanad a los enfermos que en ella haya, y decidles: Se ha acercado a vosotros el reino de Dios» (Lucas 10.3, 8-9). ¿Y qué fue lo que hicieron los setenta discípulos? El relato bíblico dice que «volvieron los setenta con gozo, diciendo: Señor, aun los demonios se nos sujetan en tu nombre» (Lucas 10.17). Lleno de satisfacción, Jesús les dijo: «He aquí os doy potestad de hollar serpientes y escorpiones, y sobre toda fuerza del enemigo, y nada os dañará» (Lucas 10.19).

Nótese que en las tres oportunidades en que Jesús mandó a sus seguidores predicar el Reino de Dios (a los doce, según Lucas 9.1; a los setenta, según Lucas 10.19; y a todos los creyentes, según Marcos 16.17), les dio autoridad y poder para hacer lo que Él hizo. Es más, su promesa es que sus seguidores tendrían poder y autoridad para hacer cosas aun mayores. Dijo Jesús: «De cierto, de cierto os digo: El que en mí cree, las obras que yo hago, él las hará también; y aun mayores hará, porque yo voy al Padre» (Juan 14.12).

Si este es el mandato del Señor y contamos con poder y autoridad en su nombre para llevarlo a cabo, ¿qué necesitamos hacer para que esto se cumpla en nuestras vidas y ministerios? Lo que necesitamos es fe. Fe en la Palabra de Dios. Una y otra vez debo repetirme a mí mismo: «Yo tengo el poder de Dios. Ya cuento con él. Él me lo dio. Debo ponerlo en práctica». Solo la fe puede desatar el poder de Dios. Y esta promesa es para todos los creyentes. No es para algunos pocos ungidos, inspirados o privilegiados. Pensar así es caer presa de un engaño de Satanás. La promesa no es para algunos pocos escogidos, sino para todo aquel que cree en Él. «Él que en mí cree», dijo Jesús (Juan 14.12a). Y Jesús reforzó esta promesa al añadir otra doble promesa: «Y todo lo que pidiereis al Padre en mi nombre, lo haré, para que el Padre sea glorificado en el Hijo. Si algo pidiereis en mi nombre, yo lo haré» (Juan 14.13-14).

De modo que es una cuestión de fe. La Palabra indica que «el justo por la fe vivirá» (Romanos 1.17), y especifica que «sin fe es imposible agradar a Dios» (Hebreos 11.6). Ahora, esta fe que se requiere para operar bajo el poder sobrenatural de Dios y con autoridad en su nombre, no es una convicción racional o un determinado conocimiento religioso. Esta fe y estas cosas están escondidas de los sabios y de los entendidos, y han sido reveladas a los niños (Mateo 11.25). Estas cosas son para aquellos que con sencillez de corazón empiezan a poner en práctica la orden del Señor de ir y predicar, confiando en Él en que las señales prometidas seguirán. El orden de Dios es que primero hay que predicar, y luego las señales confirmarán la palabra del evangelio de Cristo con maravillas y prodigios, tal como Jesús lo aseguró. No se trata solo de hablar acerca del evangelio, sino que hay que poner en práctica el evangelio con todas sus consecuencias y efectos. Como dijo Jesús: «Cualquiera, pues, que me oye estas palabras, y las hace, le compararé a un hombre prudente, que edificó su casa sobre la roca» (Mateo 7.24).

Esto es así, «porque el reino de Dios no consiste en palabras, sino en poder» (1 Corintios 4.20). Y este poder se tiene que hacer evidente a través de las manifestaciones de la operación sobrenatural del Espíritu Santo. Ahora, ¿cómo puedo obtener el poder de Dios? La promesa de Jesús es bien clara en responder a esta pregunta: «Recibiréis poder, cuando haya venido sobre vosotros el Espíritu Santo, y me seréis testigos» (Hechos 1.8). Fue así como recibieron poder y autoridad los primeros cristianos y llenaron todo el mundo con el evangelio. Fue así que Pablo pudo completar un ministerio tan lleno de frutos. Según su propio testimonio personal, su testimonio cristiano no «fue con palabras persuasivas de humana sabiduría, sino con demostración del Espíritu y de poder». Y agregaba que esto fue así, para que la fe de sus oyentes no estuviese «fundada en la sabiduría de los hombres, sino en el poder de Dios» (1 Corintios 2.4-5). Es evidente que el apóstol predicaba solo bajo el poder del Espíritu Santo. El mismo señala: «Porque no osaría hablar sino de lo que Cristo ha hecho por medio de mí para la obediencia de los gentiles, con la palabra y con las obras, con potencia de señales y prodigios, en el poder del Espíritu de Dios» (Romanos 15.18-19a). Esto explica cómo fue posible que este individuo débil y lleno de limitaciones pudiese afirmar sin exageraciones: «de manera que desde Jerusalén, y por los alrededores hasta Ilírico, todo lo he llenado del evangelio de Cristo» (Romanos 15.19b).

Así, pues, es necesario que cada uno ministre según la gracia que ha recibido de Dios y conforme el poder que Él le ha dado. El apóstol Pedro nos exhorta, diciendo: «Si alguno habla, hable conforme a las palabras de Dios; si alguno ministra, ministre conforme al poder que Dios da, para que en todo sea Dios glorifidado por Jesucristo» (1 Pedro 4.11). Nuestra fe, pues, debe ir acompañada de obras de poder. De otro modo, será una fe muerta, porque «la fe, si no tiene obras, es muerta en sí misma» (Santiago 2.17). Entonces, ¿quieres que Dios te use? ¿es tu deseo recibir revelación del Señor?

Cree como un niño y Él promete hacerlo. Esto es lo que realmente trae alegría a su corazón: «Yo te alabo, oh Padre, Señor del cielo y de la tierra, porque escondiste estas cosas de los sabios y entendidos, y las has revelado a los niños. Sí, Padre, porque así te agradó» (Lucas 10.21). Es cuando confiamos plenamente en Él, que «la supereminente grandeza de su poder para con nosotros los que creemos», se hace efectiva en nuestras vidas y ministerios, «según la operación del poder de su fuerza» (Efesios 1.19).

# capítulo cinco

# Estructuras espirituales sobre la ciudad

*Por Eduardo Lorenzo*

La Palabra de Dios es aguda y penetrante, y llega hasta partir el alma y el espíritu (Hebreos 4.12). Ella es un constante estímulo para la reflexión, comparación, confrontación y modificación de «nuestros» planes, estrategias y el estilo de vida de la iglesia que pastoreamos. Si no fuera así, creeríamos que el modelo para nuestra vida y nuestra comunidad religiosa ya está completo o es un modelo cerrado. En la búsqueda de Dios, de su presencia y del discernimiento de su voluntad, a veces nos encontramos con órdenes que el Espíritu Santo nos transmite, que no siempre entendemos y que a veces no sabemos cómo instrumentar. La Palabra y el Espíritu Santo hacen una combinación explosiva, que pone en acción el poder de Dios para que se cumpla su voluntad, más allá del hecho de que la entendamos (lo cual sería un milagro), la acatemos (lo cual sería lo más lógico) o la disfrutemos (lo cual es lo que ocurre cuando simplemente la obedecemos). Por eso, en nuestra congregación en Argentina, hace ya muchos años que sabemos que si hay algo que no podemos entender, ¡es mejor obedecer! Y si no lo podemos creer, también es mejor obedecer. El Señor tiene sus razones que a veces las comparte y otras no. Él tiene sus planes, que a veces nos los adelanta, clarificando con ello un poco más nuestra visión. La mayor parte del tiempo, al igual que el antiguo pueblo de Israel en el desierto, simplemente seguimos la «nube» en obediencia. El evangelio nos cuenta que en cierta oportunidad Jesús estaba rodeado de una gran multitud (Marcos 6.30-44). De pronto, sus discípulos se mostraron muy preocupados y fueron a Él con una información tan obvia, que hasta parecía tonta. Le dijeron: «Es tarde». Y como si Jesús ya no se hubiese percatado de ello, agregaron: «Tienen hambre». Cualquiera de los presentes allí se podía dar cuenta de estas realidades. Inmediatamente, casi sin respirar surgió el aporte, la sugerencia, quizás también la orden de sus discípulos: «¡Despídelos!» A todo esto, Jesús sencillamente contestó: «Dadles vosotros de comer». Los discípulos tomaron bien en serio la orden de Jesús y se pusieron a contar el dinero que pudieron reunir. Entonces volvieron a informarle a Jesús: «Señor, logramos reunir doscientos denarios, pero no alcanzan; no podemos darles de comer con tan poco». En realidad, le estaban señalando que lo que Jesús estaba proponiendo era absurdo. «Lo que dices es algo imposible». «Estamos dispuestos a obedecerte, Señor, pero ¡sé lógico! No nos pidas cosas irracionales e imposibles».

Entonces, Jesús les dijo: «¿Cuántos panes tenéis? Id y vedlo». Ellos hicieron la investigación y regresaron con la información. No hacía falta agregar muchos comentarios; la información les daba la razón: solo disponían de cinco panes y dos peces. Nuevamente vino la orden insólita de Jesús: «¡Háganlos sentar y cuéntenlos!» Esa fue la orden de Jesús. Insólita, incomprensible, irracional, fuera de toda lógica. Dios nos va a dar órdenes que a nuestro entendimiento pueden parecer absurdas, pero que responden a sus propios cálculos de necesidades y recursos.

## La iglesia en la ciudad de Adrogué

La historia de nuestra congregación en la ciudad de Adrogué (provincia de Buenos Aires, Argentina) es una historia de aprendizaje en la que, sobre toda otra lección, hemos aprendido que para permanecer con el candelero encendido lo mejor es obedecer. ¡Incluso, cuando nos parece absurdo hacerlo!

Cuando en 1974 llegamos con mi familia para hacernos cargo del pastorado de la congregación, la iglesia ya tenía cincuenta y dos años de presencia y testimonio cristiano en la ciudad. Estaba provista de un bonito edificio en el centro de la misma, con capacidad para unas doscientas personas. La membresía de la iglesia era de cerca de sesenta personas, el 5% de ellas vivía en la ciudad.

Desde el primer momento, Dios me hizo saber su orden para nosotros: «Quiero la ciudad de Adrogué». Al menos, esto es lo que me pareció entender desde ese primer instante de mi pastorado. Pero esta orden se repitió varias veces y en distintas circunstancias. No tenía dudas que Dios quería para Él a la ciudad de Adrogué. No obstante, durante los primeros años de mi ministerio, todo esfuerzo por lograr que la gente de la ciudad acudiera a las reuniones resultó poco menos que inútil. A los ojos de todos, el ministerio de la iglesia era un éxito. La iglesia crecía un poco cada año. Los vecinos se asombraban de la cantidad de personas que asistían. Pero los creyentes que bautizábamos provenían todos de las ciudades vecinas y no de Adrogué.

Mi participación en la vida de la ciudad era cada día más relevante. Contaba con grandes posibilidades de testimonio cristiano. Serví como presidente de la asociación cooperadora de la escuela primaria más importante de la localidad durante nueve años. Y por cuatro años más estuve sirviendo en la misma función en el Colegio Nacional (nivel secundario). Mientras la congregación crecía, mi prestigio crecía, nuestra inserción en la sociedad crecía, pero la gente de Adrogué permanecía indiferente. Y Dios seguía reclamando: «Quiero la ciudad de Adrogué».

En su política de crecimiento y sus anhelos de expansión, la iglesia fue comprando propiedades muy cerca del lugar de reuniones. Luego construimos un gran gimnasio, y todo este esfuerzo económico ordenado por el Señor tuvo que ser hecho con el aporte exclusivo de la congregación. El Señor, clara y expresamente, nos impidió recibir ayuda de nadie. En aquel momento no entendía las razones de Dios. Pero, como dije, es más fácil obedecerle que entenderle. Hoy sabemos que el dominio de Mamón, el dios de la riqueza y la diosa de la opulencia (Apocalipsis 17) dominan a la ciudad. Es por eso que el Señor se vale de una acción de fe contraria a esta influencia, precisamente para golpear a esas potestades. La provisión de Dios y la generosidad de los creyentes son los que, en definitiva, obtienen la victoria sobre el enemigo.

Finalmente, se terminó la construcción y la llamamos la «casa de nuestro crecimiento». Todo lo que hicimos fue con mucho esfuerzo y alegría, pero con una sensación extraña. En el viejo templo, la gente no cabía y se quedaba de pie. En cada encuentro, teníamos esa sensación equívoca de que todo estaba funcionando bien, simplemente porque el lugar estaba lleno. Nuestra congregación que allí en el pequeño edificio parecía exitosa, ahora en el nuevo lugar, con capacidad para mil quinientas personas, se sentía pigmea. Parecíamos un pequeño grupito de «pollitos mojados». No obstante, aprendimos a celebrar al Señor y a soñar sus sueños. Fue entonces que Satanás comenzó a bombardearnos. Nuestra relación con el mundo espiritual hasta entonces había sido leve y ocasional. Nos parecía simple y sencillo ordenar a los demonios salir de las personas. Cuando así lo hacíamos, los espíritus inmundos salían. Es por eso que, a nuestros ojos, no necesitábamos de un fuerte ministerio de liberación.

La realidad era que las fuerzas de maldad no nos querían en la ciudad. Una y otra vez distintas iglesias evangélicas habían intentado establecerse. Todas ellas fueron desplazadas. Y ahora parecía que nos tocaba el turno a nosotros. Todas las reuniones eran alteradas por fuertes manifestaciones demoníacas, a tal punto que muchos habían decidido dejar la congregación. La mayoría había entrado en confusión y temor. Un pequeño grupo me ayudaba en la atención de los casos más graves. Invertimos horas luchando con fuerzas que no entendíamos. Orábamos y clamábamos reclamando la asistencia del Señor. Poco a poco fuimos obteniendo mayor luz. ¡Gracias, Espíritu Santo! Él es quien nos guía a toda verdad. Fue entonces que aprendimos cosas que ignorábamos en cuanto a la naturaleza y formas de proceder de los demonios.

La Palabra se nos hacia más y más clara y comprensible. Aprendimos que en los aires se manifiestan poderes espirituales que afectan los planes de la iglesia. A medida que la lucha continuaba y el tiempo iba transcurriendo, nuestra visión finalmente se aclaró del todo, y Dios nos reveló algo sorprendente para nosotros. Él nos señaló la existencia de un principado espiritual en la zona sur del Gran Buenos Aires, pero asentado especialmente en la ciudad de Adrogué. Este principado era el que había colocado sobre la ciudad una cubierta de indiferencia, que impedía a la gente acudir a las reuniones. Cuando tomamos autoridad sobre ese principado ocurrieron dos cosas: primero, nuestro crecimiento se aceleró; y, segundo, el 40% de la gente que bautizábamos eran vecinos de la ciudad de Adrogué. En ese momento la iglesia contaba con sesenta y siete años de testimonio cristiano en la ciudad, y por primera vez en toda su historia veíamos resultados concretos.

Adrogué es cabecera del partido de Almirante Brown (región política que abarca otras varias ciudades), con un total de 480.000 habitantes. El lugar donde tenemos nuestras reuniones está en pleno centro de la ciudad. Esto nos permite influir notablemente sobre unas ciento cincuenta manzanas, con aproximadamente 35.000 personas. En esta zona vive la clase media y alta de toda la región. Los vecinos son personas de un mayor poder adquisitivo y mejor preparación cultural y académica, que los que viven en localidades vecinas. Adrogué es una ciudad rica y orgullosa.

La porción de la sociedad que pertenece a la clase dirigente es siempre la que está expuesta a una influencia y dominio mayor por parte del mundo espiritual. La razón es sencilla de ver: este sector de la sociedad constituye la punta de la pirámide social, la que determina los modos de vida del resto de la sociedad. Otros estratos sociales están más ocupados en escalar la pirámide (clase media), o en simplemente sobrevivir (clase baja). En cualquier ciudad, esta zona donde se concentra el poder político y la riqueza, probablemente carecerá de un testimonio vivo y eficaz del evangelio. Las iglesias que tengan sus edificios y ministerios en estos lugares, muy probablemente tendrán que estar dispuestas a pelear para mantener una congregación sana y una presencia evangelizadora. Para discipular la nación es necesario conquistar espiritualmente esta parte de la ciudad, a fin de luego llenarlo todo con el evangelio.

A partir del descubrimiento e implementación de estas verdades, la vida y el ministerio cambió de manera radical. Todos estos años han sido para nosotros de un profundo desarrollo en la Palabra de Dios, en la relación con el Espíritu Santo, en la concientización de la presencia viva de Jesús en medio de su pueblo, y de un avance decidido sobre el mundo espiritual de maldad. Hemos comprendido que la iglesia puede y debe tomar autoridad sobre las potestades espirituales, para ministrar con mayor poder a las necesidad es de la gente en general.

## Una extraña orden de Dios

Los años 1989, 1990 y 1991 fueron años de gran bonanza para nuestra iglesia. Habíamos tomado autoridad sobre el principado en cuestión. Volvimos a tomar autoridad cuando hubo un cambio de estrategia y nos dedicamos a crecer. La congregación se gozaba en su único Señor. La iglesia crecía en número. Todo parecía normal. Pero, una cosa nos inquietaba, y era que Dios por su Espíritu Santo no nos permitía extendernos más allá de la ciudad. Anhelábamos extendernos a otras ciudades, pero una y otra vez la voz del Señor nos repetía: «Ganen primero a Adrogué, y el resto será fácil». Creíamos entender la palabra del Señor, pero la realidad era que nos faltaba una adecuada visión del Reino. Creíamos que ganar la ciudad era simplemente que la iglesia creciera, se interesara por las necesidades sociales y tuviera un buen prestigio a los ojos de la comunidad. Es difícil entender que Dios no quiere que la iglesia crezca hasta llenar su edificio, sino que el deseo de su corazón es que la ciudad entera crea y que llenemos todo con el evangelio de Cristo.

Por eso, si bien crecíamos, no estábamos contentos ni satisfechos. Algo faltaba. Incluso percibíamos esto en el clima interno de la iglesia. En un sentido, se había cumplido aquello de que el nuevo lugar era la casa de nuestro crecimiento. Pero corríamos el peligro de adormecernos en el éxito, de creer que porque estábamos creciendo ya habíamos logrado el cumplimiento del propósito de Dios para nosotros como iglesia. Todavía teníamos que aprender algunas lecciones más de parte de nuestro Señor.

Una de las enseñanzas constantes de la Palabra de Dios es la necesidad que tenemos de la dependencia de Él. Cuando Dios le asignó al ser humano el deber de crecer, multiplicarse, llenar, sojuzgar y señorear la tierra (Génesis 1.28), lo hizo para que esto se acatase más allá de a quien el ser humano eventualmente obedeciera. La tierra es la expresión de los tres reinos, animal, vegetal y mineral, y responde a la voz y presencia del ser humano. El ser humano bendice su entorno en tanto y en cuanto su fuente de inspiración es Dios, y lo maldice y destruye cuando su impulso responde a Satanás. Por eso, la creación gime esperando la manifestación de los hijos de Dios (Romanos 8.22). Los daños que se causan a la tierra, si bien son el resultado del estímulo satánico, se producen a través de la mano de la criatura humana. En consecuencia, la redención y la sanación de nuestro mundo, hasta tanto Dios establezca los nuevos cielos y la nueva tierra prometidos, deberán ser hechas a través del nuevo Adán, Jesús, a quien la Biblia declara «espíritu vivificante» (1 Corintios 15.45). Es de este «postrer Adán» de quien, todos aquellos que formamos su iglesia, debemos tomar ejemplo, en dependencia del Espíritu de Dios.

Frente al Mar Rojo, con las huestes del faraón por detrás, el pueblo de Dios recibió su orden: «¡Marchen!» Y cuando marcharon, las aguas se abrieron. Frente a la ciudad amurallada de Jericó se dio la instrucción militar más absurda que jamás se haya escuchado y, sin embargo, los muros cayeron. Al reducido ejército de Gedeón (¡de treinta y dos mil soldados solo quedaron trescientos!), se le dieron las armas más extrañas: una antorcha encendida cubierta por una vasija y una trompeta. Sin embargo, el ejército madianita fue aniquilado. Podríamos seguir hasta el cansancio esta lista de órdenes divinas absurdas e insólitas.

A nuestros oídos, la orden de Dios también sonó absurda: «Compren el cine». En Adrogué había dos cines. Uno era muy moderno, el cine «Gran Adrogué»; y el otro era bastante antiguo, el que llamaban «Argentino». La voluntad revelada de Dios era en verdad muy extraña. Los cines estaban apenas a trece cuadras de nuestro gimnasio-templo, y en realidad, este superaba las comodidades de los dos cines juntos. ¿Cómo estimular a la congregación a adquirir algo así? ¿Con qué explicaciones podíamos convencerlos de hacer tan extraña operación? ¿Cómo explicarles lo inexplicable?

Por ese tiempo, Dios me había dado dones que habían aumentado mi autoridad espiritual sobre la congregación. A pesar de eso, la congregación seguía siendo bien «bautista», y era muy difícil que mi criterio fuese acatado sin discusión. Finalmente, la iglesia fue confrontada con la noticia: «Dios quiere que compremos el cine». Inmediatamente, la asamblea se galvanizó con un interrogante: «¿Por qué?» Y aquella fue la pregunta más suave. Nadie entendía los propósitos de tal propuesta. Por ese tiempo uno de los dos cines, el más nuevo, se había vendido. Ese día me sentí el más triste de los mortales. Sentía como que había defraudado al Señor.

Esa misma tarde, un vecino de la ciudad, una persona no creyente, dijo que en realidad el cine que teníamos que comprar era el más antiguo, porque ese lugar tenía *historia*. Esta palabra, «historia», nos movilizó. Esa tarde, después de verlo una vez más, decidimos que el lugar podía servirnos. El Señor me dijo: «Me hiciste perder uno, no me hagas perder el otro». La compra de este cine fue una aventura de fe. De nuestras propias finanzas, sin recurrir a préstamos o donaciones de ningún lado, la congregación tuvo que invertir quinientos cuarenta mil dólares en la compra del edificio y ciento setenta mil dólares en los arreglos necesarios para ponerlo en uso, ¡y todo esto en tan solo un año! Para nosotros, estas sumas de dinero eran astronómicas. No obstante, obediencia, fe y generosidad fueron los ingredientes que hicieron posible este milagro del Señor.

## Un poco de historia

Mientras tanto, la palabra *historia* nos llevó precisamente a investigar la historia de la ciudad. Pusimos atención en su distribución, sus orígenes, su fundador, su composición social y las características culturales de sus moradores. Comenzamos a transitar sus calles pidiéndole al Espíritu discernimiento espiritual. Aprendimos a acomodar lo espiritual a lo espiritual (1 Corintios 2.13). Nos metimos en la memoria histórica de la comunidad. Fue un tiempo apasionante de descubrimiento tras descubrimiento. Todas las mañanas, a las seis de la mañana, nos reuníamos para orar. Buscábamos revelación de parte de Dios. Entonces, el Señor comenzó a dar sueños y visiones. Fue así que apareció una forma de revelación que para nosotros era totalmente nueva: el Espíritu ponía citas bíblicas en la mente, textos que nuestra memoria no registraba. Al oír con fe la Palabra, el Señor nos daba cuadros claros del diseño espiritual de la ciudad. Estos diseños espirituales coincidían luego con las visiones recibidas, y coincidían también con los resultados de las investigaciones históricas que estábamos llevando a cabo.

Sorprendidos y entusiasmados, íbamos descubriendo los secretos espirituales de la ciudad. Por ese tiempo, nos preguntábamos si todas las ciudades tenían un diseño espiritual. Las iglesias parecían no preocuparse ni tampoco interesarse en los espíritus territoriales que controlan las ciudades. La mayoría de las iglesias evangélicas más bien parecen rechazar toda mención o posibilidad de que existan tales entidades espirituales. Y mucho menos se muestran inclinadas a conocerlos y, por supuesto, les parece totalmente absurdo pretender desplazarlos.

Nuestra experiencia con el principado espiritual sobre Adrogué nos colocaba en la senda de un combate espiritual inminente, y lo que descubrimos fue asombroso. Cada paso que dábamos en esa dirección, Dios nos estimulaba con nuevas revelaciones. Así fue como apareció delante de nuestros ojos el plano espiritual de la ciudad. Una línea de maldad la atravesaba de punta a punta. Su movimiento geográfico se apareció ante nuestros ojos como una gran serpiente. Su influencia era como una distribución de maldad por toda la ciudad. Pero todo esto Dios lo iba revelando lentamente, paso a paso. El nos iba dando el tiempo necesario para digerir estas revelaciones. Al principio, lo que el Señor nos mostraba nos parecían cosas absurdas, pero luego, al avanzar sobre ellas, recibíamos mayor revelación y entendimiento.

Es así como observamos que la cabeza de esta serpiente diabólica era el juego de azar clandestino. Efectivamente, descubrimos que en la historia de los primeros años de la ciudad este había sido un importante factor de corrupción. La persona que dominaba la ciudad por medio del juego de azar tenía una gran propiedad, precisamente en el lugar donde habíamos ubicado la cabeza de la línea de maldad. Avanzando sobre la línea, descubrimos la presencia de otras fuentes de corrupción y pecado: primero, prostitución; más adelante, masonería; luego seguía el comercio; atravesando las vías del ferrocarril, hechicería u ocultismo; luego venía la zona de riqueza; para terminar en la cola, con el espíritu de confusión o vacío.

Para este tiempo, habíamos distribuido las ciento cincuenta manzanas que componían el ejido original del municipio, y habíamos designado a distintos hermanos para que orasen y visitasen esas manzanas haciendo guerra espiritual. Hasta el día de hoy, ya hemos visitado de esta manera la ciudad cerca de veinte veces. A medida que hemos ido batallando espiritualmente por las calles de la ciudad, los hermanos involucrados fueron recibiendo y descubriendo información que confirmaba las revelaciones recibidas del Señor.

Tiempo más tarde, el Señor reveló que otra línea de maldad, el viejo camino real del tiempo de la conquista, dividía a la ciudad en dos. Siguiendo la Palabra de Dios, descubrimos que estas dos partes eran: Egipto, el cetro de poder; y, Asiria, el orgullo de la riqueza (Zacarías 10.11). Al observar nuestra ciudad desde esta perspectiva, vimos que efectivamente era así como estaba compuesta. El sector orientado hacia el Río de la Plata, era Egipto. Allí se encontraban ubicados el municipio, la iglesia, la educación, la policía, el viejo tribunal. Del otro lado, en el sector opuesto, se encontraban el comercio, los bancos y la riqueza. Estas dos partes de la ciudad estuvieron siempre en lucha y conflicto. Cada vez que el municipio realizaba algún acto público en la parte más rica de la ciudad, esta se sentía afectada e invadida.

## Un orden de maldad

Además, a través de la Palabra y la observación, hemos aprendido que los poderes demoníacos en una ciudad no actúan todos en armonía. Hemos llegado a comprender que, si bien hay un principado sobre ellos, el reino de las tinieblas no se sostiene con autoridad, sino con violencia y conflicto. El reino de las tinieblas es realmente en todo sentido tinieblas; es una realidad sórdida, oculta y violenta. Cuando la iglesia ignora sus maquinaciones, está expuesta a ser víctima de las estrategias destructivas del diablo. Estas estrategias no solo frenan su expansión y testimonio en la nación, sino que la minan por dentro, destruyendo su armonía, rompiendo su unidad, enfrentando a los hermanos, socavando el sustento de la congregación. Muchas veces su influencia es tan sutil, que las iglesias se dividen sin pensar jamás, ni siquiera por un momento, en que la división es resultado de la acción del enemigo. Y en realidad, sería muy fácil contrarrestar esta acción con tan solo seguir el consejo de

Santiago: «Someteos, pues, a Dios; resistid al diablo, y huirá de vosotros» (Santiago 4.7). Esto bastaría para ayudarnos a perseverar en aquello a lo que somos exhortados por el apóstol Pablo: «solícitos en guardar la unidad del Espíritu en el vínculo de la paz» (Efesios 4.3).

El diablo organiza su presencia en los centros de poder desde el momento mismo de la fundación de la ciudad. Para ello utiliza a las personas, sus sueños, sus ambiciones y sus influencias. Su propósito es formar estructuras que luego le permitan controlar el desarrollo de la ciudad y establecer su maldad en ella. La iglesia es un estorbo para sus planes que no tienen otro objetivo que apuntar a detener el avance del Reino de Dios. Esto lo hace para retrarsar su propio fin y condenación, y porque su orgullo y vanidad le exigen dominarlo todo para satisfacer su pretensión de ser el primero. Pero su naturaleza degradada le hace robar, matar y destruir.

En realidad, es fácil seguirle el rastro, ya que es un rastro de destrucción. Solo la Iglesia de Cristo se puede levantar con poder suficiente como para oponerse a estos poderes malignos y neutralizar su influencia. Cuando Pablo aconseja a Timoteo (1 Timoteo 2.1-2), insta también a todos los creyentes a levantar un manto de oración sobre toda la ciudad, incluidas sus autoridades. Según él indica, el ambiente total de la ciudad cambiará a tal punto, que será posible vivir en ella «quieta y reposadamente en toda piedad y honestidad». De este modo, el evangelio podrá prosperar en una atmósfera de paz y libertad. Y esto es precisamente lo que Dios quiere para cada ciudad, ya que «esto es bueno y agradable delante de Dios nuestro Salvador, el cual quiere que todos los hombres sean salvos y vengan al conocimiento de la verdad» (1 Timoteo 2.3-4).

Satanás controla a las personas que han tenido y tienen el poder, desde la fundación misma de la ciudad. El marca el territorio de la ciudad como propio, a fin de que la iglesia no se establezca en esos ámbitos. La ciudad conserva sus estructuras básicas a lo largo de los años, y estas nos hablan claramente sobre la presencia de la maldad y su influencia en la ciudad. En la antigüedad, los grandes reyes, emperadores y todo funcionario de alto rango tenían como consejeros a todo un ejército de ocultistas en sus más variadas expresiones, astrólogos, videntes, brujos y adivinos. Se trataba de toda una galería de personajes «al servicio de la nación». En realidad, eran personas, en su mayor parte endemoniadas, que consciente o inconscientemene estaban al servicio del diablo. Recordemos la lucha de Moisés en la corte de Egipto contra este tipo de agentes diabólicos. «Entonces llamó también Faraón sabios y hechiceros, e hicieron también lo mismo los hechiceros de Egipto con sus encantamientos» (Éxodo 7.11). Una y otra vez intervinieron para torcer el corazón del faraón. Pero, lo que declaran las Escrituras es cierto: «La luz en las tinieblas resplandece» (Juan 1.5), por eso, en ocasión de la tercera plaga, los hechiceros egipcios, cuyo poder era *limitado*, tuvieron que admitir: «Dedo de Dios es este» (Éxodo 8.19).

Dios ha levantado a la iglesia en la ciudad, a fin de que, siguiendo los pasos y el ejemplo de Jesús, deshaga las obras del diablo. Con claridad meridiana, dijo Jesús: «He aquí os doy potestad (autoridad) de hollar serpientes y escorpiones, y sobre toda fuerza del enemigo, y nada os dañará» (Lucas 10.19).

Cuando los apóstoles Bernabé y Pablo, en su primer viaje misionero, se internaron en la isla de Chipre, tuvieron un encuentro muy interesante en el palacio del gobernador de la isla (Hechos 13.4-12). Cabe recordar que aquel no era un territorio de extraordinaria importancia estratégica, pero de todos modos ilustra el principio del dominio satánico a través de las estructuras de poder humano. El texto bíblico nos indica que los apóstoles tuvieron la oportunidad de presentarse delante del gobernador Sergio Paulo. A su lado estaba un hombre de confianza del funcionario. La descripción que las Escrituras nos hacen de él revela elocuentemente la mezcla y confusión que Satanás había tramado alrededor de los que estaban en autoridad. Barjesús o Elimas era mago, falso profeta y judío. Este agente de Satanás les resistía a Bernabé y Saulo, y aconsejaba al gobernador que no les escuchase. Pablo reaccionó, y lleno del Espíritu Santo, hizo un rápido y categórico análisis de la situación. Y, como la luz resplandece en las tinieblas, inmediatamente confrontó la situación de engaño y mentira que Elimas había creado. La voz del apóstol tronó: «¡Oh, lleno de todo engaño y de toda maldad, *hijo del diablo*, enemigo de toda justicia! ¿No cesarás de trastornar los caminos rectos del Señor?» (Hechos 13.10).

Acto seguido, Pablo declaró que Dios tomaba intervención en el caso y que, como consecuencia de ello, el falso profeta iba a quedar ciego por un tiempo. Dice el testimonio bíblico que cuando el procónsul, que estaba presenciando tremenda contienda espiritual, vio los resultados, «creyó, maravillado de la doctrina del Señor» (Hechos 13.12). Nos podemos imaginar lo que sucedió en la isla a partir de ese instante. El evangelio corrió de persona a persona con libertad y fluidez. Para avanzar, el Reino de Dios no necesita de la simpatía de los funcionarios del estado, sino de la convicción y valentía de los creyentes en Jesucristo. Son creyentes así los que, llenos del Espíritu Santo, van a convertir aun a los gobernantes más encumbrados. En Adrogué, hemos visto experiencias de este tipo una y otra vez.

## El Camino Real

Recordemos que, a raíz de la compra del cine y antes de ocuparlo, tuvimos un tiempo de investigación sobre la historia y el desarrollo de la ciudad. En el diagrama de la línea espiritual de la ciudad trazamos ahora el Camino Real. El Camino Real, recordemos, divide en dos la ciudad de Adrogué. En nuestra comprensión desde la Biblia, una mitad representaba a Egipto (el cetro de poder), y la otra a Asiria (la vanidad de la riqueza).

Esteban Adrogué fue un próspero comerciante de Buenos Aires. Era un hombre muy rico y muy influyente en el mundo de la política y la riqueza. Él fue el fundador de la ciudad. Las razones de la fundación descansan en la necesidad que tenía este hombre de salvar una inversión en tierras y propiedades, que él había realizado en la zona que ahora ocupa la ciudad. En aquel tiempo, toda esa región era zona de campos. A Adrogué le había llamado la atención la belleza de esas tierras altas, y es así que invirtió en ellas. Con el tiempo, se hizo construir una gran casa para él y su esposa, y dos casas más para sus hijas. Hoy, la casa principal ha desaparecido. La casa de una de sus hijas es la Casa de la Cultura, mientras que la casa más sencilla de la otra hija es la Biblioteca Pública que por un tiempo fue sede del Consejo Deliberante de la ciudad.

Cuando Esteban Adrogué propuso a su familia usar esas casas para veranear y pasar los fines de semana, la familia reaccionó negativamente, por considerar que la zona era muy solitaria y estaba demasiado aislada. El comerciante, entonces, para salvar su inversión, inventó una ciudad. Le ofreció al ferrocarril tierras gratis a condición de que ellos hicieran una parada de trenes en el lugar. Con el tiempo, el ferrocarril denóminó a esa estación ferroviaria «Adrogué», en honor de su fundador. No obstante, algo curioso ocurrió: Esteban Adrogué se reservó las tierras entre el ferrocarril y el Camino Real, mientras que subdividió y loteó las tierras que iban del Camino Real hacia el este (Egipto, según nuestra comprensión bíblica). A medida que la ciudad creció, creció también con esta tendencia: la población más rica se fue estableciendo hacia el oeste (Asiria, según nuestra comprensión bíblica), y la población más humilde hacia el este (Egipto).

La ciudad ha honrado a su fundador con un monumento, que está en la Plaza Espora sobre el Camino Real, que divide la ciudad en dos. En esta estatua, Esteban Adrogué aparece sentado. Pero es interesante y asombroso notar que la figura de Adrogué mira totalmente hacia el oeste, es decir, hacia la mitad de la ciudad dedicada al comercio y la riqueza, mientras le da la espalda a la ciudad que fundó y donde está ubicado el poder político y la zona más humilde de la ciudad. Este esquema de vida ciudadana ha permanecido así por mucho tiempo.

La iglesia ha intercedido por esta situación. Con la inteligencia dada por el análisis que hemos hecho y con la nueva luz dada por el Espíritu, hemos clamado por un cambio en la situación de la ciudad. Y lo hicimos hasta ver los resultados, y esos resultados comenzaron a producirse: empezó a darse un mayor comercio en la zona este (Egipto) y se construyeron casas con mejor aspecto. En otras palabras, la ciudad fue cambiando de acuerdo a nuestra oración. Hoy hay un mejor entendimiento entre el poder político y el comercio. De hecho el presidente de la Cámara de Comercio es un hombre del gobierno.

Todo esto ocurrió y «coincidió» con el hecho de que como iglesia decidimos dar siete vueltas alrededor de la ciudad, haciendo guerra espiritual. Una mañana, convocamos a todos los que tenían vehículos a ponerlos a disposición de los hermanos para su transporte. Logramos reunir y llenar aproximadamente unos setenta automóviles. En cada auto se pasaba un casete grabado especialmente para la ocasión, que iba guiando los cánticos y las oraciones de los ocupantes del vehículo. En la tercera vuelta alrededor de la ciudad, el primer automóvil alcanzó al último, así que en las cuatro vueltas restantes, un anillo móvil de alabanza y oración rodeó la ciudad. En cada vuelta recorrimos más de cinco kilómetros, girando alrededor de la ciudad. A la séptima vuelta, entramos por la cola de la serpiente (la línea espiritual de maldad en la ciudad), y declaramos la gloria de Dios haciendo sonar las bocinas de los automóviles y levantando las voces de alabanza al atravesar la ciudad por el medio. Los vecinos de la ciudad nos saludaban ya desde la segunda vuelta. Algunos creyentes y muchos amigos que cruzábamos al paso de la caravana, recibían nuestra bendición. Desde aquel momento, la situación de la ciudad comenzó a cambiar.

La ciudad era una ciudad dormitorio, la gente vivía en ella, pero no paseaba ni compraba en ella. Comenzamos a orar para que la ciudad fuese una ciudad de encuentro, una «ciudad deseada» (Isaías 62.12). De dos lugares que había en la ciudad para encontrarse y tomar un café o un pequeño refrigerio en cuatro manzanas, hoy hay dieciséis lugares de este tipo en esas manzanas, y siempre llenos de gente. Los lugares para comer se han multiplicado. Y el comercio, a pesar de la crisis económica, ha crecido. Nuevos bancos se han establecido en la zona. Dios quiere que la iglesia discipule la ciudad y la bendiga.

Había seis lugares bailables en la ciudad, dos de ellos claramente demoníacos. Estaban pintados de negro y rojo, con máscaras y emblemas diabólicos, iluminados con una luz mortecina y roja. Los vecinos nos pidieron ayuda. Sus propiedades eran linderas de estos centros bailables. El problema no era tanto la intensidad de la música, como la sensación de opresión espiritual. Comenzamos a orar por este problema, hasta que los dueños de los locales los cerraron. Seguimos orando, y los locales fueron destruidos. Hoy hay un paseo de compras en el lugar. Seguimos orando por la ciudad, y se cerraron los restantes locales bailables. Los vecinos que en su momento nos pidieron ayuda, no eran creyentes. Hoy son miembros de la iglesia.

Una mañana de sábado, en nuestro horario de reunión de oración a las seis de la mañana, cuatro grupos de guerreros de oración guiados por el Señor se distribuyeron en las dos puntas de la línea espiritual de maldad. En un momento determinado, comenzaron a avanzar hacia el cine que está en el medio de la ciudad sobre la línea de maldad, por cada una de sus veredas. Cada guerrero contaba con un grupo de intercesión que lo apoyaba en oración. Estos grupos estaban distribuidos en el cine (que en ese momento estaba en reparación). Los grupos estaban separados, pero oraban continuamente por cada uno de los guerreros que estaban en la calle. Un grupo más grande de intercesores oraba por la ciudad. A las ocho y media de la mañana, los guerreros llegaron al cine. Al consultarse unos con otros y comparar lo que habían estado recibiendo, tanto los que caminaban por la calle como los que oraban en el cine, los resultados eran tan concordantes, que solo el Espíritu Santo podía ser el autor de hechos tan coincidentes.

## Las puertas de la ciudad

Ese día, Dios nos reveló las siete puertas de la ciudad, y nos indicó cómo debíamos abrirlas para el Rey de Gloria. El centro de la ciudad es, evidentemente, la Plaza Brown, llena de símbolos masones y rodeada por el Palacio Municipal, los edificios de las autoridades educativas y el poder religioso. El acceso a esa plaza está rodeado de otras pequeñas plazas, a las que hay que rodear para poder llegar al corazón de la ciudad. Dios nos reveló que en cada una de esas plazas debíamos distribuir a los guerreros de oración y entrar al centro de la ciudad proclamando la victoria. La Plaza Espora, más pequeña, era también un símbolo importante de la ciudad. Allí están enterrados los restos de su fundador Esteban Adrogué. Sentíamos claramente que teníamos que someter a ese espíritu de la riqueza y del comercio, que anunciaba muerte y declinación para la mitad este de la ciudad.

Un domingo de mañana, la iglesia estaba orando en su lugar de reunión: el gimnasio. Mientras tanto, un grupo de intercesores junto con los guerreros de oración nos dirigimos hacia el centro de la ciudad. Cuando los grupos llegaron a la plaza, sostuvimos por momentos una gran lucha espiritual, especialmente en algunos lugares. Pero al ocupar la Plaza Central todos tuvimos una sensación de libertad, y una atmósfera de gozo y alegría nos invadió. Caminamos al encuentro del resto de la iglesia que estaba en el gimnasio, y ellos nos estaban esperando al aire libre y nos recibieron con un canto de victoria. Ahora llamamos a la ciudad, «Ciudad de Dios». Estamos confiados en el Señor, que la gente anhelará venir a vivir a esta ciudad, y que en sus calles «Dios te bendiga» será un saludo frecuente.

Con el tiempo, Dios nos hizo ver que la parte este de la ciudad, aquella que identificamos como Egipto, es como una gran zona de agua. Al principio no entendíamos esta visión porque en ninguna parte del municipio hay ríos o lagos. Sin embargo, el escudo del partido de Almirante Brown (la región política a la que pertenece la ciudad de Adrogué) tiene un mar en sus dibujos. El nombre del partido es el nombre de un famoso almirante argentino, Guillermo Brown (1777-1857). Este marino, nacido en Irlanda, sirvió al país en la guerra de la independencia. Las plazas de Adrogué llevan los nombres de sus principales lugartenientes. Algunos historiadores sostienen que la ubicación de estas plazas en la planta de la ciudad, indica la posición de los barcos que integraban la escuadra comandada por Brown. Dios nos reveló por sueños y a través de su palabra (rhema), que la serpiente era en realidad un leviatán, la tortuosa serpiente de mar que tiene siete cabezas (Isaías 27.1; Salmo 74.13-14; véase Ezequiel 29.3-4).

Estas revelaciones eran tratadas por un grupo reducido de hermanos, ya que no veíamos a toda la congregación lista o madura para recibirlas. De hecho ya se había levantado resistencia a las cosas reveladas con anterioridad. Pero en uno de los cultos, el Señor me forzó a dar esta palabra a la congregación. En el momento tuve la sensación de que todo terminaría en un desastre. Efectivamente, uno de los principales hermanos en la congregación regresó a su casa con una profunda preocupación, pensando que por este camino todos íbamos a enloquecer y caeríamos en fanatismo o delirio místico.

Esa noche, el hombre no pudo dormir. Él era una persona que se guiaba exclusivamente por la Palabra escrita, la Biblia. Pero, por espacio de dos horas, el Señor le fue revelando su participación en las luchas políticas y militares de la antigüedad. Así fue mostrándole que Él no había estado del lado de ningún bando involucrado, y que esas no eran sus guerras. Luego, le dijo que lo que yo había comunicado a la iglesia durante aquel culto era una revelación que venía de Él y que esa sí era una guerra suya. Acto seguido, el Señor le hizo escribir los nombres de las siete cabezas del Leviatán. Fue así que batallamos contra estas siete cabezas. La mayor parte de ellas tenían nombres mitológicos, como Thor, Mercurio, Mamón, Minerva, etc. En cada una de esas batallas obtuvimos respuestas inmediatas y una autoridad e influencia nueva sobre muchos aspectos diferentes de la ciudad.

Hemos aprendido aquello de que es necesario vencer con el bien el mal. Esto tiene una aplicación práctica increíble. También aprendimos que la iglesia debe santificarse, especialmente en aquellas áreas en las que se está ejerciendo una influencia demoníaca sobre la ciudad. Así, por ejemplo, cuando batallamos contra la droga, el Señor nos dio un programa de rehabilitación de adictos que alcanzó renombre nacional. Hemos podido observar que los pecados de los creyentes aumentan la energía de maldad de los espíritus inmundos. Por el contrario, ellos se debilitan con la obediencia a Dios. La santificación, como resultado de la gracia de Dios, es de gran poder frente al enemigo.

## El espíritu de Mamón

La Iglesia respondió maravillosamente al desafío económico de la compra del cine, y allí dimos otro duro golpe al espíritu de Mamón. En un momento dado, el gobierno municipal votó por unanimidad la expropiación de nuestro cine, alegando que el lugar era de interés municipal. Luchamos denodadamente en oración, entendiendo que ese lugar era de Dios. El cine era como la montura del Leviatán, y por eso, el diablo no quería a la iglesia sentada allí. Le ganamos la batalla y el lugar terminó siendo definitivamente nuestro. Y otra cosa peculiar, el concejal (miembro del cuerpo legislativo municipal) que propicio la medida de expropiación es ahora amigo nuestro.

El comercio, el municipio y a veces el clima nos impedían movernos en actividades al aire libre. Cualquier cosa pequeña que queríamos llevar a cabo, nos era impedida. Entonces descubrimos que Thor era el espíritu del conflicto y del clima, que nos estaba provocando estos trastornos. Así es que, tomamos autoridad y batallamos contra él. Actualmente no tenemos ningún tipo de impedimentos para realizar nuestras presentaciones al aire libre. Contamos con la simpatía del comercio, el apoyo del municipio y ¡hasta el clima nos es favorable!

Entendemos que cuando Jesús estaba en la barca durmiendo y la gran tormenta se desató, haciéndoles casi naufragar, Él seguía ostentando el control de la naturaleza como su Creador y Señor. Cuando Él fue despertado por sus discípulos, los miró con cierto reproche y les dijo: «¿Por qué teméis, hombres de poca fe?» (Mateo 8.26). Con sus palabras y con su acción, Jesús le indicó a sus discípulos que ellos tenían que haber tomado autoridad y reprender al mar y al viento para que se calmaran. Varias veces hemos tenido que invocar al Señor y reprender la tormenta. Y con asombro, ¡la hemos visto retroceder respetando la autoridad que la iglesia tiene en el nombre de Jesús!

Pero la lucha en la ciudad continúa.

## La espada del Señor

Estábamos preparando a la congregación para el día de júbilo y victoria, el día de nuestra mudanza al nuevo lugar de adoración en el cine. La marcha del gimnasio al cine ya estaba organizada. Habíamos planeado movernos con cánticos de gozo, pancartas, banderas, globos y mucha alegría. La iglesia estaba lista para la fiesta. Pero el Señor sacó la espada de juicio (Ezequiel 21), y la declaró: desenvainada, afilada y refulgente. En vez de una reunión de victoria, aquello fue un día de juicio. Al principio no entendíamos por qué Dios nos confrontaba así. El esfuerzo había sido muy grande. Con un alto costo emocional e interno, la iglesia había sido convencida de la compra del cine. Con enormes esfuerzos nuestros sueños parecían estar concretándose, pero justo ahora venía el juicio del Señor.

El Señor fue bien claro: o le entregábamos el corazón o nos cortaba la cabeza y perdíamos nuestro ministerio. Setecientos hermanos nos arrodillamos esa mañana entregándole el corazón a Dios. Pero una cosa es un acto de entrega y otra cosa es una vida de fidelidad. Salimos del gimnasio aquel día heridos, pero también decididos a obedecer, y dimos gloria a Dios por el nuevo lugar. Este nuevo lugar constituía el puente que unía las dos ciudades divididas. En el gimnasio estábamos en Egipto (la zona este de la ciudad), y al ir al cine marchábamos a Asiria (la zona oeste de la ciudad). Nosotros entendíamos que este era un puente de amor, reconciliación y unidad. Pero era necesario que nosotros viviéramos primero esta experiencia antes de proclamarla a la ciudad. Por eso la espada afilada de Jehová continuó con su juicio sobre la iglesia.

Durante ocho meses queríamos predicar de otra cosa y el Señor no nos dejaba. Tiempo más tarde entendimos el propósito de Dios. El nuevo lugar era como una vidriera. En la vidriera no se exponen objetos rotos y sucios; no puede haber desorden ni polvo. El Señor nos estaba preparando para mostrar a la ciudad una iglesia limpia y ordenada. Así lo pensábamos en aquel momento. En realidad, más tarde aprendimos que era a causa del enemigo que el Señor nos impuso esta disciplina. El juicio era para que el enemigo tuviera menos posibilidades de trabajar el flanco interno. Cada pecado, cada rebeldía es energía de maldad que agranda al enemigo y le da pistas de aterrizaje. Así como también cada acto de obediencia y sumisión le resta fuerza y presencia al mundo demoníaco.

## Una calma sospechosa

El tiempo de la espada por fin terminó y pensamos que comenzaba el tiempo de la cosecha abundante. Dios nos había dado el tiempo de los primeros frutos, y ahora deseábamos que la ciudad reaccionara. El cine había sido remodelado y era el comentario de la ciudad. Pero en ese tiempo, y a pesar de las actividades, sentíamos que teníamos menos visibilidad. Parecía que la ciudad no nos veía. Sabíamos que estábamos sentados en la montura del Leviatán y que teníamos que aguantar su corcoveo espiritual. Sin embargo, todo estaba en demasiada calma. Dios nos preguntó si queríamos saber la razón, y entonces Él nos dio el pasaje de Apocalipsis 17. Dios nos reveló que cuando nos sentamos en la montura del Leviatán, ya estaba sentada sobre ella una figura femenina. Por ignorancia no habíamos tomado autoridad y presentado batalla contra ella y, como consecuencia, estábamos como escondidos debajo de su vestido.

Esta mujer es descrita así en Apocalipsis: está sentada sobre una bestia escarlata y adornada de oro, de piedras preciosas y de perlas, y en su mano lleva un cáliz de oro lleno de abominaciones y de la inmundicia de su fornicación (Apocalipsis 17.3-4). Efectivamente, la potestad más fuerte de la ciudad de Adrogué es la riqueza, que ya estaba representada en una de las siete cabezas. Pero el pasaje dice que la bestia es una de las siete cabezas y «es también el octavo rey» (Apocalipsis 17.11). Nosotros interpretamos que esto se refería a la potestad manifestada en la mujer.

Tomamos autoridad, e inmediatamente el Señor nos inspiró a buscar un estilo de vida que reflejase no a la iglesia con sus particulares intereses, sino al Reino. Comenzó así una búsqueda intensa, que todavía continúa al tiempo de escribir estas páginas. El Espíritu nos está guiando paso a paso, y mientras tomamos autoridad contra toda oposición diabólica. Durante todos los días de la semana, la ciudad es ocupada en sus lugares públicos, por hermanos que toman contacto con la necesidad de la gente, oran por ellos y los guían al Señor. Ya no queremos llenar el templo de gente, ahora sabemos que nuestra misión es llenar la ciudad y llenarlo todo del evangelio de Cristo. Nos importa mucho más el Reino de Dios que nuestra iglesia local. Esa es nuestra razón de ser en la tierra: que el Reino de los cielos se extienda desplazando al enemigo y liberando a los que están prisioneros en sus garras.

# capítulo seis

# Intercesión y milagros en la Iglesia

*Por Guillermo Horacio Prein*

### El día que Sara se rió

Sara Sena era una mujer feliz que vivía en el centro de la ciudad de Buenos Aires. Su vida transcurría en paz, hasta que un día, cuando tenía cuarenta y tres años, comenzó a sentirse y a notarse débil. El complejo vitamínico que el médico le había recetado, y que al principio parecía solucionar su problema, fue perdiendo eficacia en pocos días. El problema comenzó a agravarse rápidamente y su estado físico se tornó cada vez peor. Su cuerpo se deterioraba día a día, y ella lo notaba claramente a través de sus síntomas. Primero, perdió su asombrosa memoria. Los números telefónicos, nombres de personas y lugares, y otros datos se iban de su mente. Llegó un momento en que le pareció que ya no recordaba nada. Más tarde, se presentó la incontinencia urinaria. ¡Qué humillante! Tuvo que comenzar a utilizar pañales, como si fuese una niñita. Los médicos, entonces, decidieron hacer estudios específicos para determinar el mal que de manera tan patética estaba destruyendo a esta joven mujer. El resultado fue dramático y el diagnóstico terminó siendo cruel: Sara sufría del mal de Alzheimer.

Esta enfermedad tiene un origen desconocido. Pero sus efectos son fatales, ya que deteriora progresivamente las funciones intelectuales, motoras y neurológicas, llevando inexorablemente a la muerte a la persona afectada. Se trata de un mal que no tiene cura, de una enfermedad que crea una destrucción física irreversible. La única ayuda que la ciencia médica podía ofrecerle a Sara era intentar retrasar el proceso de deterioro, que en ella ya estaba bastante avanzado.

Pasaron dos largos años, cuando cierto día golpeó a la puerta de su casa la mano de un joven empresario. Este hombre, en su tiempo libre, salía a sembrar la Palabra divina en los corazones de todos aquellos que quisieran escucharla y recibirla. Sara se mostró interesada y esta persona la animó e invitó a una reunión que se llevaría a cabo muy cerca de su casa, en un lujoso hotel. Aquella misma noche fue la peor de su vida. Una fuerte descompostura la atacó. Mareos, vómitos y cefaleas casi la enloquecieron, y lograron tenerla en vigilia toda la noche, sin permitirle descansar. Sin embargo, el día de la reunión a la que había sido invitada llegó. Y como estaba determinada a ir, hizo que la llevaran a ese «culto evangélico» en el Sheraton Hotel de Buenos Aires. Cuando llegó al hotel, su malestar parecía peor que nunca. Tambaleando y haciendo un gran esfuerzo logró ubicarse en una silla.

La reunión ya finalizaba cuando ella recién llegaba. No obstante, respondió a la invitación que alguien hacía a los presentes y se unió a un grupo de personas que rodeaban la plataforma. Allí recibió oración con imposición de manos por primera vez en su vida. Al caer tocada por el Espíritu Santo, Sara sintió algo maravilloso. Fue como si le quitaran algo de dentro de su cabeza. Fue como si alguien arrancara una planta de raíz de un suelo húmedo. No demandó mucho esfuerzo. En ese momento, una alegría inexplicable llenó su corazón y lágrimas de gozo no tardaron en surcar su demacrado rostro, que ahora explotaba de felicidad. Cuando se levantó del piso, descubrió que ya no sentía ningún síntoma de la enfermedad. Volvió a su casa saltando de alegría por las calles. Corrió parte de las diez cuadras que separaban su casa del hotel. Más tarde, cuando los estudios se repitieron, el diagnóstico fue glorioso. Sara estaba sana totalmente de la terrible e incurable enfermedad de Alzheimer.

## El ministerio de los milagros

Esta hermosa historia contrasta con el dolor en el cual viven multitudes de personas en el día de hoy. Satanás está dañando y destruyendo las vidas de millones de seres humanos, en cumplimiento de su macabro objetivo de matar, hurtar y destruir. Estamos viviendo en medio de una era humanista, racionalista y relativista, en la que las fortalezas diabólicas están generando argumentos tan fuertes en la vida de las personas, que les impiden conocer al Señor y Salvador de sus vidas. En tiempos así, uno de los ministerios más violentamente atacados por las fuerzas de maldad es el de los milagros. Y es así porque este ministerio es un arma potente, que hiere al enemigo mortalmente y libera a las personas para una vida humana abundante. Por esta causa, el diablo quiere sofocar a la iglesia para que no cumpla con el mandato de Dios de ministrar milagros a la humanidad y conmover así a nuestras sociedades.

En Mateo capítulo 4 vemos a Jesús tomando la determinación de ir a Capernaum, para comenzar allí su ministerio, pleno de milagros y prodigios. El texto bíblico nos narra que Jesús recorrió toda Galilea. Fue en esta región que su fama se extendió rápidamente. Mateo 4.24 testifica: «Y se difundió su fama por toda Siria; y le trajeron todos los que tenían dolencias, los afligidos por diversas enfermedades y tormentos, los endemoniados, lunáticos y paralíticos; y los sanó». Esta realidad tan maravillosa contrasta con lo ocurrido en otra ciudad, la famosa Nazaret. Allí la presencia de Jesús no fue tomada en cuenta, y por la dureza de sus corazones, el Señor no pudo realizar milagros. Según Mateo 13.58, «no hizo allí muchos milagros, a causa de la incredulidad de ellos».

Compara estos dos textos. Analiza las realidades que reflejan y descubrirás una división y distinción muy profunda. Hay dos contextos humanos muy diferentes, que representan actitudes totalmente distintas. Son dos ciudades, dos pueblos perfectamente identificados, pero con disposiciones bien definidas: los de Capernaum y los de Nazaret. Los primeros son los que todo lo creen, todo lo aceptan, todo lo reciben. En medio de ellos, el Señor se glorifica. Los segundos siguen viendo en Jesús tan solo al hijo del carpintero. Con estos fuertes argumentos satánicos de incredulidad y duda, ellos endurecen sus corazones y no pueden ver la gloria de Dios. Son ellos los que, por su falta de fe, cierran sobre sus cabezas los cielos y no reciben ningún milagro. En caso de ver alguno, seguramente ya se les ocurrirá algún buen argumento para explicarlo racionalmente.

No es de extrañar que, a pesar de haber nacido en Belén de Judea y haberse criado en Nazaret, a Jesús lo llamaban con frecuencia el Galileo. Aquella región había sido el escenario de su ministerio de milagros. ¡Qué honor para ese pueblo! El hecho es que allí Jesús desarrolló su ministerio de una forma gloriosa. Desde allí su fama comenzó a propagarse. Es por esto que Jesús aceptó la identificación que sus coetáneos hicieron de su persona ligándolo con aquella región del norte de Palestina.

## ¿De Capernaum o de Nazaret?

Es posible que en muchas de nuestras ciudades y pueblos, los cristianos estemos viviendo como aquellos ciudadanos de Nazaret. Quizás como ellos, nosotros también nos encontremos con los cielos cerrados, con iglesias luchando y testificando del Reino de Dios con tesón, pero sin ver milagros. Por cierto que aquí y allá se oyen las quejas de los creyentes, que afirman: «¡Este pueblo es duro!» Este es el diagnóstico más usual para aquellos lugares donde los milagros no fluyen. Otro diagnóstico rápido es: «¡La iglesia no tiene fe!» De este modo, se carga de culpas a la iglesia, que probablemente está llevando a cabo enormes esfuerzos, desde el pastor y pasando por cada uno de los miembros, por extender el Reino de Dios. En algunos casos, tales congregaciones se encuentran asfixiadas por la opresión de fortalezas demoníacas, al punto que parecen gritar con toda su voz: «¡Libérennos!» De modo que ellos no necesitan de más críticas, sino de ayuda.

La verdad es que no existe un pueblo duro. La Palabra de Dios nos enseña que las fortalezas espirituales diabólicas están en operación con todas sus armas en el mundo. Esta es la razón por la que sus argumentos tienen cegadas a las personas. Es clara la visión que el apóstol Pablo tenía sobre esta cuestión particular. Según él: «si nuestro evangelio está aún encubierto, entre los que se pierden está encubierto; en los cuales el dios de este siglo cegó el entendimiento de los incrédulos, para que no les resplandezca la luz del evangelio de la gloria de Cristo, el cual es la imagen de Dios» (2 Corintios 4.3-4).

El problema es que queremos enfrentar la batalla a nuestra manera. Según nuestro criterio, primero queremos derribar los argumentos, luego convencer a la gente de la verdad que predicamos, y finalmente nos disponemos a atacar las fortalezas. Sin embargo, esta no es la fórmula bíblica. Entonces, cuando fracasamos en su aplicación, nos enojamos con el pueblo y declaramos que es gente dura y cerrada al Evangelio. Pero Dios sigue abriendo nuestro entendimiento por medio del apóstol Pablo, quien tenía mucha experiencia en la batalla espiritual, y que nos enseña lo siguiente: «Pues aunque andamos en la carne, no militamos según la carne; porque las armas de nuestra milicia no son carnales, sino poderosas en Dios para la destrucción de fortalezas, derribando argumentos y toda altivez que se levanta contra el conocimiento de Dios, y llevando cautivo todo pensamiento a la obediencia a Cristo» (2 Corintios 10.3-5).

La Palabra de Dios es muy clara. Si atacamos la fortaleza de maldad, esta cae o se retrae, y esto nos permite avanzar sobre ella y los argumentos que operan en las personas comienzan a ceder y son demolidos. Es entonces que desaparece la altivez y el orgullo, la religiosidad, el humanismo y la incredulidad. Lo que queda es un campo propicio para que el poder de Dios se mueva y las personas vengan al conocimiento de nuestro Señor Jesucristo en todo su poder. A la luz de esta enseñanza es fácil comprender el importante lugar que el Señor Jesús le atribuyó a los milagros en su ministerio.

## El método de Jesús

Una vez despejados los aires de toda influencia diabólica, Jesús utilizaba los milagros como el medio más dramático y expresivo para comunicarle a las personas su amor e interés por ellas. Las vidas de aquellos que recibían su mensaje, al quedar libres y conocer por medio de un milagro el poderoso amor de Dios, podían decidirse mejor y entregar más radicalmente sus vidas al Señor.

Este era el método evangelístico utilizado por Jesús. Léelo. Está en tu Biblia. Es un método sencillo y contundente. Se trata de una fórmula por demás de impactante. Seguramente habrá notado que en la mayor parte de los casos, Jesús hacía primero los milagros y luego les predicaba el Evangelio a las personas. ¿Por qué nos empeñamos en hacer lo contrario a lo que nos muestra la Palabra de Dios? Son muchos los casos de personas que condicionan el milagro a la decisión de fe de una persona en favor de Jesús. Si no escucha, entiende y acepta la Palabra de Dios haciendo una oración de entrega personal, la persona no es digna o merecedora de un milagro. Esta postura pone de manifiesto que el milagro es considerado como una suerte de premio para la persona que se convierte. ¡Qué terrible error!

Los milagros son armas y herramientas que Dios nos dio para abrir los corazones humanos a fin de que las personas conozcan al Salvador. Por lo tanto, los milagros deben ser usados *antes* de proclamar el Evangelio y darles la Palabra. Cuando consideramos los milagros de esta manera y utilizamos su capacidad de despertar el interés en el mensaje de Cristo, no queda lugar para las discusiones ni las pérdidas de tiempo. El testimonio cristiano se torna más efectivo y poderoso. ¡Y descubrimos que el método de Jesús funciona!

## Experiencias en Uruguay y España

Usamos este glorioso método de Jesús en Uruguay. Este es un país de los denominados «duros» para recibir el testimonio del Evangelio. Es el único en América Latina que nunca experimentó un despertar espiritual o un avivamiento religioso. Las iglesias evangélicas luchan y se esfuerzan, pero son pequeñas y sin demasiado impacto en la sociedad. Los hermanos son fieles y trabajadores, hombres y mujeres que ponen lo mejor de sí con amor por el Reino, pero sin mayores resultados.

Dios nos llevó a este país y nos dirigió a un pueblo del interior. En Uruguay los ritos satánicos de la macumba y otros grupos ocultistas contrastan con el alto nivel cultural de la población en general. Este país casi no tiene analfabetismo. El 80% de la población egresa de la escuela media y de ese número de personas el 50% prosigue con estudios terciarios y/o universitarios. Un dato interesante es que el pueblo uruguayo es el pueblo no francófono con mayor cantidad de personas que hablan el idioma francés en todo el mundo. Sin embargo, a pesar de haber logrado desarrollar un alto nivel cultural y educativo, Uruguay es uno de los países del Cono Sur donde los ritos primitivos de la macumba son más populares. Esta religión afro-brasilera se ufana de reunir entre un millón y un millón y medio de personas. Esto es impresionante si se toma en cuenta que la población total del país apenas supera los tres millones de personas.

Guiados por el Espíritu Santo y conscientes de estos hechos fuimos a Uruguay y batallamos en el nombre del Señor. Para aquel tiempo, la iglesia local se encontraba asfixiada por las fuerzas del mal. Dios limpió los aires y vino un avivamiento que borró de hechiceros, brujos y adivinos la ciudad y produjo una avalancha de conversiones. Hasta el intendente local se entregó a Cristo. Pero poco tiempo después, la iglesia se apagó. Hace unos meses atrás, una hermana de nuestra iglesia viajó a esta localidad para tomar unas vacaciones en casa de algunos familiares, a quienes no veía desde hacía años. Llegó a esta ciudad de Paso de los Toros, y comenzó a hablar del Señor. Su testimonio encontró una respuesta positiva. Por el deseo y a petición de las personas que ella contactó, nos vimos obligados a abrir grupos de oración en aquella ciudad.

Durante el primer mes de reuniones, cuarenta personas recibieron al Señor, y ya para el segundo mes fueron tres los lugares abiertos para proclamar el Evangelio. Hoy, cuando ya han pasado tres meses desde el inicio de esta tarea, son cinco los lugares de reunión. Las personas se entregan a Cristo por las calles. Se acercan a nosotros y nos piden que no nos vayamos, que nos quedemos para enseñarles más acerca de Jesús. En un hogar de ancianos celebramos una reunión. En esta primera reunión, del total de cuarenta y dos ancianos residentes allí, cuarenta y uno recibieron al Señor. ¡Maravilloso! Los milagros comenzaron a fluir y las personas comenzaron a conocer al Salvador.

En otro lugar de trabajo misionero (la ciudad de Granada, en España) Dios nos mostró la disposición espiritual de la localidad. Junto con el pastor de la iglesia local, Daniel Palma, batallamos en el mundo espiritual. Días después, el pastor Palma fue a uno de los pueblos cercanos, llamado Yllora, donde otro pastor de la iglesia evangélica más grande y fuerte de España, había estado trabajando en evangelismo y realizando reuniones todas las noches por espacio de tres meses. El resultado había sido frustrante: ninguna persona asistió. Entonces llegó el pastor Palma, después de haber batallado espiritualmente, y en una sola reunión, sin mayores esfuerzos, treinta y cinco almas vinieron al Señor.

## El poder de los milagros

El método de Jesús funciona. Es necesario comenzar quitando al enemigo de los aires y luego avanzar sobre el imperio de las tinieblas con milagros. Este método produce resultados. El enemigo se resistirá un poco más en algunos lugares que en otros, pero finalmente, si se batalla con fe, siempre deberá huir. Satanás no puede resistir a una iglesia que batalla espiritualmente y confía en el poder de Dios para hacer milagros sobrenaturales.

Los milagros fueron una de las armas que Pablo menciona a los cristianos en su carta a los Corintos (1 Corintios 2.1-5). Y por cierto, se trata de un arma muy poderosa. Cuando estudiamos los Evangelios descubrimos a Jesús lanzado a la ofensiva contra el reino del enemigo, abriendo brechas de luz en medio de las tinieblas por medio de los milagros, para que las personas pudiesen salir de la oscuridad y ver al Salvador. Notemos que en cada aldea o pueblo que el Señor visitaba, primero ministraba milagros para barrer las tinieblas imperantes, y luego les daba el mensaje. Jesús demostraba primero su poder y el amor de Dios, y luego les enseñaba el evangelio del Reino. Así fue también el mandato que les dio a los setenta, cuando los envió a preparar los lugares donde Él pensaba ir posteriormente. Con claridad meridiana, les dijo: «En cualquier ciudad donde entréis, y os reciban, comed lo que os pongan delante; y sanad a los enfermos que en ella haya, y decidles: Se ha acercado a vosotros el Reino de Dios» (Lucas 10.8-9).

Los milagros rompen el hielo de la opresión de las tinieblas. Son como un ariete que derrumba las puertas del Hades, de las fortalezas de maldad. Y una vez que esto ocurre, cuando los corazones comienzan a abrirse al poder de Dios, entonces llega la claridad de la Palabra. La respuesta de Jesús a las inquietudes de Juan el Bautista fue clara y contundente. Ante las dudas de Juan, que se encontraba encarcelado, acerca de si Él era quien había de venir, Jesús respondió: «Id, y haced saber a Juan las cosas que oís y veis. Los ciegos ven, los cojos andan, los leprosos son limpiados, los sordos oyen, los muertos son resucitados, y a los pobres es anunciado el evangelio» (Mateo 11.4-5). Notemos el orden de las acciones a las que Jesús hace referencia: primero los milagros y luego la predicación de la Palabra.

Quizás en este momento ya estés mirando a tu alrededor considerando dónde te encuentras tú. Si tu lugar es como Nazaret, no te preocupes. Puedes luchar para transformarlo en Capernaum. Esto es posible. Una vez vencidas las fortalezas del enemigo por medio de la intercesión y la guerra espiritual, los milagros fluirán como ocurrió en Galilea. Allí, el Señor Jesucristo mismo se maravilló de la fe que encontró en algunos de aquellos hombres y mujeres del lugar.

## Mi experiencia en Buenos Aires

Con estas convicciones y conocimiento enfrenté la cruda realidad que tenía frente a mí y mi ministerio: en mi ciudad no era fácil ministrar milagros. Compartiendo estas inquietudes con otros pastores, nos dimos cuenta que cuando salíamos a otros lugares, ciudades, pueblos, e incluso cuando visitábamos otros países, los milagros fluían con facilidad. Pero al retornar a Buenos Aires todo se tornaba difícil. Para lograr los mismos resultados había que luchar y trabajar mucho más. Y aun así, muchos de los testimonios que se escuchaban eran difusos e imprecisos. A veces, colaboraban más para crear confusión, que para propagar el Evangelio. Hacíamos grandes esfuerzos desde el púlpito. Luchábamos en oración y guerreábamos en alabanza. Reprendíamos al enemigo con todas nuestras fuerzas. Quedábamos afónicos y exhaustos. Pero los resultados eran paupérrimos y frustrantes. En cambio, en otros lugares, fuera de Buenos Aires, ¡las personas comenzaban a sanarse aun antes de comenzar la reunión! ¡Qué contraste tan fuerte! ¡Qué situación tan desesperante!

Las preguntas surgían con gran velocidad. ¿Qué nos pasa? ¿Qué sucede en este lugar? ¿Cómo es posible que en una ciudad tan bendecida, donde tantos ministerios han logrado impactos importantes, nosotros nos encontramos frente a una situación de resistencia tan grande? ¿Por qué en otros lugares es más fácil que aquí? ¿Será que nos falta fe? ¿Será que estamos fallando en algo? Fue así que el clamor comenzó a surgir en nosotros. ¡Ayúdanos, Señor! ¡Háblanos! Orando y ayunando, el Espíritu Santo nos reveló la realidad espiritual de cómo el enemigo estaba operando en la ciudad. Pudimos ver con los ojos del espíritu de qué manera las fortalezas espirituales de maldad estaban dispuestas y dañaban a las personas, incluso a los cristianos. Junto con esta visión, recibimos de Dios una estrategia para seguir. El Señor nos indicó cómo penetrar en el reino de las tinieblas y ministrar milagros para acercar a las personas a Jesús.

## La batalla de Erika

Fue así que, decididos en fe, emprendimos lo que denominamos «cultos de milagros». Un sábado de invierno del año 1993 fue la hora señalada. Cuando llegó este día, mi cuerpo estaba enfermo. Tenía más de cuarenta grados centígrados de temperatura. Como si esto fuera poco, mi segunda hija, Erika Paula, de tan solo seis años de edad, comenzó con dolores en su pecho. Estos dolores se fueron agudizando con el correr de la mañana. Los médicos llegaron a casa y ordenaron placas de rayos X. El resultado fue terrible: una inmensa mancha cubría todo un pulmón y se extendía al otro. Sus dolores llegaron a ser tan intensos, que al respirar, cuando inhalaba el aire, lloraba con desesperación.

Llegó la hora, y yo debía partir hacia la iglesia. Mi fiebre no disminuía. Al despedirme de mi hija, lo único que pude decirle, mientras ella lloraba, fue: «Resiste, hijita. Resiste en el Señor». Al llegar a la iglesia, le mostré las placas radiográficas a uno de nuestros médicos, sin decirle de quién eran. El es actualmente parte del cuerpo pastoral de nuestra iglesia y líder general del ministerio de milagros. Al verlas me dijo: «No se puede hacer una evaluación definitiva con solo mirar unas radiografías. Pero lo más probable es que este tipo de manchas esté mostrando un cáncer de pulmón». Y pregunto: «¿De quién son las placas?» Al informarle de que eran de mi hija Erika, él no sabía cómo ayudarme. Lo tranquilicé, pues yo sabía que todo esto que estaba ocurriendo era parte de la lucha que estábamos enfrentando. Además, sabía que ese no era el momento de hablar, sino de callar y batallar. Estaba convencido de que nuestra mejor respuesta a las aflicciones son los testimonios del poder de Jesús. ¡Bajo estas circunstancias enfrentamos nuestro desafío del primer culto de milagros!

Quiero aclarar que siempre creímos en milagros y que nuestro ministerio se caracteriza por la manifestación de los demonios, la liberación espiritual, la sanidad física y los milagros. Pero esta era una situación particular, diferente. Se trataba de una batalla muy concreta, en la que necesitábamos abrir una brecha en el mundo espiritual. Aquella noche, cuando llegué a la iglesia, me costaba mantenerme en pie. Muy mareado y con fiebre me dirigí a la plataforma. Y, a mediados del culto, no recuerdo bien cuándo fue, toda la enfermedad y el malestar que me estaba afectando, desapareció. En ese momento supe que Dios estaba operando milagros. Sentí que por perseverar en fe, habíamos vencido al enemigo. En aquella primera noche destinada a milagros, más de ciento veinte personas dieron testimonio de cómo Dios les había sanado milagrosamente.

Cuando regresé a mi casa, feliz por todo lo que había vivido esa noche, me encontré con mi hija completamente recuperada. Al día siguiente, volvimos a repetir los estudios médicos y las radiografías. Y ante la mirada asombrada de los médicos, los pulmones de mi dulce niña estaban totalmente limpios. Erika estaba totalmente sana.

## ¡Niños que ministran milagros!

Aquella primera experiencia de milagros fue incrementándose con el correr de las semanas. Dios nos fue dando estrategias y comenzamos a enseñar cómo interceder antes y durante los cultos. Es así que, como un complemento del ministerio de intercesión de nuestra iglesia (que está bien organizado), comenzó la tarea del grupo de intercesión por milagros. Se trata de un grupo de hermanos que interceden antes, durante y después que los milagros llegan a las personas. Este grupo está compuesto por creyentes que recibieron milagros comprobados de parte de Dios.

En nuestra experiencia, la gran sorpresa fueron los niños. Ellos comenzaron a interceder y a recibir milagros poderosos de parte de Dios. Fue entonces cuando Dios nos habló de involucrarnos en la intercesión y la guerra espiritual utilizando a los niños de nuestra congregación. Esto dio origen a lo que llamamos el Ejército de Niños, un ministerio que, hasta dónde sabemos, fue pionero en todo el mundo. Una de sus integrantes, mi hija Erika Paula, sabe bien lo que es el dolor por haberlo experimentado en carne propia. Ella supo cómo batallar hasta ser libre y, en consecuencia, está en condiciones de ayudar a otros con su oración intercesora. Así, paulatinamente, la iglesia se fue transformando en una iglesia de milagros. Cada miembro de la congregación está en condiciones de ministrar milagros, no importa su edad. Jóvenes, niños, ancianos y adultos han experimentado la gloria del poder de Dios en sus vidas, y por ello mismo salen al mundo con autoridad a ministrar con poder.

Otra estrategia que Dios nos dio fue la de jerarquizar la obra del Señor. Notamos que la sociedad no creía en los milagros divinos que ocurrían en las iglesias. Las personas en el mundo los miraban con sospecha, porque les parecían experiencias difusas y no comprobadas con seriedad. Oramos a Dios sobre esta cuestión, y vino su respuesta. El ministerio de milagros comenzó a elaborar un archivo de cada testimonio de milagros, con los estudios previos y posteriores que certificaban la enfermedad y la sanidad, debidamente documentados. De este modo, los testimonios que se daban en nuestra iglesia comenzaron a gozar de credibilidad ante las personas de nuestra ciudad. Incluso, encumbrados periodistas televisivos se vieron avergonzados cuando intentaron desprestigiar la obra de Dios entre nosotros, y tuvieron que reconocer públicamente, junto con profesionales no cristianos, que Dios hace milagros.

Esta fama comenzó a extenderse a los hospitales de la ciudad, y en la actualidad estamos trabajando en todos los centros asistenciales ubicados al sur de la ciudad de Buenos Aires, sirviendo a todos aquellos que necesitan de la mano poderosa de Dios. Con permiso de las autoridades, en algunas de estas instituciones sanitarias celebramos cultos de milagros. ¡Y es asombroso ver cómo obra el poder de Dios!

## De cultos de milagros a cruzadas de milagros

Los cultos en nuestro templo se fueron haciendo más concurridos. Llegamos a realizar dos y luego tres reuniones por día, para poder dar lugar al número de personas que concurría. No tardó, entonces, el Señor en llevarnos a realizar cruzadas de milagros, no ya en el templo, sino en un estado de basketball cercano a nuestra iglesia. Nuevamente crecimos. Hoy llevamos a cabo veintitrés cultos semanales en nuestro templo, además de las cruzadas de milagros en el estadio. Seis de estos están dedicados específicamente a milagros. Todo esto junto con innumerables grupos que salen por las calles, plazas, hospitales y cárceles a ministrar el poder de Dios a los necesitados.

Dios nos siguió hablando y nos dio una nueva estrategia, que resultó ser sumamente efectiva: los grupos de oración. Se trata de pequeñas células, que están distribuidas por toda la ciudad en hogares, oficinas, fábricas, comercios, hospitales, escuelas, universidades, etc. Es decir, procuramos aprovechar cuanto lugar se abre para compartir el amor y el poder de Dios. Estos lugares de oración son verdaderos altares de Dios elevados por toda la ciudad. Su objetivo es evangelizar, pero de una manera muy contundente, siguiendo el método de Jesús. Invitamos a las personas, a los amigos, familiares y vecinos del anfitrión o de los líderes del grupo, y los invitamos a orar por sus necesidades. El método funciona siempre. Los milagros comienzan a ocurrir.

Comenzamos en el mes de septiembre de 1996 con ciento cincuenta grupos y unas quinientas personas involucradas en el proyecto. Y a un año de iniciada la tarea, ya tenemos trescientos cuarenta grupos, algunos en el exterior del país, con aproximadamente unas dos mil doscientas almas que asisten semanalmente. Muchos de ellos todavía no llegaron a la iglesia, pero ya conocen al Señor de los milagros y ya han recibido milagros del Señor. A pesar de que estas vidas todavía no han llegado a nuestro templo, la iglesia que intercede y cree en los milagros sí llegó hasta ellas. Es decir, aquel primer culto de milagros ha crecido, y además de los varios servicios en la iglesia, hoy contamos con trescientas cuarenta reuniones de milagros cada semana.

## Miles de milagros

Paralíticos, ciegos, sordos, diferentes tipos de cáncer, malformaciones, SIDA, hernias, tuberculosis, asma, diabetes con las consecuencias de ceguera, bulimia, anorexia, trastornos mentales, cirrosis, diversas enfermedades hepáticas, úlceras, reuma, artritis, miastenia, enfermedades coronarias y pulmonares, osteopatías, milagros creativos, problemas en los ojos, trauma en el nervio óptico, huesos inexistentes, liberaciones demoníacas, homosexualismo, drogas, vicios como el juego de azar compulsivo, alcoholismo, tabaquismo, y otras ataduras. Además de todo esto, vemos milagros económicos en medio de un tiempo de crisis aguda en Argentina debido a la falta de empleo. No obstante, muchos son los prosperados que reciben por milagro casas, automóviles, empresas, fábricas, talleres, empleos, provisión para pagar toda deuda, etc. En medio de una sociedad atada por los problemas económicos, la iglesia marca el camino de la liberación por medio de la provisión y prosperidad que solo Jesús puede dar. Conocemos a muchos pobres y mendigos, que ya no lo son; otros que estaban endeudados al punto de quebrar, que hoy están en plena expansión económica. Quienes tenían una vida próspera, son redimensionados por el poder y el amor de Dios.

Sería imposible hacer una lista completa del tipo de milagros que el Señor opera entre nosotros. Hay tantos otros milagros, algunos de ellos sorprendentes. Entre ellos tres casos de resucitación de personas. Lamentablemente, no pudimos reunir las pruebas necesarias, porque los médicos que extendieron los certificados de defunción los destruyeron al ver el milagro de estas personas volviendo a la vida y por no poder dar una explicación de lo ocurrido. No obstante, nosotros hemos festejado estos hechos con algarabía y gratitud al Señor.

Hoy contamos con miles de milagros maravillosos. Los testimonios anuales de la obra poderosa del Señor suman miles. A modo de ejemplo, en el primer semestre de 1996 ya superábamos la cantidad de testimonios comprobados a lo largo de todo el año

1995. ¡El poder del Señor se multiplica! Nuestro Dios es grande, y cuando la iglesia se lanza a creer y avanza con determinación confiando en las enseñanzas de la Palabra de Dios, sus promesas se cumplen.

## La toma de la ciudad

Ahora estamos en el proceso de la toma y conquista de nuestra ciudad. En este punto cabe mencionar la importancia de entender dos conceptos claves. El primero es que existen dos clases de oración de intercesión. Estas dos formas básicas de intercesión deben ser tenidas bien en cuenta por la iglesia: la oración defensiva y la oración ofensiva. La intercesión defensiva es aquella que tiene los radares espirituales abiertos permanentemente, para detectar posibles ataques del diablo y sus huestes. En este sentido, además de la labor de los intercesores de nuestra iglesia, enseñamos lo que denominamos «la oración pastoral». Esta oración la lleva a cabo todo el pueblo del Señor, y tiene como objetivo la protección de toda la congregación, desde el pastor hasta el último miembro. La oración pastoral nos cubre a todos, desde abajo hacia arriba y desde arriba hacia abajo.

Una de las metas de nuestra iglesia es que todos seamos pastoreados. Y, como es natural dentro del ministerio del pastoreo, esperamos que se interceda por cada oveja cada día. Para desarrollar esta tarea, tenemos una estructura pastoral muy fuerte, donde nadie tiene a su cuidado más de diez personas. Entonces, como pastor de la iglesia, oro por los nueve ancianos mayores y sus familias. Estos, a su vez, oran por los cuarenta ancianos de la iglesia. Ellos oran por los casi cuatrocientos cincuenta líderes de grupos, quienes, a su vez, oran por los aproximadamente cuatro mil quinientos hermanos que componen nuestra congregación. Pero, este proceso de oración intercesora sigue también el camino inverso. Todos los miembros de la iglesia oran por sus líderes de grupo y sus familias, estos hacen lo propio por los ancianos, y estos interceden por los ancianos mayores, quienes, a su vez, oran por mí y mi familia. Así ocurre tres veces todos los días. De esta manera, nos cubrimos y protegemos los unos a los otros. Por cierto, hasta el hermano más nuevito en la iglesia aprende a interceder.

La intercesión ofensiva o agresiva es aquella que avanza sobre el territorio del enemigo. Este tipo de intercesión es mucho más amplio y no es posible explicarla en pocas palabras. Solo para dejar en el corazón del lector el concepto, diré que este es el tipo de oración que nos abre las puertas de la fortaleza del enemigo, y nos muestra su disposición y ubicación en las ciudades y pueblos. En nuestra iglesia, este ministerio está compuesto por generales, intercesores, hermanos de mapeo espiritual, guerreros y evangelizadores. A través de la oración, estos hermanos descubren el obrar del diablo en un lugar y lo atacan, primero, espiritualmente en oración, y luego, evangelísticamente en testimonio. Los resultados son maravillosos y son muchos los testimonios de victorias que obtenemos a través de nuestra experiencia.

El segundo concepto clave, que es necesario entender, es discernir los tiempos y tomar en cuenta el proceso que lleva a la obtención del triunfo. La fortaleza espiritual que está sobre nuestra ciudad todavía está en operación en su maldad. Este ejército demoníaco sigue moviéndose y dañando a las personas. Sin embargo, Dios nos está enseñando, adiestrando y preparando cada día. La obra por hacer es grande, y estamos creciendo paso a paso. Dios está formando nuestro carácter, con lo cual estamos pasando por el tiempo de una ardua e intensa preparación. No obstante, a pesar de que nos encontramos atravesando este período, Él ya nos ha mostrado la disposición del enemigo en el campo de batalla, e incluso conocemos sus nombres.

El Señor nos enseña día a día las estrategias de cómo atacar y vencer a Satanás y sus huestes. En esto estamos hoy. La intercesión y los milagros son dos cuestiones en las que estamos avanzando, y con ello, el Señor nos permite hacer estragos entre las filas del diablo. Y seguiremos creciendo. La meta que el Señor nos ha establecido se concretará. Veremos paso a paso el avance del Reino, en las multitudes que vengan a los pies del Señor. Nuestra ciudad será conquistada para Cristo y Él la llenará de su gloria. A su tiempo, esto será una realidad. Entre tanto, nosotros continuamos creciendo y batallando, henchidos de esta esperanza. Recuerda que una guerra no se gana con un combate, sino con una sucesión de batallas que van minando al enemigo y aseguran la conquista. Con este plan y con esta meta, nos estamos preparando y llevando a cabo las batallas que Dios nos confió. El triunfo es del Señor y el gozo de la victoria es de toda su iglesia. Como dijo un general y presidente de mi país, nos movemos «Sin prisa, pero sin pausa». Lo hacemos con determinación, creyendo en las enseñanzas y los métodos de nuestro Señor, y poniendo manos a la obra confiados en la victoria que nos espera.

# capítulo siete

# El ministerio de liberación en el avivamiento

*Por Pablo Bottari*

En los primeros días de enero de 1985, me encontraba en medio de una multitud que alababa a Dios con cantos, aplausos, aleluyas y amenes. El lugar de reunión estaba saturado con muchas luces y mucho bullicio. No era mi costumbre expresarme de esa manera y en un contexto como ese. Pero allí estaba, con mi esposa Margarita y nuestros hijos Gabriel y Elizabeth. Estábamos asombrados con tanta algarabía, pero nos traía un propósito definido, y era ver cómo se atendían a las personas con problemas espirituales. Nos había llevado la necesidad de saber cómo solucionar un caso particular, que nos tenía sumamente preocupados.

Una mujer bastante mayor de nuestra iglesia, estaba sufriendo un problema espiritual serio. Nosotros sentíamos que no estaba a nuestro alcance poder resolverlo. Era una situación que nos superaba. En una reunión del ministerio de la iglesia, había sugerido que debíamos consultar con alguien que tuviera algo más de experiencia en la ministración de liberación, y me pidieron a mí que me ocupara del asunto. Por eso nos encontrábamos en ese lugar, en la ciudad de San Justo, donde el evangelista Carlos Annacondia estaba llevando a cabo una campaña evangelística. Nos había llevado uno de los pastores de nuestra iglesia, para que viésemos cómo funcionaba este ministerio. Fuimos un viernes, por cierto, cuestionándonos muchísimas cosas, entre ellas, las caídas de las personas que eran ministradas, las lenguas, las alabanzas entusiastas, la represión a los demonios, las manifestaciones dramáticas de los atormentados, el carácter festivo del encuentro, los puestos de comida, etc. No podía entender mucho de lo que veía y oía, pero de algún modo, sentía que la presencia del Señor en la reunión era fuerte y real.

La cuestión es que allí estábamos, tratando de entender todo lo que ocurría a nuestro alrededor. Más difícil para nosotros fue digerir lo que ocurrió cuando el evangelista, luego de leer la Palabra y predicar un mensaje sencillo, se enfrentó al mismo diablo, diciendo: «¡Y ahora, oíme bien, Satanás! ¡Me vuelvo contra ti en el nombre de Jesucristo de Nazaret! ¡Te reprendo, te ato y te ordeno que salgas fuera de este lugar! ¡Fuera, en el nombre de Jesús! ¡Suelta las vidas que tienes atadas!» Y así continuó por varios minutos a viva voz. Sus gritos eran ensordecedores. Yo sentía que los pelos se me ponían de punta y la piel de gallina. Pero también sentí la presencia poderosa de Dios en aquel lugar, y de una forma especial. Había autoridad en la voz del evangelista.

## Dios abrió mis ojos para ver

De pronto, me encontré con que estábamos en aquel lugar, en una reunión de corte pentecostal, con las manos levantadas y en actitud de recibir. Como buenos hermanos libres (nuestra denominación), nos sentíamos un poco extraños en medio de aquella enorme multitud. Pero habíamos venido con el sincero deseo de llevarnos algo de parte de Dios. El evangelista había terminado su predicación y más de mil personas habían expresado su fe en Cristo como Salvador. Había algo especial de Dios en este evangelista de baja estatura, voz áspera, de una enorme energía física y de evidente autoridad y poder espiritual: Carlos Annacondia. A lo largo de la reunión, había predicado, invitado a los pecadores a venir a Cristo, y había orado por liberación y sanidad. Las manifestaciones habían sido espectaculares. Las personas que se manifestaban con conflictos espirituales, eran llevadas a una carpa, en medio de convulsiones, espasmos, gritos, llanto, desmayos, vómito, y a veces, reacciones muy violentas. Allí se las atendía personalmente. Mientras tanto, otros daban testimonio de sanidades de todo tipo, que habían recibido durante la ministración.

No obstante, lo que más nos llamaba la atención, eran los testimonios de personas que afirmaban que sus muelas y dientes habían sido sanados con nuevas piezas dentales o empastes perfectos. Esto era un fenómeno del que jamás había tenido noticia en toda mi vida. ¡No podíamos dar crédito a lo que veíamos y oíamos! Sin embargo, allí estábamos, con nuestras manos levantadas, dispuestos a recibir de parte de Dios alguna bendición, por medio de su siervo. En ese momento, Carlos comenzó a orar.

Margarita, mi esposa, cayó tocada por el poder del Espíritu Santo. Mis hijos se asustaron. Pero Margarita seguía en el piso con sus manos levantadas hacia el cielo. Su rostro estaba lleno de paz. Tranquilicé a mis hijos diciéndoles, para mi propia sorpresa, que todo estaba bien porque Dios la había «tocado». A los pocos minutos, se incorporó. Entonces le pregunté qué le había sucedido. Ella me dijo que podía escuchar todo, pero que había estado como en otra dimensión, en la que había sentido tan profundamente la presencia de Dios, que no tenía deseos de volver. En ese momento, vino a mi mente el texto bíblico que dice «Examinadlo todo, y retened lo bueno». Para mí mismo y para Dios, exclamé: «¡Acepto, Señor, tu reto!»

Esa misma noche, busqué al coordinador de la campaña y le conté lo que había ocurrido con mi esposa. Le expresé mi curiosidad por todo lo que había visto y oído, y mi deseo de conocer más a fondo de estas cosas. Este hermano me presentó al vicepresidente de la campaña, y este me pidió una carta de los pastores de la iglesia en la que yo servía como diácono y músico, a fin de poder darme una credencial que me habilitaría para recorrer todos los sectores. Así fue, y por varias semanas concurrí a la campaña, con el propósito de «examinarlo todo».

## El llamado

De todos los aspectos de la campaña, el que más me impactó fue la ministración en la carpa de liberación. Quizás fue así debido a mi trasfondo denominacional. De origen bautista, me formé entre los hermanos libres (Plymouth Brethren), absorbiendo profundamente los principios del fundamentalismo evangélico. Allí, en la carpa de liberación, me encontré con un pastor de mi denominación, Floro Olivera. Le pregunté qué estaba haciendo allí y qué pensaba de todo lo que ocurría. El me contestó que tanto el evangelista como los organizadores de la campaña (la mayoría de extracción pentecostal) eran sus hermanos en Cristo y que, si bien él no compartía todo lo que se hacía, de todos modos muchas de las almas salvadas iban a quedar en su iglesia. Y luego, agregó: «No sé si será de tu agrado lo que voy a decirte. Pero creo que nosotros somos los fariseos de este siglo. Estamos llenos de sabiduría, pero sin la unción del Espíritu Santo. Por eso, Dios nos avergüenza usando a un hombre simple, sencillo, sin tanta sabiduría humana, pero lleno del Espíritu Santo».

Sus palabras fueron justo para mí. Ese mismo día, terminada la reunión, nos encontramos en la carpa de liberación con algunos hermanos. Los que habían estado ministrando estaban agotados. Habían sido muchas horas de lucha física, emocional y espiritual. En ese tiempo, no se tenía el conocimiento y la experiencia que hoy tenemos, de modo que la ministración era muy cansadora y extremadamente prolongada. Por ese motivo, los hermanos pidieron que se orase por ellos. Floro Olivera comenzó a orar imponiendo manos sobre cada uno.

En ese momento, apareció una joven de unos veinte años. Cuando el pastor le impuso las manos, la joven comenzó a temblar. Yo pensé: «Esta muchacha se está manifestando con un demonio». Pero, de pronto, comenzó a hablar en lenguas, algo que en ese tiempo yo no comprendía. Floro comenzó a interpretar y dirigiéndose a nosotros, dijo: «El Espíritu de Dios está hablando. Arrodíllense y humíllense delante del Altísimo». Yo no entendía nada. Pensaba que quizás le estaba hablando a otros en el grupo. Pero Mario Tucci, un diácono de mi iglesia que me acompañaba, me dijo: «Nos está hablando a nosotros. ¿Qué hacemos?» Le respondí: «Si el Señor quiere que me arrodille, me arrodillo. Pero lo haré delante de Él, y no delante de los hombres».

Nos arrodillamos, mientras la joven seguía hablando en lenguas y Floro interpretaba. Las palabras se referían al texto de 2 Crónicas 7.14: «Si se humillare mi pueblo, sobre el cual mi nombre es invocado, y oraren, y buscaren mi rostro, y se convirtieren de sus malos caminos; entonces yo oiré desde los cielos, y perdonaré sus pecados, y sanaré su tierra». Yo seguía sin entender. Cuando la joven terminó de recitar el texto bíblico, exclamó: «¡Santo, santo, santo!» Y a continuación, comenzó a cantar con una voz dulce, armoniosa, melodiosa. Cuando dejó de cantar, nos levantamos, y ella comenzó nuevamente a hablar en lenguas. Otra vez Floro interpretó: «El Espíritu de Dios está hablando. Arrodíllense y humíllense delante del Altísimo». Nos postramos en tierra, y yo sentí un quebrantamiento muy grande y comprendí que el Señor me llamaba a su servicio. En ese momento, el Señor me hizo comprender que siempre estaría conmigo, y que aun en situaciones límite, Él me daría las fuerzas para resistir y para serle fiel. Floro siguió interpretando, y declaró: «Fuego del cielo. Gran avivamiento y posterior persecución». La joven terminó exclamando: «¡Santo, santo, santo!» Pero esta vez no cantó.

## La autoridad

Nos levantamos, después de habernos postrado delante del Señor. El pastor, entonces, me dijo: «Siento que el Señor me ordena que les imponga las manos, para que reciban la unción, y para que a partir de ahora ustedes también impongan las manos y oren, incluso por los pastores». Y oró por nosotros.

En los días que siguieron, comenzaron a ocurrirme cosas incomprensibles para mí. Oraba por las personas y caían bajo la unción del Espíritu. Imponía manos sobre los enfermos y eran sanados. En otros casos, se manifestaban espíritus inmundos. Poco a poco fui entendiendo que en todas estas cosas, era el poder de Dios el que estaba operando.

Terminada aquella campaña en la ciudad de San Justo, el pastor Olivera me invitó a su iglesia a cantar, algo que me gustaba hacer como servicio al Señor. También me pidió que diera testimonio de lo que Dios estaba haciendo en mi vida. La iglesia celebraba su aniversario, y por ese motivo había varios pastores de visita. Entre ellos, estaba el hermano Edgardo Silvoso, de Evangelismo de Cosecha. Cuando terminé de cantar, Edgardo se me acercó y públicamente me dijo que el Señor le mostraba que debían ungirme y orar por mí, porque Dios me iba a dar un ministerio público reconocido. Yo no entendía nada, pero le dije al Señor: «Bien, Señor, si tú lo quieres, yo no te pongo barreras». Me arrodillé, oraron por mí, y me impusieron las manos dedicándome a un ministerio que ellos no sabían exactamente cuál era.

Yo había quedado muy impresionado por mi experiencia durante la campaña en San Justo. Especialmente, me había impactado la muchacha que había hablado en lenguas, algo totalmente ajeno a mi experiencia personal en ese tiempo. Sabía que Dios había ungido mi vida con su Espíritu, pero no hablaba en lenguas. Soy músico y desde pequeño me gustó mucho el canto. La alabanza y la adoración eran lo más importante de mi ministerio en mi iglesia local. Por eso, oraba y le decía al Señor: «Tú sabes lo que yo deseo: quiero adorarte en espíritu y en verdad». Y el Señor me respondía: «Lenguas para ti todavía no. Pero te doy autoridad». Desde ese mismo momento supe que de todos los dones que el Señor me dio, el de liberación era la herramienta con la que habría de servirle por el resto de mi vida. Fue allí que el Señor me llamó a este ministerio, y me dio la autoridad en el nombre de Jesús para llevarlo a cabo con efectividad.

## La necesidad

Nunca como en nuestros días, se ha visto proliferar tanto al ocultismo. Agazapado en algunos rituales de la Iglesia Católica, el ocultismo prolifera también a través de sectas y nuevos movimientos religiosos, de manera especial en los cultos espiritistas, afrobrasileros y afrocaribeños, y en la mayor parte de las religiones indígenas de América Latina.

Durante mucho tiempo, en las iglesias evangélicas nos hemos mantenido como simples espectadores de todo este avance satánico. La gran cantidad de personas que tienen problemas espirituales debido a su vinculación con el ocultismo, no tienen más remedio que recurrir al propio ocultismo en procura de una solución. El resultado es que terminan destruidos y su postrer estado es peor que el primero. Es paradójico que millones de seres humanos recurran a las fuentes de sus problemas, para dar solución a los mismos. Pero esto es así, y es así, porque la iglesia no hace nada por ayudarles.

Nos hemos conformado con ser espectadores y no protagonistas. La única manera de terminar con la umbanda, la quimbanda, la macumba, el espiritismo, la hechicería, la brujería, el curanderismo, la magia, la adivinación y otras expresiones del ocultismo es con el Evangelio de Cristo. Los cristianos tenemos la respuesta verdadera y efectiva para poner fin a los problemas espirituales de las personas. Esto es lo que Dios quiere que hagamos. «¿No es más bien el ayuno que yo escogí, desatar las ligaduras de impiedad, soltar las cargas de opresión, y dejar ir libres a los quebrantados, y que rompáis todo yugo?» (Isaías 58.6). Las cosas secretas y ocultas no son patrimonio de los brujos, hechiceros, videntes, mediums, magos y parasicólogos. Estas cosas pertenecen a Dios, y pueden ser nuestras a través de su revelación. La Palabra declara: «Las cosas secretas pertenecen a Jehová nuestro Dios; mas las reveladas son para nosotros y para nuestros hijos para siempre, para que cumplamos todas las palabras de esta ley» (Deuteronomio 29.29). Son los que no reconocen y no siguen las verdades reveladas en la Palabra, los que practican lo oculto.

Es por esto que la iglesia debe tomar bien en serio el ministerio de liberación. Este ministerio pone en evidencia el amor y el poder de Dios. He visto a millares de vidas atormentadas por el enemigo, cambiar radicalmente al ser ministradas en el nombre de Jesús. Liberadas y restauradas por el Señor, sus vidas encontraron en Él la respuesta a sus necesidades espirituales. Dios nos ha equipado como Iglesia para cumplir con esta tarea. En Cristo, Él nos ha provisto de todo lo necesario para «predicar buenas nuevas a los abatidos, a vendar a los quebrantados de corazón, a publicar libertad a los cautivos, y a los presos apertura de la cárcel» (Isaías 61.1).

## El ministerio

Después de la campaña en la ciudad de San Justo, esperaba ansiosamente la próxima campaña de Mensaje de Salvación, el ministerio de Carlos Annacondia. Finalmente, esta se llevó a cabo en la ciudad de San Martín. Cuando comenzaron las reuniones, comprobé que en la carpa de liberación colaboraban los mismos hermanos que habían ministrado en San Justo. Uno de ellos me pidió que le cortara el cabello, ya que, entre otras cosas, soy peluquero. El hermano coordinador de la campaña lo notó, y me pidió que hiciera lo propio con él. Así que, al día siguiente, llevé mis herramientas para hacerlo. Estaba en esto, cuando pasó por el lugar María, la esposa del evangelista Carlos Annacondia, acompañada por sus hijos. Entonces el coordinador me propuso que les cortara el cabello a los niños. Fue así que conocí personalmente a la familia de Annacondia y a él mismo. Comencé a relacionarme con él y también a cortarle el cabello.

Al tratar con Carlos Annacondia, conocí a una persona sencilla, humilde, a un verdadero varón de Dios. Con él comencé a aprender muchas cosas relacionadas con el ministerio de liberación. Poco a poco fui asumiendo responsabilidades en la carpa de liberación y comencé a ministrar a algunas de las personas que eran traídas cada noche. Las nuevas experiencias me daban cada vez más entendimiento, especialmente cuando se manifestaban personas que decían ser creyentes. Esto despertaba en mí mucho interés por investigar esta esfera de servicio cristiano.

En la campaña que se realizó en Paso del Rey, cerca de Moreno, yo concurrí buscando más de Dios. Continué experimentando y aprendiendo cómo ministrar liberación a los oprimidos por Satanás. Pero sobre todo, sentía que yo mismo necesitaba más del Señor. Quería que Él me ungiera poderosamente con su Espíritu Santo. Todos a mi alrededor hablaban de la importancia de recibir las nuevas lenguas por medio de un toque divino. Le había pedido al Señor en oración, que conforme a su voluntad, Él me bendijese dándome lenguas para que pudiese alabarle con mayor libertad. Al promediar la campaña mi deseo fue satisfecho.

Después de la campaña en Moreno, se llevó a cabo otra en Haedo, en un lugar muy cercano a mi casa. En esta campaña estuve ayudando y ministrando todos los días. Cierto día, estaba conversando con Annacondia y con el pastor bautista Eduardo Lorenzo. Comentábamos las diversas reacciones de las iglesias a este ministerio. Al mencionar algunos casos de rechazo y oposición, Carlos aseguró que sentía que en el futuro Dios limitaría la libertad con que estábamos actuando, que ahora él estaba dándole a su iglesia la oportunidad de que despertase, y que cada creyente tenía que tomar la autoridad que tenía en el nombre de Cristo y debía asumir este ministerio de poder. Dicho esto, dirigiéndose a mí, señaló: «Mañana vas a orar públicamente conmigo, con imposición de manos».

Todo mi cuerpo comenzó a temblar, y le respondí que no lo haría, porque yo no era nadie para hacerlo. El siguió insistiendo, a lo que le pregunté: «¿Esto que sientes, es de parte de Dios?» «¡Sin dudas!» me contestó. Así fue como comencé a orar junto con él. Carlos oraba dirigiéndose a un sector de la concurrencia y yo oraba hacia el otro. Lo hicimos así durante varias noches. Luego lo siguieron haciendo otros pastores, mientras yo me dedicaba a orar por los niños. Sin yo darme cuenta de ello, me estaba integrando al equipo de Mensaje de Salvación y participando del ministerio de liberación.

## Mis primeras campañas con Carlos

La campaña en la ciudad de Rosario comenzó poco tiempo después. Cerraba mi peluquería en Buenos Aires el día viernes y viajaba tres horas y media hasta la ciudad de Rosario, para pasar allí el fin de semana. Annacondia comenzó a referirme casos para que les ministrara. Para mi asombro, estos casos eran resueltos por la gracia de Dios. Recuerdo el caso de un joven, conductor de ómnibus, que vino a verme y me dijo que cuando Carlos oraba, él no podía permanecer en el lugar donde se realizaba la campaña. Tenía que irse, ya que una fuerza lo impulsaba a alejarse. Le aseguré que el Señor es más fuerte que aquello que lo dominaba, y que si él quería ser libre, Jesús podía liberarlo. Entonces comenzamos a orar. Me di cuenta que había odio en su vida, y que ello se debía a circunstancias dolorosas que había vivido en su infancia.

Lo llamaban el «Pibe Piraña», debido a que cuando peleaba, lo hacía a muerte. Se cegaba y se defendía de cualquier forma, incluso a mordiscones, toda vez que era impulsado por el odio que lo dominaba. Mientras sacaba de su alma todo lo que le había pasado, y renunciaba a ese odio y a las causas que lo habían producido, sudaba profusamente. Su lucha contra el poder que lo oprimía fue terrible. Finalmente, por la confesión, la renuncia, el poder de la Palabra, y la oración hecha con autoridad en el nombre de Jesús, el joven quedó libre. Fue una preciosa victoria. He ministrado a miles de personas, pero recuerdo a este joven de manera especial, porque fue una de mis primeras experiencias en este ministerio. Además, el «Pibe Piraña» me ha escrito en tres oportunidades, contándome que está sirviendo al Señor en la iglesia evangélica en la que se congrega, que su matrimonio está en orden, y que sigue libre de toda opresión satánica.

Dios me estaba confirmando en este ministerio. Fue en esta campaña en Rosario que quedé incorporado definitivamente como miembro del equipo de Mensaje de Salvación. Fue un privilegio para mí poder servir al Señor junto a Annacondia, pero también acompañando a un precioso grupo de hombres consagrados a la causa del Reino de Dios.

A fines de 1985, se llevó a cabo la campaña en La Boca. Allí participé activamente y pude constatar liberaciones asombrosas. Entre los frutos preciosos que de allí quedaron, está Liliana, a la que entonces denominaban la «reina de la marihuana». La encontré sentada en medio del gran terreno en donde se realizaba la campaña. Me manifestó que quería morirse. Debido a un accidente que había tenido con una motocicleta, había quedado hemipléjica. Era una mujer muy joven. Cada vez que el diablo era reprendido, ella se manifestaba muy fuertemente. Las causas estaban en el ambiente en el que vivía. Durante la campaña, Dios la sanó parcialmente de su dolencia física y totalmente de las heridas de su corazón. El diablo no tuvo más de dónde agarrarse en su vida. Liliana fue transformada en un vaso muy sensible al Espíritu Santo y es de mucha bendición en el Reino de Dios. Hoy sirve en una iglesia evangélica, y su vida ha sido totalmente transformada.

Una noche, después de la reunión y siendo ya muy tarde, Carlos Annacondia festejaba con algunos integrantes del equipo su cumpleaños. De pronto, se acercaron unos jóvenes y se manifestaron. Cuando Carlos comenzó a tratar a uno de ellos, otro vino por detrás abalanzándose sobre él con un cuchillo para herirlo. Antes que el joven lo alcanzara, le grité al demonio: «¡Te ato, en el nombre de

Jesús!» Instantáneamente, el joven cayó al piso, tocado por el poder de Dios y sujetándose a la palabra de autoridad. Aquella noche, además de celebrar el cumpleaños de Carlos, terminamos gozándonos en la liberación de estos muchachos.

A comienzos de 1986 tuvo lugar la campaña en Córdoba. Aproveché mis vacaciones y pedí permiso en mi trabajo para poder estar todo un mes en la campaña. Al segundo día, Annacondia me pidió si podía hacerme cargo de la carpa de liberación. Me temblaban las piernas frente a su propuesta. Pero él insistió. No me sentía capacitado, pero sabía que contaba con el respaldo del Señor. La confirmación de Annacondia era para mí muy importante, porque sentía por él un gran respeto y admiración como corresponde tener por un siervo ungido del Señor. Entiendo que él fue dándome cada vez más responsabilidades ministeriales debido a tres razones. Primero, vio en mí un genuino interés por las almas, ya que no puedo ver a las personas atadas por el diablo sin conmoverme. Segundo, notó la profundidad de mis conocimientos bíblicos, obtenidos en las iglesias bautistas y de los hermanos libres en las que conocí al Señor y me formé espiritualmente. Y, tercero, comprobó mi preocupación por investigar las causas que dan lugar a que el diablo ate las vidas de las personas.

He llegado a entender que, con las personas que sufren ataduras espirituales, hay que hacer un trabajo pastoral completo. Para ello hace falta mucho amor y compasión, ya que de alguna manera hay que ponerse en el lugar del otro y comprender la aflicción que está sufriendo. Estoy convencido que no debo juzgar duramente a las personas a las que ministro, como si yo fuese mejor que ellas. Lo que soy, es solo por la gracia de Dios. Sé que tanto la persona que estoy atendiendo como yo, ambos necesitamos de la misericordia y de la gracia de Cristo.

## Cosas que uno aprende

En las primeras campañas tuvimos grandes victorias, pero al mismo tiempo cometimos serios errores. Ministrábamos gritándole lo más fuerte que podíamos a los demonios. Lo único que lográbamos era que se manifestaran más violentamente. Bombardeábamos a las personas repitiendo listas interminables de todos los demonios posibles que podíamos imaginar. Lo que hacíamos era muy complicado, y ocasionaba un gran desgaste físico y emocional, tanto a la persona que ministraba como a la que era ministrada. Finalmente, aprendimos cómo hacerlo mejor y en mucho menos tiempo.

La campaña en Córdoba no solo produjo hermosas experiencias, sino que me ayudó a comprender mejor el significado de algunos textos bíblicos, que hasta ese momento solo habían sido teoría para mí. Logré cierta armonía entre la teoría y la práctica de la liberación. Adquirí una enorme experiencia, ya que me involucré de lleno en el ministerio en la carpa de liberación. Tuve oportunidad de tratar con casos muy complejos y serios, que arrojaron mucha luz a mis conocimientos y acrecentaron mi experiencia. Frente a cada situación que no entendía, me humillaba delante del Señor y le preguntaba: «Señor, ¿cómo es que tengo que hacer esto?» Fielmente, el Señor me daba las claves para ministrar.

Durante años clamé al Señor por sabiduría, y Él siempre me contestó. Hoy mismo, después de casi doce años de ministración contínua, con más de 500.000 personas que han pasado por la carpa de liberación, y más de 20.000 personas que he tratado en forma personal, mi actitud es la misma: humillarme delante de Dios, depender totalmente del Espíritu Santo, y creer en la autoridad que tengo en el nombre de Jesús para echar fuera demonios.

Es así como fui aprendiendo poco a poco la mejor manera de ministrar liberación. Sabía que tenía que reprender a los demonios y ordenarles, en el nombre de Jesús, que se fueran de las personas. Pero en muchas vidas, esto no era suficiente. Lo único que lograba era que las personas sufrieran por las manifestaciones demoníacas, que en algunos casos eran muy violentas y duraban varias horas. En cambio, cuando trataba a las personas con una actitud más pastoral, y les hablaba indagando con amor sobre sus vidas, podía llegar a conocer las causas que habían dado lugar al accionar del diablo. A medida que fui acumulando experiencia, pude darme cuenta también de ciertos denominadores comunes a todos los casos y de los elementos característicos de cada situación particular.

En la campaña en Córdoba comprendí claramente cómo se producían las ataduras sexuales. Llegó a la carpa una joven que, por diferentes problemas, había estado separada de su pareja durante algún tiempo. Incluso, había estado bajo cierto tratamiento sicológico. Cuando Annacondia reprendía a los demonios, esta joven ingresaba a la carpa con manifestaciones demoníacas terribles. Reprendíamos a los demonios, pero no obteníamos resultados. Un día, le pregunté: «¿Qué es lo que sientes o ves?» «No puedo quitar de mi mente a mi sicólogo», me respondió. Guiado por el Señor, le pregunté si había tenido relaciones sexuales con él. Cuando me respondió afirmativamente, el Señor trajo a mi mente el texto de Marcos 10.8: «Los dos serán una sola carne».

Las relaciones ilícitas también unen a las personas en una sola carne (1 Corintios 6.16), de manera que los espíritus que dominan a una persona pueden llegar a dominar también a la otra. Asimismo, descubrí que las personas, generalmente movidas por necesidades sentidas, hacen pactos con el diablo de manera consciente o inconsciente, y esto provoca ataduras espirituales. Para poder resolver y liberar estos casos, no es suficiente conocer el pacto en cuestión, sino también es necesario saber cuáles son las causas que llevaron a la persona a hacerlo. Es decir, no es suficiente conocer el problema, sino también las causas que lo originaron.

Cierta noche, se presentó en la reunión en Córdoba, un muchacho al que llamaban el «Lobisón», porque se manifestaba como un lobo, es decir, aullaba y echaba espuma por la boca. Para salvarse de hacer el servicio militar, había hecho un pacto con la Difunta Correa, un personaje mítico de la religiosidad popular, que cuenta con gran adhesión en las provincias del oeste argentino. El santuario de la Difunta Correa está en la provincia de San Juan, y es un centro de devoción popular, idolatría y ocultismo (véase Deuteronomio 32.17; 1 Corintios 10.19-20). Este joven había quedado atado espiritualmente por ese pacto con la Difunta Correa. Cierto día, mientras iba con su motocicleta cruzando un cerro, esta se descompuso. Vio un ranchito (una choza pequeña), y se acercó. Allí se encontró con una anciana, que lo invitó a tomar mate (té argentino) y otras cosas. El muchacho le pidió si podía dejar allí su motocicleta descompuesta. Pero la anciana le dijo: «La moto funciona». Efectivamente, cuando le dio arranque, el motor respondió bien. Así que se fue. Al otro día, regresó a ese lugar, ¡pero el ranchito ya no estaba!

El joven se salvó de hacer el servicio militar, que en aquel entonces en Argentina era obligatorio. En su documento de identidad está consignada la razón: «Exceptuado por lobisón». En Argentina, Paraguay y Uruguay se llama lobisón al hombre, generalmente el séptimo hijo varón, a quien la tradición popular atribuye la facultad de transformarse en bestia salvaje durante las noches de luna llena. Precisamente, ocurría que los días de luna llena, este joven se escapaba manifestándose como un lobo y actuando con mucha violencia. En esas condiciones llegó a la campaña. Después de escuchar su historia, rompí el pacto que había hecho con la Difunta Correa y le ministré liberación. Pero quedaron pendientes algunos otros temores y ataduras más profundos, que eran los que lo habían motivado a hacer ese pacto diabólico. La campaña ya llegaba a su fin. Yo tenía que regresar a Buenos Aires, y no pude seguir ministrando a este joven en esas otras áreas más profundas de su vida. La ministración no fue completa, y me sentí bastante frustrado. Este caso, como muchos otros, me mostró y me convenció de la necesidad de ir a la raíz de los problemas, si de veras deseamos una liberación completa para las personas.

A lo largo de los doce años en que tuve oportunidad de ministrar liberación acompañando a Carlos Annacondia en sus campañas, he aprendido muchísimas cosas. Quizás lo más importante ha sido que la iglesia de Cristo y los creyentes que la integramos, estamos dotados por Dios para hacer frente al enemigo. Los primeros cristianos recibieron de Jesús poder y autoridad para echar fuera demonios. Y nosotros también, al igual que ellos, servimos al mismo Señor y contamos con los mismos recursos. El ministerio de liberación no es un ministerio exclusivo para «superdotados», sino la tarea que el Señor encomienda a cada creyente, por humilde y sencillo que sea. El requisito fundamental para llevarlo a cabo es obediencia y sujeción a su autoridad. Si nos disponemos a hacer lo que Él quiere, Él nos acompañará de manera fiel y poderosa, dándonos la autoridad y el poder en su nombre, que necesitamos para derribar las puertas del hades.

## Liberación y avivamiento

A fines del año 1994, recibimos en la Iglesia Evangélica Bautista del Centro, en Buenos Aires, donde sirvo como ministro de consejería pastoral, a unos setenta pastores de Alemania, Suiza y Austria. Habían viajado de tan lejos con el propósito de aprender acerca del ministerio de liberación. Al enseñarles los principios que tienen que ver con la sujeción de nuestras vidas al señorío de Cristo, quedaron impactados. La liberación no es otra cosa que precisamente esto: rendir la vida a Cristo como único Señor. Al operar el Espíritu Santo en sus vidas, esto dio como resultado el deseo de ellos de someter a Cristo áreas de sus vidas en las cuales no habían experimentado victoria. La experiencia fue maravillosa. La liberación y sanidad que el Señor obró en estos siervos suyos fue poderosísima. Viejas ataduras cayeron por tierra, pactos no resueltos fueron deshechos, yugos pesados quedaron pulverizados, opresiones que por años habían limitado el servicio cristiano se terminaron, y sobre todo, estos varones y mujeres de Dios fueron llenos de la poderosa unción del Espíritu Santo.

Esto nos hizo abrir los ojos a la necesidad que tiene el liderazgo de la iglesia de una ministración profunda sobre sus ataduras, yugos, opresiones, y heridas interiores, si es que va a servir al Señor con efectividad, frutos, satisfacción y victoria. Y esto puso también una enorme carga sobre nuestro corazón. Es así que, guiados por la visión que Dios le dio a nuestros pastores, (el Dr. Pablo A. Deiros y Carlos Mraida) decidimos hacer un seminario para pastores y líderes, al que denominamos Clínica Pastoral. El propósito era combinar la enseñanza con la ministración personal de los siervos de Dios. Los resultados fueron sorprendentes y duraderos.

A partir de allí, las clínicas pastorales se sucedieron una tras otra, tanto en diversas ciudades de Argentina como en otros países. Esto me permitió ampliar el alcance de mi ministerio, no solo ministrando liberación, sino enseñando a otros cómo hacerlo y ayudándoles a vivir libres y sanos para servir mejor al Señor. Con esto, el Señor completó mi llamamiento ministerial y le dio cumplimiento a una profecía que me fue dada estando con mi esposa, por la que Dios me decía: «Habla a mi iglesia. Enseña a mi iglesia. Los enviaré lejos, a donde ustedes no imaginan». Jamás me imaginé que yo podía enseñar algo. Nunca siquiera soñé con salir de mi país. Sin embargo, a comienzos de 1996, cuando contaba con 58 años de edad, tomé la decisión de obedecer el mandato del Señor, y una vez más, hacer lo que Él me pedía.

Le expresé este sentir a Carlos Annacondia, con quien había estado colaborando hasta ese momento a tiempo completo, como parte del equipo de Mensaje de Salvación. Oramos y decidimos que seguiría mi llamado más orientado a servir al liderazgo y a la iglesia. Pronto vimos la mano del Señor en esta decisión, puesto que comenzaron a multiplicarse la oportunidades de ministrar a cientos y cientos de pastores y líderes en todas partes del mundo.

Junto a mis pastores, Deiros y Mraida, fuimos descubriendo la necesidad y la urgencia de ministrar a los siervos del Señor, si es que deseamos que se cumpla la promesa de un derramamiento poderoso del Espíritu Santo «sobre toda carne» (Joel 2.28). Dios nos estaba mostrando un modelo para encender el fuego del avivamiento, a partir de la sanidad y restauración de su iglesia. Comprendimos la necesidad de la liberación sobre los creyentes, como preparación para la unción evangelística y la guerra espiritual a la que el Señor nos convoca en estos últimos tiempos. Nuestro lema «Sanos y libres para servir» se fue encarnando poco a poco en nosotros, a medida que enseñábamos, entrenábamos, y ministrábamos al liderazgo, muchas veces acompañando el ministerio evangelístico de Carlos Annacondia y de Randy Clark, con quienes tenemos el privilegio de ministrar con frecuencia.

Dios está preparando un gran avivamiento final, antes del glorioso retorno de Cristo. Pero este avivamiento no vendrá al margen de la iglesia, sino a través de la iglesia. Para ello es imprescindible que la iglesia esté sana y libre. Y esto no podrá ser así, si primero el liderazgo no es un liderazgo que vive en santidad, sanidad y libertad. Solo cuando esto ocurra, contaremos con el poder y la autoridad para confrontar a las huestes de maldad en la batalla final, y derrotarlas de manera definitiva en el nombre de Jesús.

# capítulo ocho

# El Reino de Dios en la cárcel de Olmos

*Por Juan Zuccarelli*

Caminaba por un túnel húmedo y con muy mal olor. Mi acompañante era un buen oficial del servicio penitenciario, que no era creyente. Por primera vez se me permitía ingresar al Sector Penal, para encontrarme cara a cara con los internos de la cárcel de Olmos (en la provincia de Buenos Aires, Argentina). Apenas había caminado unos pocos metros, cuando una extraña fuerza comenzó a oprimir mi cuerpo, hasta llegar a mi cuello. La presencia del enemigo era tan fuerte, que casi no podía avanzar un paso más. En ese momento, le dije al oficial que me acompañaba que me sentía descompuesto y que deseaba ir al baño. Así que regresamos a la entrada, y me encerré en un baño para orar y clamar ante el Señor. En mi oración, le dije que si Él realmente me había llamado a ese lugar, necesitaba sentirme libre de toda opresión espiritual, para poder servirlo. Sin darme cuenta de ello, en ese año de 1984, comencé a hacer guerra espiritual, sin saber en el momento lo que estaba ocurriendo en los aires. Esa oración tuvo mucho que ver con el futuro de la iglesia «Cristo la Única Esperanza» en el interior de la cárcel de Olmos.

## Llamado a la cárcel

En 1983, sentí el llamado de Dios para predicar en las cárceles. En realidad, en aquel entonces, no quería predicarle a los presos. Mi deseo era hacer campañas evangelísticas, ganar almas para el Señor, pero fuera de las cárceles. Sin embargo, el llamado de Dios fue creciendo. Es así que en cierto día, traté de entrar en el penal de Olmos para dar testimonio del evangelio. Pero en esos meses había ocurrido un gran motín entre los presos (algunos de ellos habían muerto), y no se podía entrar a predicar. Ese día volví diciéndole a mi esposa: «Cumplí. Quise entrar, pero no me dejaron. Ahora el problema es de Dios, y no mío».

Al parecer, Dios escuchó lo que dije y comenzó a hablarme mucho más fuerte que antes. Tanto fue así, que se abrió una nueva oportunidad.

La única posibilidad que quedaba por explorar era entrar a la cárcel como agente del Servicio Penitenciario. Cuando me propusieron esto, yo no me preocupé demasiado ya que para ingresar como guardia en la cárcel de Olmos había que hacer unos trámites algo complicados. Tenía que llenar unos formularios y presentar otros documentos, todo lo cual llevaba aproximadamente entre seis y ocho meses. Por otro lado, pensaba que en ese tiempo quizás Dios se iba a olvidar de mi llamado. Así es que comencé a cumplir con estos trámites, con la ayuda de un hermano de mi iglesia que trabajaba en el Servicio Penitenciario. A la semana de iniciadas nuestras gestiones, este hermano me dice:

—Juan, Dios hizo un milagro.

Pensé que el Señor había sanado a alguien en la iglesia. Pero él respondió.

—No. El milagro tiene que ver con tu vida. Lo que tenía que salir en ocho meses, se resolvió en siete días.

—Mira, Dios tiene tantos milagros para hacer, ¡y justo hace este! —le respondí.

Este hermano me señaló que existían dos posibilidades para ingresar como agente penitenciario. Una era en la Unidad No. 9, la Escuela de Cadetes, en la ciudad de La Plata, a solo seis cuadras de mi casa. La otra era en la Unidad No. 1, la cárcel de Olmos, a pocos kilómetros fuera de la ciudad. No había mucho tiempo para pensar, así que le respondí que iba a orar pidiéndole al Señor que el Espíritu Santo le indicara a él dónde debía servirle. Así fue que este hermano vino a mi casa diciéndome que había sentido del Señor postularme para el servicio en la cárcel de Olmos.

—¡Amén! —dije, pero por dentro no me había agradado mucho la idea del Señor.

## La cárcel de Olmos

Me presenté en la cárcel de Olmos con varios postulantes más. En ese tiempo no existía la Escuela de Suboficiales del Servicio Penitenciario, de modo que los cursos para el ingreso se dictaban en el penal mismo. Había dos instructores. Uno de ellos nos enseñaba a desfilar y el manejo de las armas; el otro nos enseñaba sobre el reglamento de la institución. En mi primer día en Olmos, uno de los jefes comenzó a enseñarnos sobre el reglamento. Yo tenía muchas dudas, ya que había sido militar durante seis años en la Armada Argentina, y cuando conocí al Señor solicité la baja de la carrera militar. Entonces levanté mi mano para hacerle una pregunta a este oficial, de nombre Néstor Papa. Le pregunté si en la unidad había algún problema con la religión que uno profesaba.

—¿De qué religión es usted? —me preguntó.

—Soy evangélico —respondí.

—Ajá, ¡evangélico! Odio a los evangélicos. Usted va a tener muchos problemas conmigo —me increpó.

—Bueno, Dios piensa de otra manera —logré musitar.

—Para usted, yo soy su dios —gruñó.

—Pero la Palabra de Dios dice otra cosa —aseguré.

—Aquí la única palabra de Dios la tengo yo —dijo visiblemente molesto. Y continuó—: Si sigue así va a tener muchos problemas.

Ese hombre de veras odiaba a los evangélicos... pero hoy es un diácono de nuestra iglesia en la cárcel y mi secretario personal. Así fue mi primer día en la cárcel.

La cárcel de Olmos fue construida en 1939, como cárcel de máxima seguridad para alojar internos ya procesados. La capacidad inicial de las instalaciones era para 1.200 internos, y más tarde se amplió para albergar hasta 1.728. Está situada en la localidad de Lisandro Olmos, en la provincia de Buenos Aires, Argentina, a unos quince kilómetros de la ciudad de La Plata. El edificio está conformado por una planta baja y cinco pisos. Cada piso tiene doce pabellones, que se supone deberían alojar a unos veinticuatro internos por pabellón. Sin embargo, en estos momentos hay una sobrepoblación del 86% aproximadamente, es decir, hay alojados alrededor de 3.200 internos.

Por lo que he podido investigar, la cárcel de Olmos fue visitada por primera vez por un pastor en el año 1951. El pastor Andrés Guerrieri, que vivía en San Andrés de Giles (provincia de Buenos Aires), visitaba por aquel entonces a un interno de apellido Pucheta, alojado en el hospital de la cárcel. Desde 1951 a 1983 muchos otros pastores cumplieron con esta loable misión de visitar a los presos, generalmente evangélicos.

Cuando entré en la cárcel había solamente cuatro o cinco internos que decían ser evangélicos. Si bien los pastores hacían un gran esfuerzo y mucho sacrificio por visitarlos, no había grandes resultados. En ese tiempo, comenzó a visitar la cárcel un evangelista de nuestra congregación, el hermano José Luis Tessi. Actualmente, él pastorea una pujante iglesia en la ciudad de Tandil. El pastor Tessi comenzó a servir a Dios en la cárcel, pero con una visión fresca y poderosa. Para ese tiempo las autoridades de la cárcel me habían prohibido predicarle a los internos, por la sencilla razón de que yo era un funcionario de la unidad. Pero con Tessi hicimos un buen equipo. Yo le facilitaba todos los trámites para su ingreso a la unidad, y él predicaba con la autoridad del Señor. Por supuesto, siempre trataba de encontrar algún momento para orar por los internos.

Recuerdo que uno de los jefes me había prohibido predicarle a los presos, con amenazas de echarme. Pero uno de ellos estaba muy enfermo, y me vinieron a buscar para que orase por él. El hombre estaba en una oficina de la escuela primaria que funcionaba en la cárcel. Había también otras dos oficinas contiguas. Nosotros estábamos en la del medio de las tres. Cerramos la puerta y comenzamos a orar. De pronto, el interno cayó al piso y continuamos orando por él. La persona que estaba vigilando en la puerta entró asustada diciendo que el jefe de guardia, justamente el oficial que quería echarme, se estaba acercando. Les dije a los hermanos que me acompañaban: «Vamos a orar para que los ángeles del Señor nos defiendan». Este hombre abrió la puerta de una oficina, abrió la puerta de la otra, e intentó abrir la puerta de la oficina en la que nosotros estábamos orando más intensamente que nunca antes. Forcejeó e intentó varias veces abrir la puerta sin lograrlo. La puerta no tenía cerradura, pero él no pudo abrirla. Los hermanos que estaban conmigo (mucho más espirituales que yo), creyeron sin dudar que los ángeles del Señor nos habían guardado. ¡Dios es fiel!

## La radio

Dentro de la cárcel había una estación de radio que no funcionaba. Los equipos de transmisión estaban rotos. Con Tessi pensamos que esa radio podía ser útil para el Señor. Nuestra propuesta era comprar los equipos necesarios para poner en funcionamiento la radio, si se nos permitía tener programas en los que se predicara el Evangelio. Las autoridades aceptaron la propuesta. Nosotros no sabíamos que Dios tenía un propósito detrás de todo esto y un plan bien armado para su gloria. En ese tiempo, los internos no tenían aparatos de televisión. En cada celda había un parlante conectado directamente con el equipo transmisor de la radio. Era imposible para los internos sacar la instalación o el parlante, que eran fijos, o apagar la radio, es decir, los internos de toda la cárcel estaban obligados a oír la radio del penal.

Cuando Tessi comenzó a predicar por la radio, empezó a sentir fuertes dolores por todo el cuerpo, como si alguien lo estuviera golpeando con palos. Al llegar a su casa, muchas veces tenía que estar un largo tiempo recostado en la cama para poder recuperarse. Realmente, aquello era una guerra espiritual frontal. La predicación era sencilla, pero poderosa. Se hablaba del amor y la misericordia de Dios; de la necesidad del arrepentimiento y la salvación; y se confrontaba en oración a los demonios que hasta ese momento reinaban en la prisión. En nuestra iglesia, fuera de la cárcel, apoyábamos en oración y ayuno el trabajo que se realizaba en Olmos.

## La campaña de evangelización

Había un fuerte sentir de parte de Dios en nuestras vidas de que teníamos que ganar la cárcel para Cristo. Pero era muy difícil lograrlo si solo pensábamos en términos humanos. Lo único que podíamos hacer era ponernos en las manos del Señor y permitirle a él que obrara en nosotros y a través nuestro. Pensamos en hacer una campaña de evangelización dentro de la cárcel, pero eso era algo imposible. Jamás había ocurrido algo así en nuestras cárceles en Argentina. Nos pusimos a orar sobre el particular, y cuando hablé con el director de la cárcel, tal como suponíamos, dijo que era imposible. Su argumento era que, en un evento así, iban a juntarse internos de distintos pisos (ladrones, homicidas, violadores, etc.), y podían producirse peleas y hasta muertes. Yo le contesté que íbamos a orar sobre este asunto. El recalcó que podíamos hacer lo que quisiésemos, pero que él no iba a permitir ninguna reunión de este tipo.

Fue así que comenzamos a orar por la campaña. Después de varios días, el director me llamó.

—¿Qué es lo que querían hacer? —preguntó y le expliqué nuevamente el proyecto.

—Pensamos traer instrumentos de música, cantar, predicar, y al final haremos una oración por todos los internos.

—Bueno, estoy de acuerdo —dijo, y enseguida añadió—: Pero si hay algún problema, les corto la cabeza.

—¡Muy bien! —respondí entusiasmado, pero por dentro decía: «Por favor, Señor, que todo salga bien; yo no quiero perder mi cabeza».

Teníamos planeado llevar a cabo las reuniones de la campaña en el salón de actos de la escuela primaria de la cárcel. Era habitual que, cuando venía a la prisión algún conjunto de rock o cumbia, o algún artista famoso, se reuniera a la población penal en ese salón. Al encuentro se le daba el nombre genérico de «acto», de manera que un guardiacárcel subía piso por piso anunciando «¡Acto! ¡acto!» y todos los internos sabían que había un espectáculo especial y bajaban para estar con sus artistas preferidos. En cambio, cuando había alguna reunión evangélica, se los llamaba diciendo «¡Culto! ¡culto!» y en estos casos solo bajaban entre cinco y diez hermanos evangélicos.

Pero en aquella ocasión, el guardiacárcel que llamaba a los internos, indudablemente dirigido por el Señor, subió cada piso gritando: «¡Acto y culto! ¡Acto y culto!» Y no se equivocó. Aquello era un «acto», porque iba a haber buena música; y «culto», porque se iba a predicar la Palabra de Dios. Mientras tanto, yo instruía al personal que estaba encargado de la vigilancia en ese lugar, que el director había indicado claramente que, una vez ingresados al salón de actos, los internos no podían regresar a sus pabellones hasta que finalizara la reunión. Era necesario, pues, que cerraran todas las puertas con candados hasta el final del encuentro. Nosotros sabíamos que muchos internos bajaban creyendo que había algún recital de rock, y que cuando nos vieran con las Biblias en la mano iban a volverse al pabellón más rápido de lo que habían venido.

Un grupo de alrededor de trescientos internos bajó al salón de actos, para participar de una reunión evangélica. Aquello estaba ocurriendo por primera vez en la historia carcelaria argentina. Cuando los internos se dieron cuenta de que quienes estábamos al frente de la reunión éramos evangélicos, trataron de irse. Pero como estaba en pié la orden del director de que nadie que había entrado al salón de actos saliera del mismo hasta el final de la reunión, tuvieron que quedarse. De este modo, tuvimos una audiencia «cautiva». Así que, por más que el sermón no fuese el más atractivo, tenían que quedarse a oírlo. Yo sabía que este no era el mejor método para poner a los internos en contacto con el evangelio. Si bien la Palabra nos dice «fuérzalos a entrar» (Lucas 14.23), no era esta la mejor interpretación y aplicación de ese texto. Sea como fuere, creo que el Señor ya me ha perdonado este exceso, que resultó ser el puntapié inicial de algo maravilloso para la salvación de muchos.

Cuando comenzamos a cantar las canciones con hermanos de la iglesia que nos acompañaban, el Espíritu Santo empezó a moverse en ese lugar. El mensaje que presentó Luis Tessi fue impactante y a su invitación unos cien de los trescientos presentes hicieron profesión de su fe en Cristo. Luego de orar pidiendo el perdón de sus pecados, pasaron al frente para que orásemos por sus necesidades personales. El Espíritu Santo comenzó a tocarlos uno por uno, y empezaron a caer al piso bajo el poder de Dios. El Señor comenzó a liberar a aquellos que estaban demonizados. Claro, no teníamos ningún tipo de experiencia en este tipo de cosas, de modo que nos vimos envueltos en bastante confusión. Presentes en el lugar, custodiando a los internos, había un cierto número de guardiacárceles, que también fueron tocados por el Señor. Nos asustamos un poco, especialmente cuando algunos guardias cayeron al piso y tuvimos que ministrarles liberación. Aquella fue una experiencia maravillosa. Puso de manifiesto lo que Dios podía hacer dentro de una cárcel cuando se le da la oportunidad de moverse en libertad.

## La visión se amplía

A partir de aquella experiencia, la visión fue cambiando. Nuestra fe se vio aumentada y nos dimos cuenta de que había muchas cosas que mejorar. Pastores de diferentes ciudades venían una o dos veces por semana para predicar, y esto era muy bueno. Pero comenzamos a entender que esto no era suficiente, que no alcanzaba, que debíamos formar una verdadera iglesia cristiana. En esta comunidad, los líderes tenían que surgir de ella misma, es decir, de entre los internos en la cárcel. A medida que esta convicción fue creciendo en nosotros, fuimos enfocando nuestro trabajo a la preparación de los líderes de la futura Iglesia Evangélica Cristo la Única Esperanza en la cárcel de Olmos.

En los meses anteriores a esta nueva apertura de testimonio cristiano dentro de la cárcel, en las primeras páginas de los diarios de la ciudad de La Plata, aparecieron con grandes letras, titulares que decían «Pastor evangélico ladrón solitario». Fue muy duro para los hermanos de la iglesia evangélica de la ciudad encontrarse una mañana con estos titulares, y la noticia de que uno de los evangelistas de la ciudad había robado un negocio a mano armada. Todo el mundo estaba escandalizado. La policía había detenido a esta persona y la habían enviado a la cárcel de Olmos. Cuando tomé conocimiento de lo ocurrido, quería hacerle imposición de manos a este individuo... ¡pero con los puños cerrados!

Dios, que es tan maravilloso, trató con mi vida y me ayudó a cambiar de actitud. Cuando lo encontré en la cárcel, pude hablarle del Señor nuevamente e invitarlo a arrepentirse de sus pecados. El así lo hizo. Se reconcilió con el Señor y volvió a santificar su vida. Tanto Luis Tessi como yo, no solamente estábamos procurando ministrar a su vida, sino también a su familia. Y el Señor en su misericordia, comenzó a obrar. Vimos cambios notables en él y el surgimiento del fruto del Espíritu en su vida. El comenzó a colaborar en los programas radiales y a crecer rápidamente en Cristo. Cuando llegó el momento de nombrar a los líderes de la naciente iglesia en la cárcel, el Señor nos guió a levantar a este «ladrón redimido», Antonio Arcadio García, como el primer pastor interno, reconocido como tal en toda la penitenciaría.

García compartía los programas radiales junto a Luis Tessi y comenzó también a liderar al pequeño grupo de hermanos que se estaban integrando a la iglesia. De ese grupo surgió «Chiquito» Delgado, un hombre de casi dos metros de altura, que había estado preso por más de veinte años. Este varón había experimentado un gran cambio en su vida, y creció rápidamente en el camino del Señor, de suerte tal que, cuando García salió de la cárcel en libertad, la iglesia quedó a cargo de él. Después vinieron otros líderes, entre ellos los hermanos Héctor Márquez, Jorge Kuris y José Cardozo. Estando estos tres al frente de la congregación, se sintió la necesidad de tener un pabellón habitado exclusivamente por cristianos. Había razones prácticas para esto. Cada vez que algún interno recibía al Señor como Salvador, era agredido por los demás internos al regresar a su pabellón. La agresión no solo era verbal sino a veces también física. Los creyentes no podían orar en paz y ni siquiera tener una Biblia entre sus manos, porque comenzaban las agresiones.

## Pabellones evangélicos

En razón de que para ser cristiano hay que arrepentirse y quien se arrepiente tiene que confesar sus pecados, esto exponía a los cristianos a mayores agresiones. En una cárcel, arrepentirse y confesar es un sinónimo de debilidad, y los débiles son agredidos por los demás internos. Este fue un período muy difícil para la iglesia que estaba naciendo y para los nuevos creyentes en la cárcel de Olmos. En base a estas circunstancias, pues, se solicitó la creación del primer Pabellón Evangélico... y la solicitud fue concedida. Se habilitó un sector del edificio, en el que se alojaron veinticuatro internos, que estuvieron a cargo y bajo la responsabilidad de Márquez. Esto fue un verdadero milagro, ya que en el Servicio Penitenciario Bonaerense (de la provincia de Buenos Aires), los internos son alojados en los pabellones conforme la carátula de su caso, es decir, según el delito que hayan cometido. Según esto, los ladrones habitan con los ladrones, los homicidas están todos juntos, los violadores ocupan otro sector, etc. A su vez, se hacen también divisiones en términos de si son internos primarios (que están por primera vez en la cárcel) o reincidentes. De modo que, conseguir un pabellón exclusivo para los internos evangélicos era algo imposible, simplemente era algo que no podía suceder. ¡Pero lo que es imposible para los hombres, es posible para Dios!

Contar con un pabellón evangélico fue una gran ventaja, porque allí los hermanos podían orar tranquilos, leer y estudiar su Biblia, hacer ayunos y vigilias, y todo esto, sin que nadie los molestara. Muy pronto se vio la necesidad de trasladar esta iniciativa a otros sectores del penal. Fue así que Kuris tomó la iniciativa de iniciar un pabellón similar en su piso. De este modo, se fue estableciendo un pabellón para creyentes por piso. No obstante, todos sabíamos que el «hombre fuerte» se encontraba en el cuarto piso. Era desde allí que se dominaba toda la cárcel. Entonces, nuestra estrategia prioritaria fue tomar para el Señor el cuarto piso. Para ese momento ya no existían los pabellones satanistas. Los hermanos comenzaron a orar para tomar toda la cárcel, pabellón por pabellón. Así se organizó una estrategia de oración y ayuno. Y el reino de Dios comenzó a crecer dentro de la cárcel de Olmos.

A principios de 1988, los oficiales de la prisión decidieron consolidar los pabellones evangélicos, que hasta entonces habían funcionado en todos los pisos. Su idea era la de colocar todos los pabellones evangélicos en un solo piso. Y esto es lo que ocurrió, cuando los hermanos ocuparon seis pabellones ubicados en el cuarto piso. En este tiempo, la iglesia estaba constituída por unos 240 internos.

Se comenzó a prestar más atención a cuestiones de organización interna de la iglesia. Se instrumentaron reglas de fe, se implementó un programa de oración constante y ayunos, y se encaró una valiente confrontación espiritual contra el enemigo, a fin de generar un crecimiento constante. En 1990, ya había unos 400 hermanos en la iglesia, mientras que hacia fines de 1993 los integrantes de la comunidad cristiana sumaban casi 900. Para principios de 1995 habíamos superado los 1.000 miembros, que en ese momento constituían aproximadamente el 30% de la población total de la prisión. Y eso, sin contar unos 400 o 500 internos que han hecho una profesión de fe por Cristo, pero que no están lo suficientemente maduros todavía como para cumplir los requisitos para un compromiso serio como miembros de la Iglesia Cristo la Única Esperanza. Sea como fuere, hacia 1995, el 45% de la población carcelaria había puesto su fe en Cristo y era miembro de la iglesia. Y esto, dentro de una prisión de máxima seguridad, en un país donde el porcentaje de evangélicos es muy pequeño.

## La iglesia que está en la cárcel

La Iglesia Cristo la Única Esperanza, en la cárcel de Olmos, es muy distinta a casi todas las iglesias evangélicas, no solamente por estar dentro de una cárcel, sino porque cada día perdemos a algún miembro. Aproximadamente salen de esta cárcel unos 300 cristianos por año. Algunos de ellos salen en libertad, otros son trasladados a otras unidades penales, y otros son beneficiados con el Régimen de Salidas (art. 18). Esto significa que si no evangelizamos todos los días, en cinco años nos quedamos sin iglesia. Para mantener estable el número de hermanos tenemos que ganar anualmente alrededor del 10% de la población carcelaria.

Los obreros cristianos que trabajan en la iglesia también son distintos. Dentro de la iglesia de la cárcel, reconocemos a pastores, ancianos, evangelistas, diáconos y siervos (estos últimos son los que están a cargo de cada pabellón, es decir, unas setenta personas). La preparación de estos siervos del Señor es diferente, dado que tienen que convivir las veinticuatro horas del día con la iglesia. Por ejemplo, la iglesia está en medio de ellos cuando alguno se levanta a la mañana, se baña, desayuna, lee la Biblia, ora, ayuna, está contento o canta, ya que está rodeado permanentemente de hermanos en la fe. Pero también lo está cuando lo rodean hermanos que no leen la Biblia, no oran ni ayunan, no se bañan y, especialmente, se enojan o están de mal humor. Cada minuto de sus vidas lo pasan frente a la iglesia. Y esto es lo que hace difícil la preparación de estos hombres. Cuando alguno ya está funcionando bien como obrero, viene y me dice: «Pastor, pronto me voy en libertad, y hay que comenzar a preparar a otro». De este modo, el proceso de preparación debe ser constante. Cuando me encuentro con mis colegas y amigos pastores de la ciudad de La Plata, siempre les pregunto: «¿Alguno de ustedes quiere ser pastor en Olmos?» Y la respuesta es siempre la misma, incluída mi propia respuesta. «Seguro que no».

Día a día, Dios tuvo que enseñarnos qué hacer y cómo hacerlo. En ese tiempo no conocíamos de ningún libro que nos pudiera decir qué hacer para ganar a toda una cárcel para Cristo. La oración y la intercesión fueron las dos armas poderosas que el Señor nos permitió utilizar en contra del enemigo. Teníamos la seguridad de que Dios nos había entregado la cárcel. Nuestros ojos podían estar viendo otra cosa, ya que todo parecía ser luchas, problemas y dificultades, pero nuestra confianza en el Señor era como la de un niño. Es así como tuvimos que comenzar a celebrar nuestros cultos en el templo de la Iglesia Católica Romana en la prisión, ya que los lugares que nos habían designado para ello, nos quedaban chicos.

La visión que teníamos era la de formar la Iglesia Cristo la Única Esperanza en el penal de Olmos. Cuando esto se logró, nuevos hermanos asumieron la responsabilidad de conducir a la congregación: Antonio Franco, Daniel Vázquez y Ramón Ávalos. Ellos continuaron con toda la gracia del Señor y trabajando con tesón en la obra. Fue así que se abrió un Instituto Bíblico para los obreros cristianos, con un programa de entrenamiento ministerial de cuatro años de duración. Se planificó la evangelización de todo el penal y se hicieron grandes campañas, con maravillosos resultados.

Pero había un grave problema pendiente. La mayoría de los familiares de los internos no eran cristianos. Así que comenzamos a orar, buscando la dirección del Señor, para encontrar maneras de evangelizarlos. Solicitamos, entonces, que se permitiera a los miembros de la iglesia recibir visitas de sus familiares en privado, apartados de los inconversos. Esto se consiguió cuando se habilitó el Patio No. 1 para tal fin. De esta manera, antes de terminar la hora de visita, los líderes de la iglesia llevan a cabo una pequeña reunión, donde se cantan algunas alabanzas, se lee la Biblia, se predica y se hace el llamado al arrepentimiento. Muchas personas aceptan a Jesús en estas reuniones, y luego testifican: «Tuve que venir a una cárcel para quedar libre». Algunos de ellos han sido sanados y otros liberados de espíritus que los atormentaban. En todos los casos, se les recomienda buscar una iglesia evangélica cercana a sus domicilios y se los anima a que se congreguen. De este modo, la obra del Señor crece, tanto dentro como fuera de la prisión.

## Vida en comunidad

Cuando un pastor viene a visitar a un interno en la cárcel o a un grupo de hermanos, esto es algo extraordinario, ya que cumple con la palabra de Dios en Mateo 25.36. Pero, suele ocurrir que solo lo puede hacer una o dos veces a la semana y por unas pocas horas. Cuando los internos tienen alguna necesidad o enfrentan algún problema no puden salir de la prisión para pedir consejo pastoral u oración. Por eso, la visión se acrecentó mucho más cuando vimos la necesidad de que los internos estén pastoreados las veinticuatro horas del día. Esto se puede lograr solamente preparando líderes internos y dándoles un lugar de autoridad, a fin de que ellos sirvan al Señor cuando los pastores no están dentro de la cárcel.

Como se indicó, en 1995 había alrededor de 1.200 internos que eran evangélicos, lo que constituía el 45% de la población carcelaria. En Olmos se llevan a cabo grandes reuniones de bautismo, ya que una vez al año entre 300 y 350 hermanos dan testimonio de su fe en Cristo a través de las aguas. Actualmente (1997) hay unos 1.480 hermanos en la Iglesia Cristo la Única Esperanza, sin contar a alrededor de otros 400 internos que han recibido al Señor, pero que no se congregan con nosotros, sino que viven en otros pabellones.

Un día en el Piso Evangélico en la cárcel de Olmos es muy particular. Los hermanos se levantan a las seis de la mañana y le entregan el día al Señor. Después, las autoridades pasan lista, contándolos uno por uno. Es por eso que podemos dar números precisos en cuanto a la cantidad de hermanos. Luego de la lista, los hermanos desayunan, tienen aseo personal y estudian la Biblia. Al mediodía almuerzan, le sigue un tiempo libre, y nuevamente dedican tiempo al estudio de la Palabra. Más tarde, cenan y realizan un culto en los pabellones. Este culto se lleva a cabo todos los días.

Lo más importante de la tarea espiritual no está en estas cosas, sino que todas las noches del año se llevan a cabo vigilias de oración en todos los pabellones evangélicos. La manera en que esto se realiza es la siguiente. Seis personas por pabellón pasan al comedor del mismo, que se encuentra en la parte de adelante del pabellón. Allí se lleva a cabo la vigilia, que se prolonga desde las doce de la noche hasta las seis de la mañana. Durante este tiempo, dos de los seis miembros del grupito comparten entre sí por un par de horas lo que han aprendido de la Biblia durante el día que pasó, otros dos doblan sus rodillas e interceden por las necesidades que les presentamos con anterioridad, y los dos restantes van cama por cama orando por los internos que están durmiendo, por sus familias, sus causas penales, etc. A las dos horas se hace una rotación y los que estaban leyendo la Biblia se arrodillan, los que estaban de rodillas pasan a orar por los que duermen, y los que estaban orando en el dormitorio pasan a leer la Palabra. A las dos horas se vuelve a hacer un cambio y rotación. De este modo, durante toda la noche y a lo largo de todas las noches del año, sin que falte ninguna, en la cárcel de Olmos hay 132 hermanos que están haciendo vigilia de oración.

Además de los mencionados, tenemos dos pabellones que los denominamos Pabellones de Ingreso. Allí se recibe y adoctrina a los hermanos recién convertidos, aquellos que recién comienzan a dar sus primeros pasos con el Señor. Conforme sea su crecimiento, se los destinará a otro pabellón. Hasta hace algunos meses, teníamos cinco pabellones de intercesión que funcionaban muy bien. Pero no estábamos tranquilos. Entendimos de parte de Dios que de esos pabellones había que elegir a algunos hermanos y ponerlos en un nuevo pabellón de intercesión. Y así lo hicimos, con un excelente resultado hasta este momento. Un pabellón regular ayuna dos días a la semana, de seis de la mañana a seis de la tarde. Pero en el pabellón de intercesión se ayuna todos los días en el mismo horario, y se llevan a cabo diez horas de oración diaria, fuera de la vigilia que es obligatoria. Por eso, cuando ponemos una petición en este pabellón, dormimos tranquilos, porque sabemos que la respuesta de parte de Dios llega pronto.

Como se ve, hacemos mucho énfasis en la oración y la intercesión. Estos son dos pilares fundamentales para nuestra iglesia, juntamente con el ayuno. Gracias a esto, Dios ha hecho milagros extraordinarios, que no tenemos el espacio suficiente para enumerar. El énfasis sobre una vida de santidad es también importante. Todos los prisioneros de la cárcel tienen un televisor. Pero a los hermanos no les permitimos tenerlo por la alta cuota de pornografía que hay en los programas y películas. Olmos es una cárcel donde hay personas con muchos años de encierro, y esto perjudicaría profundamente la vida espiritual y moral de los hermanos.

Los hermanos son muy obedientes. Ellos saben que la Biblia enseña que tenemos que diezmar. Sin embargo, de acuerdo con la reglamentación vigente en el sistema carcelario de la provincia de Buenos Aires, no se les permite a los internos tener dinero. De modo que ellos diezman de la mercadería y elementos que les traen sus familiares. Lo que se reúne es utilizado para ministrar a los internos que no reciben visitas, a los que están en el hospital, a familiares muy carenciados, y a veces se envía a otras cárceles donde hay mayor necesidad. Hace algún tiempo hubo una gran inundación en nuestra provincia, y los hermanos de Olmos decidieron juntar el diezmo de dos meses y enviarlo a los inundados. Lo «peor de la sociedad» estaba ayudando a estas ciudades en problemas. Esto impactó mucho a las autoridades.

## Y hasta lo último de la tierra

Dentro del Servicio Penitenciario provincial se encuentra la Unidad No. 10, en la localidad de Melchor Romero. Se trata de una unidad neurosiquiátrica, donde todos los detenidos tienen graves problemas mentales. El director de esta unidad, viendo el trabajo que se estaba realizando en Olmos, nos llamó para decirnos que él también quería una iglesia evangélica dentro de esa cárcel. Fuimos a ver el lugar, y nos encontramos conque las personas allí internadas estaban muy medicadas. Era muy difícil poder entablar una conversación algo extensa con ellos. Le dijimos al director que íbamos a orar para ver qué podíamos hacer, porque no teníamos a ninguna persona preparada en nuestro ministerio como para comenzar una iglesia allí en esas condiciones.

Cuando estábamos orando, el Señor nos hizo recordar que el hermano Ramón Ávalos, que en ese momento estaba pastoreando la iglesia en Olmos, había estado detenido en esta unidad neurosiquiátrica, y que había ido a parar a Olmos por una equivocación en el papeleo de su traslado. El había sido esquizofrénico. En aquel entonces, tomaba diecinueve psicofármacos por día, y molestaba mucho a sus compañeros. Así las cosas, hasta que un día, cansados de él, sus compañeros decidieron traerlo al culto. El Señor obró instantánea y milagrosamente sanando su cuerpo y su mente. Cuando se levantó del piso (había caído al momento de orar por él), se preguntaba:

—¿Dónde estoy?

—En Olmos —le respondimos.

—No puede ser —dijo totalmente confundido, y continuó preguntando—: ¿Por qué estoy preso?

Había cometido más de treinta delitos, ¡y no se acordaba! Dios lo cambió totalmente.

Así que pensamos en él para comenzar la nueva obra en la Unidad No.10. Cuando le hicimos la propuesta, nos dijo: «¡Amén! Pastor, usted sabe que yo estoy sujeto al ministerio». Su respuesta fue para mí una bendición, ya que él estaba a cargo de aproximadamente 1.400 internos en Olmos, y yo lo estaba mandando a ir a evangelizar a locos.

Hablamos con las autoridades sobre la posibilidad de que Ávalos fuese trasladado a la Unidad No. 10. Al principio, no estaban muy de acuerdo. ¿Cómo justificar oficialmente que se trasladaba a un interno de Olmos para que fuese a pastorear a enfermos mentales en la Unidad No. 10 de Melchor Romero? Esto parecía imposible, ¡verdaderamente, cosa de locos! Pero comenzamos a orar y a ayunar. No pasaron muchos días, cuando las autoridades decidieron aceptar la propuesta, y Ramón Ávalos fue trasladado a la U-10. Así comenzó un nuevo lugar de testimonio cristiano. Al principio, la tarea de Ávalos fue bañar a los presos y cuidarlos; luego, continuó predicándoles. Él vivía con ellos, comía y dormía con ellos, y aprovechaba toda oportunidad para mostrarles el amor de Jesús. De este modo, desde Olmos habíamos enviado a nuestro primer misionero intercarcelario.

Cuando fui a ver la obra quedé sorprendido. Los hermanos cantaban, oraban y alababan al Señor. Hoy hay en la U-10 una iglesia con más de cuarenta hermanos... ¡en una prisión para enfermos mentales! Dicho sea de paso, el hermano Ávalos ya está en libertad y junto a su familia, y es parte de nuestro ministerio.

Por la gracia de Dios, hemos alcanzado a otras unidades carcelarias en la provincia de Buenos Aires. Y en cada una de ellas se trabaja con la misma visión: formar iglesias evangélicas dentro de las cárceles. La obra sigue extendiéndose y estamos dispuestos, con la ayuda del Señor, a ganar a todas las cárceles para Cristo. Para esto, necesitamos que ores por nosotros y seas así parte de esta obra. Cuando me preguntan quién hizo este gran trabajo, es fácil responder ya que hay uno solo que puede hacer algo así: nuestro Señor Jesucristo a través de su Espíritu Santo.

Actualmente, estamos trabajando junto con el pastor Ricardo Fernández, quien es también un suboficial del Servicio Penitenciario dentro de la cárcel. Los internos encargados de la obra son: Daniel Mastrocola, Alejandro Calabria, Antonio Gómez, y sesenta y cuatro obreros más. Por supuesto, fuera de la cárcel cuento con un gran grupo de intercesores y colaboradores muy estrechos en este precioso ministerio, como Daniel Tejeda, Clotilde de Maldonado, Nelly Giles, Felipa Roldán, Nidia de Mariñas, Carlos Nicolini, Carlos Maldonado, María Samaniego, Cintia Zárate, Clara Orellana y muchos hermanos más. Pero, sobre todo, mi esposa Mary, es mi mejor ayuda. Ella está trabajando fuertemente con las internas de la Unidad No. 8, una cárcel de mujeres. Dios nos ha llamado a servirle y estamos dispuestos a hacer todo lo que nos mande en favor de su obra. Solo le pedimos una cosa al Señor: que no nos deje solos, que siempre nos guíe, y que sea Él nuestra fuerza. Nuestra palabra a todos aquellos a quienes compartimos nuestro testimonio es: «Acordaos de los presos, como si estuvierais presos juntamente con ellos; y de los maltratados, como que también vosotros mismos estáis en el cuerpo» (Hebreos 13.3).

# capítulo nueve

# El Espíritu Santo, la unción y el poder

*Por Claudio Freidzon*

Vivimos tiempos gloriosos. Dios está derramando de su Espíritu Santo y las primeras llamas del avivamiento han comenzado a arder con una fuerza incontenible. Las oraciones de los santos y las muchas lágrimas vertidas en secreto, finalmente están dando su fruto y la iglesia está siendo restaurada, para cumplir el plan original de Dios. Jesucristo dijo: «Edificaré mi Iglesia». ¡Y Él lo está haciendo!

Esta restauración comienza por nuestro corazón. Antes de tocar al mundo, Dios debe tocar nuestra vida. La primera fase de todo gran avivamiento tiene que ver con la relación de Dios con su pueblo. El avivamiento comienza con el eje vertical de la cruz, con nuestra comunión con el Señor. Luego se proyecta poderosamente en el sentido horizontal, y nos permite alcanzar a las naciones para Cristo.

## Ungidos con un propósito

«Entre aquellos que estaban esperando para ingresar, a dos cuadras del auditorio, había una mujer muy rica. Ella no era salva, se sentía muy desdichada y pensaba en suicidarse. El poder de Dios la tocó y cayó al piso. Los creyentes se reunieron alrededor y la condujeron a Jesucristo. Una semana más tarde, ella daba testimonio de lo que Dios había hecho en su vida ... Y aunque el avivamiento comenzó en la iglesia de Claudio, se extendió a cientos de pastores e iglesias». Este testimonio es transcripto de un artículo publicado en 1992 por la revista de misiones extranjeras de las Asambleas de Dios, *Mountains Movers*, titulado «Una nueva onda del poder del Espíritu Santo». El artículo fue escrito por un supervisor de los misioneros norteamericanos de las Asambleas de Dios en América Latina, el pastor Donald Exley. Este respetado hombre de Dios confeccionó un informe de los gloriosos sucesos que comenzamos a experimentar aquel año en Argentina y los resultados visibles de esta visitación divina.

El Espíritu Santo se está moviendo todavía, y este mover de Dios tiene un propósito definido. Así como el profeta Elías pudo decirle al rey Acab: «Sube, come y bebe; porque una lluvia grande *se oye*» (1 Reyes 18.41), así también los cristianos espirituales «oímos» que un gran avivamiento se aproxima. Por todas partes percibo el anhelo y el clamor por un avivamiento. La Iglesia está levantando sus ojos buscando el rostro de Dios, y las antorchas están comenzando a arder en santidad y en amor por los perdidos.

En estos años, Dios me concedió el privilegio de llevar adelante un ministerio mundial de avivamiento. En solo cuatro años, ¡más de un millón y medio de personas han participado de nuestras cruzadas de avivamiento y evangelización! Hemos tenido oportunidad de ministrar en Argentina, Alemania, Inglaterra, Estados Unidos, España, Uruguay, Costa Rica, Burkina Fasso, Australia, Hungría, y muchos otros países. Y también hemos comprobado la obra de Dios en la Iglesia, y cómo a través de la Iglesia se está alcanzando a los perdidos. Nuestro libro *Espíritu Santo, tengo hambre de ti*, publicado por Editorial Caribe/Betania, ha sido traducido a ocho idiomas, y de todas partes del mundo recibo testimonios maravillosos de lo que Dios está obrando. Y es así, ¡porque hay hambre de Dios! Como dice la Escritura: «He aquí vienen días, dice Jehová el Señor, en los cuales enviaré hambre a la tierra, no hambre de pan, ni sed de agua, sino de oír la palabra de Jehová» (Amós 8.11). Estos son los días que estamos viviendo.

Recientemente, fui invitado a realizar una cruzada en la ciudad de Guayaquil, Ecuador. Más de ciento sesenta mil personas, en tres días, llegaron desde todas partes del país para participar del evento. El estadio de fútbol Modelo de Guayaquil fue colmado en su capacidad, bajo el lema: «Espíritu Santo, glorifica a Cristo». ¡Y en verdad, su nombre fue glorificado! Miles de personas, entre ellas un número importante de jóvenes adictos a las drogas, aceptaron a Jesucristo como su Señor y Salvador. Los testimonios de sanidades fueron en verdad impactantes. En un momento me sorprendí cuando una de las tribunas, que se encontraba muy lejos de la plataforma, estalló en expresiones de júbilo. Luego me di cuenta de que un paralítico había dejado su silla de ruedas y estaba corriendo por el campo de juego. ¡Gloria a Dios!

Una mujer, que durante años se hallaba postrada en una silla de ruedas sin poder caminar, fue filmada al comienzo de la reunión en su lamentable estado. Había llegado al estadio buscando un milagro de Dios. Luego de orar por los enfermos volvimos a ver a esta misma mujer, ¡pero ahora estaba caminando! Dios se movió de manera gloriosa. Otra mujer, muy conocida en la ciudad, que hacía varios años que no podía caminar, fue también sanada instantáneamente por el poder de Dios. Una enfermedad de su juventud se había agravado y derivado en una parálisis. Pero, ahora, caminaba, corría y saltaba de alegría por el milagro que Dios había hecho. Y muchos más testificaron haber sido sanados por Dios, aun de camino al estadio.

«Estas señales seguirán a los que creen ... », dijo nuestro Señor. Como resultado de la manifestación del Espíritu Santo sanando, liberando los corazones, restaurando a las familias, recogimos una cosecha abundante de almas en Ecuador. ¡Hubo fiesta en los cielos! Y esta no es una experiencia aislada. Dios desea mostrar su poder y salvación en todo sitio, y para esto desea ungir a cada creyente con su Espíritu Santo.

## Siempre hay más de Dios

Hay una historia en la Biblia, que nos puede ayudar a comprender mejor los tiempos que vivimos y el propósito de Dios. Me refiero a lo que leemos en 2 Reyes 4.8-16: «Aconteció también que un día pasaba Eliseo por Sunem; y había allí una mujer importante, que le invitaba insistentemente a que comiese; y cuando él pasaba por allí, venía a la casa de ella a comer. Y ella dijo a su marido: He aquí ahora, yo entiendo que este que siempre pasa por nuestra casa, es varón santo de Dios. Yo te ruego que hagamos un pequeño aposento de paredes, y pongamos allí cama, mesa, silla y candelero, para que cuando él viniere a nosotros, se quede en él. Y aconteció que un día vino él por allí, y se quedó en aquel aposento, y allí durmió. Entonces dijo a Giezi su criado: Llama a esta sunamita. Y cuando la llamó, vino ella delante de él. Dijo él entonces a Giezi: Dile: He aquí tú has estado solícita por nosotros con todo este esmero; ¿qué quieres que haga por ti? ¿Necesitas que hable por ti al rey, o al general del ejército? Y ella respondió: Yo habito en medio de mi pueblo. Y él dijo: ¿Qué, pues, haremos por ella? Y Giezi respondió: He aquí que ella no tiene hijo, y su marido es viejo. Dijo entonces: Llámala. Y él la llamó, y ella se paró a la puerta. Y él le dijo: El año que viene, por este tiempo, abrazarás un hijo».

Esta historia del Antiguo Testamento es muy significativa. Nos dice la Escritura que este siervo de Dios visitaba Sunem de tiempo en tiempo, y era invitado a comer por una mujer importante del lugar. Ciertamente, estas visitas esporádicas del profeta fueron abriendo los ojos espirituales de la mujer. Ella era muy sensible a las cosas espirituales. Y un día le dijo a su marido: «He aquí ahora, yo entiendo que este que siempre pasa por nuestra casa, es varón santo de Dios».

En Argentina, y en otras partes del mundo, experimentamos una gloriosa visitación de Dios. La presencia del Señor se revela en nuestras reuniones de una manera poderosa. Vemos milagros y manifestaciones sobrenaturales. Las reuniones a menudo duran cuatro o cinco horas y nadie quiere irse, porque Dios está allí. Le hemos dado al Espíritu Santo la dirección de nuestros cultos y esto es maravilloso. La alabanza y la adoración son frescas, espontáneas. Muchos han testificado de un regreso sincero al primer amor, dejando atrás la rutina religiosa y la tibieza espiritual. ¿Hemos reconocido nuestra posición de privilegio? ¿Hemos comprendido realmente quién nos visita y cuáles son sus propósitos?¿Tenemos los ojos de nuestro espíritu abiertos para ver la presencia poderosa del Señor?

La mujer sunamita «entendió» quién la visitaba. Y tan importante como esto, fue el hecho de que ella entendió la necesidad de que esta visita no fuese algo ocasional, sino una experiencia permanente. En estos tiempos de renovación, muchos, al no comprender la profundidad del río de Dios, se contentan con muy poco. Disfrutan de algunos beneficios restauradores del Espíritu. Hacen fiesta y se gozan delante de Dios. Experimentan alguna que otra manifestación extraordinaria del Espíritu. ¡Y creo que esto es hermoso! Pero, permíteme decirte algo: ¡aún hay más! ¡Hay más de Dios para ti!

Si se lo permitimos, si nos quebrantamos, el Espíritu Santo nos llevará hacia el corazón de Dios. Nos hará sentir su dolor por los perdidos, por aquellas multitudes que marchan ciegas hacia el infierno, y no hay quien les predique. Cuando comprobamos la bondad de Dios, el Espíritu Santo nos pone el anhelo por compartir las buenas nuevas. Esto es la consecuencia natural de haber gustado de su misericordia. Pero difícilmente podremos llorar por los perdidos, si previamente no hemos llorado por nuestros propios pecados.

Días atrás, una jovencita de apenas 19 años, compartía su experiencia con Dios de esta manera: «El Señor me mostró su corazón, las almas que se están perdiendo en el infierno, y que muchos de nosotros somos los escogidos para rescatarlas. Me enseñó acerca del privilegio que tenemos de conocer al Señor, privilegio que ellos no tienen. Estamos aquí para influir sobre esas personas y para tocar sus corazones. El diablo nos miente, pero nosotros tenemos el poder de Dios. Fuimos escogidos desde antes de la fundación del mundo, para llevar la salvación a otros. ¡Y nosotros no entendemos! Dios me mostraba en visión a la gente que se perdía. Yo lloraba. Podía oír el gemir de esas personas. "Es horrible," pensé. "Hay tanta gente para predicarle y yo estoy aquí sola." Pero Dios me dijo: "Levántate tú, y yo voy a levantar también a otros." Porque si todos nos quedamos solamente para recibir, vamos a ser tan "maduros" que nos vamos a apagar. Es el tiempo de mostrar el corazón de Dios, y el corazón de Dios son las almas. Es lo único que podremos llevar al cielo. No nos llevaremos un automóvil, una casa, una posición o un título. Lo único que tendrá valor entonces son las almas».

¿Puede algún cristiano sincero poner a un lado estas palabras?

El Señor Jesús puso de manifiesto el propósito de la unción en su vida, cuando dijo: «El Espíritu del Señor está sobre mí, por cuanto me ha ungido para dar buenas nuevas a los pobres; me ha enviado a sanar a los quebrantados de corazón; a pregonar libertad a los cautivos, y vista a los ciegos; a poner en libertad a los oprimidos; a predicar el año agradable del Señor» (Lucas 4.18-19).

¡Marchamos hacia un gran avivamiento! Lo creo con todo mi corazón. Debemos imitar la actitud de la mujer sunamita, que no se contentó con ser visitada de tanto en tanto. Ella anhelaba una morada permanente para el enviado de Dios; un lugar donde estuviese cómodo, ¡tan cómodo, que viviese allí por siempre! Para ello, tomó decisiones, trabajó, invirtió. Hubo un costo que pagar. Pero su solicitud por aquel que representaba a Dios fue coronada de fruto. No solo disfrutó de la presencia del profeta en su hogar, sino que Dios satisfizo su necesidad más íntima, su deseo más preciado. Le concedió un hijo.

¿No es esta nuestra necesidad de hoy? ¡Hijos espirituales! El propósito eterno de Dios es tener una familia de muchos hijos semejantes a Jesucristo. Como indica el apóstol Pablo: «Porque a los que antes conoció, también los predestinó para que fuesen hechos conformes a la imagen de su Hijo, para que él sea el primogénito entre muchos hermanos» (Romanos 8.29). Si preparamos nuestro corazón en santidad, la unción que permanece se hará manifiesta y el fruto será hijos espirituales. Tú, al igual que esta mujer, necesitas hijos. Debes anhelarlos como los desearía una mujer estéril. Debes clamar como Raquel: «Dame hijos, o si no, me muero» (Génesis 30.1).

Días atrás, un grupo de jóvenes de nuestra iglesia participó de un tiempo de oración maravilloso. El Señor abrió los ojos de ellos para que viesen como Él ve, y sensibilizó sus corazones para que sintiesen como Él siente. Les di un tiempo en la reunión para que compartiesen aquello que Dios les había dado. Una joven testificó: «Dios derrama esto en la iglesia para que toda la tierra se llene del conocimiento de su gloria. Él nos llama a predicar, a servirle. Nos pide que dejemos nuestro egocentrismo, aquellas cosas que para nosotros son importantes y que nos preocupemos de aquellas cosas que para Dios son importantes. Aquello que está en el corazón de

Dios. No somos nuestros dueños. Somos siervos de Cristo. Estamos en esta tierra para hacer su voluntad, para obedecerle y servirle. Cristo viene pronto. En un abrir y cerrar de ojos nos llevará a su presencia, y nos dice: Quiero que traigas a miles contigo».

Otra hermana compartía lo siguiente: «Cuando oraba, cuando buscaba a Dios, me di cuenta que me estaba ocupando de mis asuntos, de mis propias metas. No me daba cuenta de que a mi alrededor había gente que necesitaba que les predicase el evangelio. Las personas que me rodean son oportunidades que Dios me da y no debo desperdiciarlas». El apóstol Pablo llevaba una pesada carga de amor en su corazón hacia sus hermanos judíos: «Verdad digo en Cristo, no miento, y mi conciencia me da testimonio en el Espíritu Santo, que tengo gran tristeza y continuo dolor en mi corazón. Porque deseara yo mismo ser anatema, separado de Cristo, por amor a mis hermanos, los que son mis parientes según la carne». Y este dolor lo llevaba a clamar: «Hermanos, ciertamente el anhelo de mi corazón, y mi oración a Dios por Israel, es para salvación» (Romanos 9.1-3; 10.1).

E.M. Bounds, aquel gran hombre de oración, lo expresó de esta manera: «El más alto estado de gracia se muestra por la compasión hacia los pobres pecadores. Esta suerte de compasión pertenece a la gracia y ve no solo el cuerpo de los hombres, sino sus almas inmortales, manchadas por el pecado, desgraciadas por no conocer a Dios y en peligro inminente de perderse para siempre ... La recogida de las cosechas de la tierra en los graneros del cielo depende de las oraciones del pueblo de Dios». Dios añadirá unción a tu vida si comprendes los propósitos y el corazón de Dios.

## La unción y el vaso de barro

La unción y la autoridad divina se revelan en los corazones que se consagran al ciento por ciento. Dijo el gran evangelista Juan Wesley: «¿Qué es lo que estorba la obra? Yo considero que la primera y principal causa somos nosotros. Si fuésemos santos de corazón y de vida, totalmente consagrados a Dios, ¿no arderíamos todos los predicadores y propagaríamos este fuego por todo el país?»

El profeta Isaías, antes de oír la voz del Señor llamándole a la necesidad del pueblo, fue confrontado con su propio pecado. Vio al

Señor en gloria, pero no adoptó una actitud liviana o de poco compromiso, sino de quebrantamiento y confesión. Esto mismo está ocurriendo en nuestras congregaciones y me llena de esperanza, porque estamos llegando a lo medular del evangelio. Hay una dulce fragancia del Espíritu, que al igual que un preciado perfume, solo fluye a través de vasos quebrantados. El Señor Jesús dijo: «Si alguno tiene sed, venga a mí y beba. El que cree en mí, como dice la Escritura, de su interior correrán ríos de agua viva» (Juan 7.37-38).

En mi ministerio procuro, a través de la predicación de la Palabra de Dios y luego por la oración y la alabanza, llevar a la congregación a la presencia de Dios, a estar con Él cara a cara. Tengo la certeza que cuando esto sucede y somos confrontados con la santidad de Dios, hay quebrantamiento. Todos somos conmovidos por su presencia. ¡Ninguno delante de Dios puede permanecer indiferente! Y cuando los vasos se quiebran, la unción fluye. La unción de Dios nos cambia la vida.

En 1992, mis días eran intensos. Por las mañana conducía programas radiales de evangelización, luego atendía las oficinas de la iglesia y todas las consultas pastorales. Por las noches, enseñaba o predicaba en las reuniones públicas. Vivía jornadas intensas de hasta catorce horas de trabajo, los siete días de la semana. Y durante muchos años, mis vacaciones se limitaron a cinco días, de un lunes a un viernes, porque no me permitía faltar un fin de semana a la iglesia. ¡Estaba realmente ocupado! Estaba abocado de lleno a atender las necesidades de una iglesia, que crecía fuerte y sana. Sin embargo, intuía que algo me faltaba. Tenía una necesidad que no alcanzaba a discernir.

La respuesta a mi inquietud me llegó con motivo de la visita de un querido hermano, el pastor Werner Kniessel. El hermano Werner es el pastor de la iglesia más grande de Suiza, ubicada en la ciudad de Zurich, y fue misionero en Argentina por muchos años. Precisamente lo conocí cuando él era directivo en el seminario donde yo estudiaba. Para abonar mi arancel de estudiante, trabajaba como secretario de Werner por las tardes, al finalizar las clases. Así, llegamos a conocernos muy bien. Sus sabios consejos me bendijeron mucho en aquel tiempo de mi formación.

Después de varios años, nos reencontramos para compartir una buena cena en un restaurante, y disfrutar de la excelente carne argentina (que Werner extrañaba tanto). Nos pusimos a conversar animadamente. Él había estado aquella noche compartiendo un culto en nuestra iglesia, y había sido maravilloso. Estaba muy feliz de compartir con él en detalle sobre mis múltiples actividades, y para ser sincero, esperaba de parte de Werner una felicitación. Pensaba que tal vez diría: «¡Oh, Claudio, qué bueno es ver todo lo que el Señor te ha dado!» Sin embargo, se limitó a hacerme una pregunta. Esta pregunta sacudió mi vida. Él me dijo: «Claudio, ¿cuánto tiempo dedicas para oír al Espíritu Santo?» ¡Casi me queda atragantado el bocado que tenía en la boca! Él continuó: «Has crecido mucho, y la iglesia está hermosa, pero hay algo que no estás haciendo bien. El Espíritu Santo quiere hablarte, y tú no tienes tiempo para escucharlo». En aquel momento comprendí lo que sintió Moisés, cuando su suegro Jetro le habló de parte de Dios, y le dijo: «No está bien lo que haces» (Éxodo 18.17). En mi caso, después de oír a Werner, sentí una urgente necesidad de detenerme para replantear muchas cosas. Ahora comprendía lo que estaba necesitando.

Siempre había practicado con regularidad mi vida de oración, y me preparaba espiritualmente para cada una de las tareas que debía realizar. Pero había un nivel de comunión con el Espíritu Santo inexplorado por mí. Durante años fui profesor de teología, y enseñaba un curso sobre el Espíritu Santo, sus nombres, sus atributos, etc. Repentinamente, el Espíritu Santo dejaba de ser un curso y se presentaba delante de mí como una persona que quería hablarme y tener relación conmigo.

Una renovada sed de Dios nacía en mi corazón. «Como el siervo brama por las corrientes de las aguas, así clama por ti, oh Dios, el alma mía. Mi alma tiene sed de Dios, del Dios vivo» (Salmo 42.1-2). Mi vida de oración fue renovada. Mi corazón era una esponja que absorbía cuanta gota del Espíritu Santo estuviera cerca mío. Pedí oración a siervos de Dios llenos del Espíritu Santo. Me reunía a orar con ellos. Puse mi prioridad total en la búsqueda del rostro de Dios. Una comunión íntima y fresca nació en mi ser. A partir de allí, durante noches enteras, no dormí para tener comunión con él. Mi vida entera cambió.

La Biblia nos muestra que todo hombre que tuvo un contacto

real con la gloria de Dios fue quebrantado y transformado. Jacob en Peniel (que significa precisamente «el rostro de Dios»), recibió un nuevo nombre: Israel. Pero antes, la espada de Dios tuvo que descoyuntarlo y dejarlo cojo. Y aquel hombre que siempre luchaba con su astucia oponiéndose a Dios, terminó peleando por la bendición y el favor divino. Pensemos en Job, un hombre justo, pero que se autojustificaba delante de Dios. Cuando Dios se le reveló, exclamó: «De oídas te había oído; mas ahora mis ojos te ven. Por tanto me aborrezco, y me arrepiento en polvo y ceniza» (Job 42.5-6). Recordemos a Habacuc, el profeta de la queja. ¿Qué pasó con su queja cuando Dios le habló en una visión? «Oí, y se conmovieron mis entrañas; a la voz temblaron mis labios; pudrición entró en mis huesos, y dentro de mí me estremecí» (Habacuc 3.16).

Ya mencionamos a Isaías, quien descubrió que era un profeta de labios inmundos al ver a Dios. ¿Y qué podríamos decir de Jeremías, este sufrido siervo de Dios, llamado a ser ignorado por todos y perseguido? Cuando se lamentaba delante de Dios por su condición, el Señor lo amonestó: «Si te convirtieres, yo te restauraré, y delante de mí estarás; y si entresacares lo precioso de lo vil, serás como mi boca. Conviértanse ellos a ti, y tú no te conviertas a ellos» (Jeremías 15.19). En otras palabras, el Señor le dijo: «Jeremías, ¡conviértete!» Él podía haber protestado: «Pero, Señor, soy tu siervo. Hace años que predico en tu nombre. Sufro por ti. ¿Cómo es eso de que debo convertirme?» Y Dios le respondería: «Hay áreas en tu vida que se deben convertir. Debes entresacar lo precioso de lo vil. Examínate».

Durante años experimenté un gran desierto en mi ministerio. No había fruto. Nuestra pequeña iglesia en el Barrio de Parque Chás estaba desierta. Mis compañeros en el ministerio progresaban y yo no lograba ver ningún avance. Fueron tiempos de quebrantamiento, de morir a uno mismo, de aprender a depender solo de Dios y de crecer en la fe. Fueron tiempos de buscar el rostro de Dios. Luego de siete años de transitar aquel desierto, guiado por una visión de Dios, fundamos en 1986 una próspera iglesia en el barrio de Belgrano, en la ciudad de Buenos Aires. Esta iglesia hoy supera los cinco mil miembros.

No hay unción sin quebrantamiento. Dios usará todas las circunstancias de nuestra vida para lograr este fin. El apóstol Pablo lo expresó así: «Tenemos este tesoro en vasos de barro, para que la excelencia del poder sea de Dios, y no de nosotros, que estamos atribulados en todo, mas no angustiados; en apuros, mas no desesperados ... llevando en el cuerpo siempre por todas partes la muerte de Jesús, para que también la vida de Jesús se manifieste en nuestros cuerpos ... De manera que la muerte actúa en nosotros, y en vosotros la vida ... Porque esta leve tribulación momentánea produce en nosotros un cada vez más excelente y eterno peso de gloria» (2 Corintios 4.7-8, 10, 12, 17).

## La unción que permanece

Algunos cristianos no alcanzan la plenitud de Dios y, sin quererlo, viven una doble vida. Me refiero a aquellos que disfrutan de la presencia de Dios en las reuniones, palpan su gloria, pero en su vida privada, en su familia, viven otra realidad espiritual. ¿Qué es lo que está sucediendo? El panorama es parecido al descrito por el profeta Hageo, cuando dice: «Pues así ha dicho Jehová de los ejércitos: Meditad bien sobre vuestros caminos. Sembráis mucho, y recogéis poco; coméis, y no os saciáis; bebéis, y no quedáis satisfechos; os vestís, y no os calentáis; y el que trabaja a jornal recibe su jornal en saco roto» (Hageo 1.5-6). En la iglesia tienen gozo, santidad, comunión; pero en sus casas, todo esto se pierde. Allí hay soledad, tristeza, vacío espiritual, contiendas, griterías, etc. De la atmósfera de gloria pasamos rápidamente a una atmósfera espiritual diferente. ¿Será que perdemos la unción en el camino a casa? ¿Es esta la voluntad de Dios? Ciertamente debemos meditar en nuestros caminos.

La mujer sunamita hizo modificaciones para poder recibir de modo permanente al hombre de Dios. Nosotros también debemos hacer todas las modificaciones que sean necesarias para permanecer bajo la unción. La Palabra de Dios nos trae luz sobre este particular. Encontramos un precioso simbolismo en la ley de la lepra con respecto a las casas (Levítico 14.34ss). Esta era una ley sanitaria dada por Dios a los israelitas, para combatir el terrible flagelo de esta enfermedad. Sin lugar a dudas, los alcances de lo que en estos versículos enseña la Palabra son aun mayores para nosotros. La lepra en las Escrituras es un símbolo del pecado, al igual que la ceguera o la parálisis en otros pasajes.

El paralelismo es impresionante. El pecado, al igual que la lepra, puede comenzar con algo muy pequeño, pero luego se extiende y afecta toda la vida hasta destruirla. Además, el pecado como la lepra es sumamente contagioso, por lo que hemos de estar muy atentos a toda contaminación. Finalmente, la lepra insensibiliza la zona afectada, de tal manera que el leproso no siente dolor en la parte enferma como lo siente en el resto de su cuerpo. Así también, cuando damos lugar al pecado en nuestra vida podemos insensibilizar nuestra conciencia y no sentir pena por fallarle a Dios.

Quizás me digas: «Pastor Claudio, ¿por qué me está hablando de esto?» Yo te respondo, porque te amo y necesito ser muy claro contigo. La presencia de Dios no se manifestará en nuestro hogar si damos lugar al pecado en nuestra vida. Si abrimos la puerta a algún tipo de contaminación espiritual, esta nos robará la preciosa comunión con el Espíritu Santo.

Dios le indicó a los israelitas cuáles eran los síntomas a los que ellos debían atender, para prevenir la enfermedad de la lepra: «Vendrá aquel de quien fuere la casa y dará aviso al sacerdote, diciendo: Algo como plaga ha aparecido en mi casa. Entonces el sacerdote mandará desocupar la casa antes que entre a mirar la plaga, para que no sea contaminado todo lo que estuviere en la casa; y después el sacerdote entrará a examinarla. Y examinará la plaga; y si se vieren manchas en las paredes de la casa, manchas verdes o rojizas, las cuales parecieren más profundas que la superficie de la pared, el sacerdote saldrá de la casa a la puerta de ella, y cerrará la casa por siete días» (Levítico 14.35-38). Había ciertos síntomas a los cuales había que prestar atención.

¿Cuáles son los síntomas actuales de contaminación espiritual en nuestras casas? Ellos son: tristeza, depresión, falta de paz, inquietud permanente, sentimientos de angustia. No logramos mantener la comunión con Dios, ni podemos buscarlo en oración o a través de la lectura bíblica. Nuestra mente piensa cosas impuras o se enreda en contiendas. ¡Atendamos a estos síntomas! Si afectan nuestra vida cuando estamos en el hogar, entonces debemos acudir rápidamente a nuestro Sumo Sacerdote para que Él nos examine y si fuere necesario nos limpie.

Tú no puedes cambiar a tus familiares (que tal vez se oponen a las cosas que son de Dios), pero sí puedes tomar decisiones correctas para ser una luz en tu hogar. Esa es tu responsabilidad. El apóstol Pablo estaba preso en el calabozo de más adentro en la cárcel de Filipos. Pero nadie pudo encarcelar su espíritu. Él estaba lleno del gozo del Señor y alegraba el corazón de Dios con cánticos espirituales. ¡Tú puedes lograrlo también! Pero debes cuidar tu vida espiritual cuando estás en tu hogar.

Es interesante conocer que el pueblo de Israel tomó posesión en muchas ocasiones, tal como Dios lo había anticipado, de casas que habían sido construidas por los cananeos. En algunas ocasiones, estos pueblos paganos ocultaban en las paredes de sus casas pequeños ídolos, como parte de su superstición pagana. Cuando los israelitas los descubrían, debían quitarlos de sus casas. Me pregunto si no tendremos algunos ídolos escondidos en nuestras casas, que quizá todavía no hemos descubierto. La televisión es un excelente medio usado por el maligno para traer los ídolos de este mundo a nuestra casa. ¿Qué hablamos, qué vemos, qué comentamos en nuestro ambiente familiar? ¿Hay lugar para el Espíritu Santo?

Dios, nuestro Sumo Sacerdote, es el único que determina cuándo hay lepra y cuándo no. Por eso, es bueno y necesario que nos hagamos ciertas preguntas. ¿Estoy cumpliendo mi rol de sacerdote del hogar? ¿Estoy orando y velando por la salud espiritual de mis hijos, de mi esposa, de mi esposo? ¿Estoy amargado o herido con alguien de mi familia? ¿Tengo reproches o falta de perdón hacia alguien? ¿Es la televisión una bendición o una maldición en nuestro hogar? ¿Soy sabio y prudente con su uso? ¿Me obsesionan las noticias mundanas, el materialismo, la comodidad, la frivolidad? En definitiva, ¿soy un buen cristiano en mi casa?

Estas son las respuestas que Dios demanda en este tiempo de visitación del Espíritu Santo. El pastor Donald Exley, en su artículo en la revista *Mountains Movers*, se refiere a esto: «El avivamiento en Argentina ha traído una renovada hambre de Dios que se pone en evidencia en las lágrimas de arrepentimiento que son derramadas por pastores y laicos por igual. El énfasis en la santidad personal ha hecho que mucha gente cambie su estilo de vida. Se gasta menos tiempo mirando la televisión. Los pastores hablan de las horas pasadas en oración y de un nuevo gozo en el ministerio».

Debemos tomar decisiones concretas y firmes. Los israelitas debían arrancar las piedras contaminadas, raspar sus casas por dentro y derramar este barro fuera de la ciudad (Levítico 14.40-41). Hay que sacar la contaminación. Para ello, debemos arrepentirnos y decidir el comienzo de una nueva etapa. Recuérdalo, estas son decisiones prácticas que cambiarán la atmósfera espiritual de tu hogar, comenzando por tu propia vida. Levítico 14 nos relata que en los ritos de purificación era ofrecida una avecilla en expiación y sacrificio, mientras que otra era liberada. El simbolismo es muy claro: Dios es amplio y misericordioso para perdonarnos y nos da libertad para vivir un nuevo tiempo de gloria en nuestra casa.

## El año agradable del Señor

Permíteme darte unas palabras de aliento. A menudo oímos las demandas de la Palabra de Dios, y no tomamos en cuenta la maravillosa gracia que nos capacita para cumplirlas. La vida cristiana victoriosa y la santidad se alcanzan solo por la gracia de Dios. Si le hemos fallado al Señor, si hemos concluido que sus demandas son demasiado altas y nos frustramos de solo pensarlo, necesitamos una revelación acerca de la gracia divina.

Una historia bíblica que nos ayuda a comprender mejor el significado de la gracia de Dios, la encontramos en 2 Samuel 9.1-13. El rey David le preguntó a sus súbditos; «¿Ha quedado alguno de la casa de Saúl, a quien haga yo misericordia por amor de Jonatán?» (v. 1). La respuesta le llegó por un sievo de la casa de Saúl, llamado Siba: «Aún ha quedado un hijo de Jonatán, lisiado de los pies» (v. 3). Este hijo de Jonatán, llamado Mefi-boset, vivía en un lugar apartado, en Lodebar. La situación de este hombre era desesperante. Como descendiente de Saúl, lo había perdido todo: su buen nombre, su fortuna, su familia. Incluso legítimamente podía temer por su vida, pues en aquellos tiempos era usual que el nuevo rey ejecutase a toda la descendencia del rey depuesto. Podemos imaginarlo escondido en un lugar solitario, cargando con su penosa enfermedad y sin esperanzas. Pero alguien se acordó de él.

El rey había preguntado: «¿Ha quedado alguno de la casa de Saúl, a quien haga yo misericordia por amor de Jonatán?» David no puso requisitos. Él dijo «alguno». Siba, en su informe, le aclaró: «Es lisiado de los pies». Era más o menos lo mismo que haber dicho: «Queda uno, pero no sé si te va a gustar. Tal vez no sea muy elegante tenerlo en la corte real». Pero David, tipificando al Rey de reyes, tenía hecho un pacto de misericordia. Se interesó en aquel hombre más allá de su dolorosa situación. «¿Dónde está?» inquirió (v. 4).

En estos días, desde su glorioso trono, Dios sigue buscando hombres y mujeres que quieran acogerse a los beneficios de su gracia. Él ha hecho un pacto de misericordia en la cruz del Calvario, y no está dispuesto a quebrarlo. Ha decidido amarnos más allá de todo. Al igual que David en relación con Mefi-boset, Él nos quiere sentar en su mesa como hijos amados. ¡Qué maravilloso es pensar que estamos comiendo de la misma mesa que comieron Elías, Eliseo, Moisés, Pablo, Pedro! Y en las bodas del Cordero, veremos a estos grandes siervos de Dios cara a cara, sentados en la misma mesa que nosotros. Los ángeles en los cielos, mirando nuestras debilidades, podrían decirle al Padre celestial: «Señor, estos afearán tu trono». Pero Dios, que llama a las cosas que no son como si fueran, nos mira con otros ojos. Él nos mira con los ojos de la fe y la misericordia.

Las primeras palabras que David le dirigió a Mefi-boset fueron: «No tengas temor» (v. 7). Mefi-boset se consideraba «un perro muerto» (v. 8). Muchos piensan que están impedidos para vivir un vida cristiana victoriosa. Se sienten frustrados, deprimidos y con sentimientos de condenación. Satanás los acusa diciéndoles que jamás merecerán el favor de Dios. Y la verdad es que jamás lo mereceremos. ¡Pero Dios quiere dárnoslo, porque nos ama! Por eso, Él nos invita en su Palabra: «Acerquémonos, pues, confiadamente al trono de la gracia, para alcanzar misericordia y hallar gracia para el oportuno socorro» (Hebreos 4.16).

Quiero animarte a poner por obra la Palabra de Dios. Deseo exhortarte a tomar las decisiones correctas para recibir la unción de Dios, y que esta permanezca sobre tu vida. ¡Es el año agradable del Señor! Es el tiempo de Dios.

# capítulo diez

# La unidad como señal del avivamiento

*Por Carlos Mraida*

Los teólogos y misionólogos no terminan de acordar una definición de avivamiento. Es más, ni siquiera coinciden en la descripción del fenómeno espiritual que resulta de un avivamiento. Lo que algunos llaman avivamiento, otros no lo consideran como tal y prefieren hablar de renovación, restauración, reforma, despertamiento, o algún otro nombre. Para algunos el *locus* (el lugar propio) del avivamiento es la iglesia. Quienes sostienen esto argumentan que solamente se puede avivar o reavivar lo que alguna vez tuvo vida. Otros, en cambio, creen que no es la iglesia, sino el mundo el lugar para el avivamiento.

Seguramente la discusión y la discrepancia continuarán. Pero más allá de cuál sea la posición de cada uno, es evidente que para la mayoría de los cristianos, hablar de avivamiento involucra, por lo menos, a personas que se vuelven masivamente a Dios. Si esto es así, hay un requisito para todo avivamiento, requisito que ya fue anticipado por el propio Señor Jesús.

Los últimos momentos de la vida de Jesucristo sobre la tierra, estuvieron marcados por una dramática preocupación. Esta inquietud se vió exteriorizada en una oración, que salió de lo más profundo de su corazón: « ... que también ellos sean uno en nosotros; para que el mundo crea que tú me enviaste. La gloria que me diste, yo les he dado, para que sean uno, así como nosotros somos uno. Yo en ellos, y tú en mí, para que sean perfectos en unidad, para que el mundo conozca que tú me enviaste» (Juan 17.21-23). Esto era mucho más que el sentir de un maestro que experimenta el dolor de la separación, al tener que despedirse de sus discípulos. Su oración expresaba su deseo más profundo, que sus discípulos y quienes serían sus seguidores, fuesen uno. Y su deseo estaba en consonancia con la voluntad de su Padre.

En Argentina, el Espíritu Santo ha generado, desde hace algunos años, un mover de unidad hermoso entre los pastores de todas las denominaciones. En cada ciudad ha ido creciendo la comunión entre los siervos del Señor de distintas denominaciones y tradiciones eclesiales. Los fantasmas han ido desapareciendo, la confianza se ha incrementado, y el espíritu de unidad ha crecido de manera llamativa. Este crecimiento en la unidad coincide con el crecimiento notable del evangelio en Argentina. Es decir, la unidad ha sido base para el avivamiento y, a su vez, ha sido una señal del mismo.

Hay algunos conceptos vitales que se han ido internalizando en la conciencia colectiva de la iglesia argentina, y que han fortalecido la unidad. Quiero destacar algunos que considero esenciales a modo de decálogo.

## La iglesia de la ciudad

La Iglesia de Jesucristo se define, desde una perspectiva bíblica, en una doble dimensión: universal y local. Su carácter universal nos indica que la Iglesia es el pueblo de Dios que Él ha venido formando y por medio del cual ha estado actuando en la historia. Esta Iglesia incluye a todos los creyentes en Jesucristo, en todo tiempo y en todo lugar. Esta iglesia universal se hace visible en comunidades locales. La iglesia local es la encarnación del evangelio en una realidad, en una cultura, en un pueblo y en un contexto geográfico particulares.

Necesitamos recuperar el significado bíblico de localidad, en relación directa con el fortalecimiento de la unidad. En la Palabra de Dios podemos percibir claramente el concepto de la iglesia de la ciudad. En cada ciudad no hay muchas iglesias, sino una sola iglesia. Se nos habla de la iglesia que estaba en Jerusalén (Hechos 8.1; 15.4), la iglesia que estaba en Antioquía (13.1), la iglesia de Dios que estaba en Corinto (1 Corintios 1.2 y 2 Corintios 1.1), la iglesia de los tesalonicenses (1 Tesalonicenses 1.1; 2 Tesalonicenses 1.1). Nótese que siempre la referencia es a una iglesia en cada ciudad. Cuando los destinatarios son los creyentes, no de una ciudad sino de una región, entonces la referencia es en plural (las iglesias de Macedonia, 2 Corintios 8.1; las iglesias de Galacia, Gálatas 1.2; las iglesias de Judea, Gálatas 1.22; las siete iglesias de Asia, Apocalipsis 1.4). Pero siempre se usa el singular para hablar de la iglesia en una ciudad.

Esto no significa necesariamente la unidad estructural o la creación de una súperiglesia. La idea tampoco es la de abolir las denominaciones. El énfasis está más bien en una sola iglesia, formada por diversas congregaciones, con sus respectivas tradiciones, convicciones, matices y características, pero que trabajan juntas en favor de un mismo proyecto de misión, compartiendo recursos, liderazgo, y uniendo sus fuerzas.

La ciudad es el ámbito bíblico que define el carácter local de la iglesia, su localidad. Lo que se percibe en el Nuevo Testamento, entonces, es una iglesia con una misión en cada ciudad.

## El presbiterio de la ciudad

Si en cada ciudad hay una iglesia, en cada ciudad hay un presbiterio. El mismo está integrado por todos los pastores de las distintas congregaciones que forman la única iglesia de la ciudad. Este presbiterio se hace visible mediante lo que se ha ido llamando en Argentina, el Consejo Pastoral de la ciudad. Los diferentes consejos pastorales de cada ciudad están haciendo una tarea que, en la práctica, se dirige a la recuperación de este concepto de iglesia de la ciudad. La unidad en el liderazgo derriba las barreras de separación, crea un clima de confianza mutua, y se proyecta a toda la iglesia y fundamentalmente a su misión.

La creación en la mayor parte de las ciudades de Argentina de consejos pastorales es una obra maravillosa del Espíritu Santo.

Existen al presente más de doscientos consejos pastorales en el país, y cada año se organizan varios más. Este proceso de marcada orientación hacia la unidad del liderazgo de la iglesia no es el resultado de la visión de un hombre, ni del trabajo de una comisión. De forma espontánea, o para ser más precisos, de manera «neumática», han ido surgiendo estos diversos consejos en las distintas ciudades y pueblos de Argentina.

Los consejos pastorales cumplen su función en una triple dirección: hacia los pastores, hacia la iglesia, y hacia la ciudad. En su función hacia los pastores, el consejo pastoral apunta a la integración de todos los siervos de Dios de la ciudad a una comunión estrecha y amorosa. El consejo pastorea a los pastores. Disciplina y restaura a quienes lo necesitan. Dispone el ámbito adecuado de unidad, comunión y oración, que ayuda a superar la conocida y sufrida «soledad pastoral» o ministerial.

En su dirección eclesial, apunta a las distintas congregaciones para que tomen conciencia de su realidad como iglesia una. Sus programas ayudan a que las congregaciones locales disfruten de la diversidad y riqueza del Cuerpo de Cristo. Las anima también a que aprovechen y compartan la multiplicidad de recursos que la iglesia una tiene. Las exhorta para que, sentadas en la misma mesa de la comunión, celebren juntas la presencia de Cristo en la ciudad y anuncien su inminente regreso en gloria.

En su dirección hacia la ciudad, el consejo pastoral asume la autoridad y el gobierno espiritual de la ciudad. Reconoce su problemática y busca soluciones. Ejerce su voz profética de denuncia de las injusticias que se viven en la ciudad, y hace oír con denuedo el anuncio de la presencia del Reino de Dios. Ora y se pone en la brecha intercediendo por la ciudad y sus habitantes. Influye y permea con los valores del Reino las distintas estructuras sociales y políticas de la ciudad. Y, sobre todas las cosas, busca la visión de Dios para la ciudad toda, y desarrolla una estrategia misionera común, que verdaderamente impacte a la ciudad con el evangelio de Jesucristo.

## Las redes apostólicas

También por obra del Espíritu Santo, se ha ido modelando un paradigma nuevo en muchas partes de Argentina. Es el resurgimiento de un ministerio apostólico y el ejercicio del don carismático que lo acompaña. No se trata de una nueva estructura denominacional. Tampoco el apóstol es un funcionario eclesiástico. Lo que Dios está haciendo en buena parte del pueblo evangélico argentino es tejer redes de ministros, ministerios e iglesias, a partir de una visión común. El propósito de este proceso es cumplir con la misión en unidad.

Estas redes generalmente se van urdiendo a través de la figura de uno o más apóstoles. Se trata de sievos del Señor a quienes sus pares le reconocen autoridad espiritual, respaldo ministerial y sobre todo una gran capacidad para captar la visión de Dios para su tiempo y transmitirla a los demás. El apóstol no es alguien que se impone por la vía del mando, sino que es reconocido por su autoridad espiritual. No es alguien que ejerce influencia sobre los demás por medio de la fuerza de una estructura, sino un siervo a quien sus consiervos se sujetan voluntariamente en lo espiritual.

Hay un fenómeno nuevo en la mentalidad pastoral de muchos siervos en Argentina. Los pastores no quieren más ministrar en soledad. Toman la iniciativa y buscan la cobertura espiritual y pastoral en un consiervo, a quien se sujetan espiritualmente para recibir consejo, visión, corrección, estímulo, oración, y ministración. Este es un elemento altamente significativo, que está siendo de tremenda bendición en este tiempo. Lo es, porque rompe con dos extremos peligrosos: la dependencia forzada al funcionario denominacional, y la autonomía absoluta del ministro de la iglesia que se mueve de manera independiente, y que no da cuenta a nadie de su vida y ministerio.A su vez, cada una de estas redes apostólicas se une a otras redes, potenciando de una manera increíble la riqueza del Cuerpo de Cristo unido.

## La misión de la Iglesia como medio y como fin

Lamentablemente, una y otra vez los cristianos a lo largo de estos veinte siglos, hemos hecho de todo lo posible para no obedecer la voluntad de Dios y no satisfacer el deseo ferviente de nuestro Señor de que seamos uno.Vivimos dividiéndonos, peleándonos, fabricando día tras día una nueva polémica, para encontrar razones que nos excusen en nuestro pecado de falta de unidad. A pesar de que el imperativo de ser uno es más que claro en las Escrituras que cualquier otro imperativo relacionado con la iglesia, hemos permitido que el espíritu del mundo y de la época nos moldee. Y al hacerlo así, hemos llegado al punto de desobedecer la clara voluntad de Dios.

Uno podría, al hacer un repaso de la historia, ver cómo el espíritu de cada época tomó control de la mente de los cristianos, para encontrar razones que expliquen nuestras divisiones. No tenemos espacio aquí para hacerlo. Pero a modo de ejemplo, quisiera que viéramos cómo esto viene ocurriendo durante los últimos tiempos. En los siglos XVII y XVIII, surgió un movimiento cultural que persiste hasta nuestros días y que recibió el nombre de modernidad. Se pensaba que la razón gobernaba las acciones humanas y la humanidad se dirigía hacia su perfección. La iglesia absorbió el espíritu de la época y tomó el paradigma de la razón para definir su unidad, o mejor dicho, su división. Al privilegiar la razón, se privilegió lo conceptual, lo doctrinal, y lo dogmático. Como resultado, los cristianos continuamos dividiéndonos a partir de conceptos y doctrinas distintas. Si uno era premilenialista y otro amilenialista, esto era razón suficiente para que se dividieran y no pudieran disfrutar de una comunión real y práctica.

Hoy estamos viviendo tiempos de profundas transformaciones. El proyecto de la modernidad está siendo seriamente cuestionado por la realidad misma, dando paso a la llamada posmodernidad. Hoy ya no hay más sistemas cerrados. Ya no se trata más de cerrar, sino de abrir. Hoy los dogmas rígidos y excluyentes van agotando su fuerza seductora. Existe una blandura de pensamiento, una pérdida de confianza en las ideologías duras. La era posmoderna ya no privilegia la razón, sino fundamentalmente la experiencia. La iglesia también está siendo contagiada por el espíritu de esta época. Comparado con lo que ocurría antes, ya prácticamente no peleamos por cuestiones doctrinales o conceptuales. Hoy ya no se discute como ayer, si la salvación se pierde o no, si el bautismo del Espíritu Santo viene con lenguas o no. Hoy hemos aprendido a amar y a trabajar con otros aunque piensen distinto.

Pero en este tiempo, donde la razón ha dado lugar a la experiencia, la iglesia ha comenzado a privilegiar la experiencia no solamente por encima de la razón, sino incluso por arriba de la voluntad de Dios. ¡Y ahora son las experiencias las que nos dividen! Los que están a favor de la unción del Espíritu Santo acompañada de manifestaciones externas se encuentran en oposición a los que no están de acuerdo con esto. Los que están a favor de la «caída en el Espíritu», confrontan la oposición de aquellos que están en contra de tal experiencia. Los que se ríen caminan por una vereda contraria a los que no se ríen. Los que gritan como búfalos son contrastados por los que ni siquiera abren la boca. Los que dan vueltas alrededor de la manzana y hacen mapeos espirituales chocan con los que consideran que todo eso es locura.

Así, pues, en este tiempo posmoderno, lo que nos está dividiendo no son tanto los conceptos o doctrinas, sino las experiencias que vivimos. La iglesia, sujeta al espíritu de la modernidad se dividía por conceptos y doctrinas. La iglesia sujeta al espíritu de la posmodernidad se divide por experiencias. Mientras tanto, la voluntad de Dios, y el deseo y oración de Jesús, siguen esperando.

La Biblia nos enseña la necesidad de discernir y leer bien las señales de los tiempos. Leer las señales no significa adaptarnos a los paradigmas que el mundo nos presenta. Creo que si somos capaces de hacer una lectura adecuada de las señales de los tiempos a la luz del Espíritu Santo, podremos encontrarnos con un nuevo paradigma que nos ayude en el proceso de la unidad. Olvidémonos de los modelos de la modernidad y de la posmodernidad, que nos han estado permeando y dividiendo con sus ideales de la razón y de la experiencia, respectivamente. Hoy es tiempo de leer las señales de nuestro tiempo y darnos cuenta de la existencia de una realidad emergente, que levanta un nuevo paradigma. Se trata del paradigma escatológico. Si somos capaces de leer las señales de los tiempos y darnos cuenta del inminente regreso del Señor, entonces nuestro eje de unidad-división dejará de ser la razón con sus conceptos y doctrinas, y tampoco será la experiencia con su atracción emocional y entusiasta.

Estoy convencido que nuestro eje de unidad debe ser la misión. Mientras la razón o la experiencia sean nuestros centros en torno a los cuales gire la vivencia eclesial, nos vamos a seguir dividiendo. Mientras que cada uno siga considerando que lo que piensa o lo que experimenta es su metro patrón para medir a los demás, no podrá haber unidad. Mientras yo considere que los que no se adaptan a mis doctrinas o a mis experiencias están fuera del Reino o de la voluntad de Dios, habrá división. Y la habrá, porque siempre existirán otros que piensen distinto y habrá otros que tengan experiencias diferentes a las mías. Estos hermanos «diferentes» se convertirán inmediata e inevitablemente en mis adversarios, cuando no en mis enemigos. Pero cuando estamos en misión y bien comprometidos con los propósitos redentores de Dios en Cristo, somos conscientes de que el enemigo no es nuestro hermano, sino Satanás y sus obras. Es entonces que podemos unirnos para trabajar juntos y ganar el mundo para Cristo. ¡Porque si somos uno, el mundo creerá!

## Hacia un cristianismo posdenominacional

Es necesario hacer una distinción entre iglesia y denominación. Howard Snyder hace una excelente diferenciación. A continuación, mencionamos algunos de sus conceptos.[1]

La iglesia es parte del vino nuevo del evangelio, pero las denominaciones son solamente odres. Mientras que la esencia de la iglesia es permanente, las denominaciones son formas en que la Iglesia se ha estructurado históricamente para el cumplimiento de su misión. La Iglesia es creación de Dios, pero las denominaciones son una creación humana. La Iglesia es un hecho espiritual, mientras que las denominaciones son un hecho sociológico. La Iglesia es interculturalmente válida, mientras que las denominaciones son culturalmente limitadas. La Iglesia debe ser entendida y evaluada bíblicamente. Las denominaciones son sociológicamente entendidas y evaluadas. La Iglesia manifiesta su relevancia y validez por sus cualidades espirituales y su fidelidad a las Escrituras. La validez de las denominaciones, por tratarse de meras estructuras, está dada por su funcionamiento en relación con la misión de la iglesia. La Iglesia tiene un carácter esencial y eterno, mientras que las denominaciones son transitorias y temporales. La Iglesia es el resultado de la revelación divina, mientras que las denominaciones son

---

1     Véase Howard Snyder, *La comunidad del Rey*, Editorial Caribe, Miami, 1983, pp. 190-197.

el fruto de la tradición humana. El propósito de la Iglesia es glorificar a Dios, mientras que el de las denominaciones es servir a la iglesia.

Al comprender que las denominaciones no son en sí mismas la iglesia, sino estructuras culturalmente determinadas, las controversias denominacionales pierden su urgencia y se transforman en algo meramente secundario. Las diferencias denominacionales pasan a un segundo plano, el de la relatividad cultural e histórica, para priorizar y concentrarse en aquello que une, es decir, la afirmación de que la iglesia es un pueblo con una misión.

Es mi convicción personal que caminamos hacia un cristianismo postdenominacional. Esto no significa el rechazo o la renuncia a la riqueza de cada una de las tradiciones denominacionales, sino más bien la posibilidad de misionar juntos desde nuestras tradiciones particulares, pero sin barreras que nos separen. Las grandes diferencias que nos dividían, lentamente van desapareciendo o al menos son cada vez más puestas de lado, en favor de la misión.

La homogenización es cada día mayor. Por lo menos cuatro fenómenos han ayudado para esto. El primero es el de la evidente «pentecostalización» del cristianismo de nuestro continente. Hoy cualquier congregación de cualquier denominación es más pentecostal que hace veinte años atrás. El segundo fenómeno es el de una mayor «formalización» de las iglesias pentecostales. Hoy cualquier iglesia pentecostal-carismática es más protestante-evangélica que hace veinte años atrás. El tercer fenómeno es el del desplazamiento del centro de la actividad eclesiástica de lo formativo (Escuela Dominical o escuela de educación cristiana, o sus variantes denominacionales) a lo cúltico. El centro ya no está más puesto en lo doctrinal o conceptual, sino más bien en lo vivencial. El cuarto fenómeno es el de las iglesias que con mucha fuerza hoy ocupan espacios de influencia en nuestro continente, y que son el resultado de cruce y combinación de líneas denominacionales. Así, por ejemplo, una iglesia evangélica en Argentina puede sostener una doctrina calvinista como los reformados, ser de corte carismático como los pentecostales, con un gobierno de tipo episcopal como los anglicanos, pero que bautizan a personas regeneradas como los bautistas, y con una conciencia social sensible como los metodistas.

Estas congregaciones, algunas de ellas independientes y otras pertenecientes a líneas denominacionales específicas, son las iglesias que más crecen y, en consecuencia, son las que ejercen una gran influencia sobre el resto de las congregaciones en el país.

## Una Iglesia sin muros

Según Pablo, la obra realizada por Cristo en la cruz incluyó el derribar la pared intermedia de separación (Efesios 2.14). El apóstol tiene en mente la estructura arquitectónica del templo en Jerusalén. Este templo tenía tres atrios en un mismo nivel. Estaba el atrio de los sacerdotes, el atrio de los laicos varones y el atrio de las mujeres. Si uno descendía de esa gran plataforma unos cinco escalones se encontraba con una muralla, y luego, si se desviaba otros cuatro escalones más abajo, entonces había otra pared y detrás de esa pared recién estaba el atrio de los gentiles. Desde allí los gentiles podían ver el conjunto del templo, pero no podían acercarse al mismo. Estaban separados por una pared de aproximadamente un metro y medio de espesor. Y esa pared tenía pilares separadores de manera equidistante, que tenían carteles que decían, entre otras cosas, que el que cruzase esa pared iba a ser responsable de su propia muerte, ya que de hacerlo iba a contaminar con su presencia el templo del Señor. De manera definitiva, un gentil no podía penetrar al recinto del templo. Pero, esa pared fue derribada por Cristo, que de ambos pueblos (judío y gentil) hizo uno. Si somos sinceros, tenemos que reconocer que nosotros hemos ido levantando nuevos muros, nuevas murallas que nos dividen y discriminan. Esa pared de separación entre los hombres fue derribada por Cristo, pero nosotros levantamos nuevas paredes. Cuando Zacarías habla de la iglesia del avivamiento, dice que un joven salió corriendo a medir esa iglesia, a ver la dimensión que tenía, y un ángel corrió detrás de él a detenerlo, y le dijo que se detuviera y no midiera. Dice textualmente la Biblia: «Sin muros será habitada a causa de la multitud de hombres» (Zacarías 2.4). Y más adelante agrega: «Y yo seré para ella, dice Jehová, muro de fuego en derredor, y para gloria estaré en medio de ella» (Zacarías 2.5).

Como indica Zacarías, solo habrá avivamiento y resultará una iglesia de multitudes, si en ella no hay paredes. Para que la iglesia crezca y viva un poderoso avivamiento de Dios es necesario que los muros de división se derrumben. Por eso, debemos comprometernos a que el único muro que tenga la iglesia de Jesucristo sea este muro del que habla Zacarías: el muro de fuego en derredor, que es el muro de la presencia del Señor, para que su gloria esté en medio de ella.

En Argentina estamos comenzando a vivir y experimentar el surgimiento de este tipo de iglesia sin muros humanos. Los niños, adolescentes y jóvenes, a quienes Dios está usando para un avivamiento sin precedentes entre nosotros, tienen este sentir. Ellos están levantando una iglesia sin muros en Argentina. Sus reuniones masivas en ocasión de congresos, encuentros, recitales de música cristiana o conciertos de alabanza, ponen de manifiesto que no les preocupa demasiado cuestiones como la identidad denominacional, la pertenencia a tal o cual iglesia local, o su filiación a una determinada tradición histórica.

## Unidad en la diversidad

Cristo creó un solo pueblo. Por medio de Cristo y en Cristo somos un nuevo y único pueblo. No solo desapareció la pared judío-gentil, sino que desaparece cualquier otra pared de invención humana. La Palabra de Dios asegura que en Cristo: «no hay griego ni judío, circuncisión ni incircuncisión, bárbaro ni escita, siervo ni libre, sino que Cristo es todo, y en todos» (Colosenses 3.11). Gálatas 3.28 dice: « ... porque todos vosotros sois uno en Cristo Jesús». No es que hayan desparecido las diferencias. Cuando la Biblia dice que ya no hay varón ni mujer, no es que todos son de un mismo sexo. Lo que dice es que los hombres siguen siendo hombres y las mujeres siguen siendo mujeres, pero esto no discrimina a unos u otros frente al Señor. Algunos de nosotros tenemos una visión de la iglesia y otros tienen otra, pero delante de Cristo somos uno. No estamos negando las diferencias. No somos ingenuos ni desconocemos la realidad. No pretendemos tampoco abolir las diferencias, porque las diferencias nos enriquecen y nos valorizan. Pero sí afirmamos la unidad en la diversidad. Esta afirmación evangélica de la unidad en la diversidad va ganando un espacio creciente en la conciencia colectiva de los evangélicos argentinos.

## La naturaleza del vínculo

En la epístola a los Efesios, Pablo afirma que Cristo hizo la paz aboliendo cualquier enemistad, porque Él es nuestra paz (Efesios 2.14-15). En el capítulo 4, Pablo dice que tenemos que estar «solícitos en guardar la unidad del Espíritu en el vínculo de la paz» (v. 3). La unidad del Espíritu solo se puede guardar en el vínculo de la paz. Notemos que no dice «en el vínculo de la verdad». Es imposible guardar la unidad del Espíritu en el vínculo de la verdad, porque la realidad es una apreciación absolutamente subjetiva. Lo que para mí es la verdad quizás no lo es para otro, o por lo menos, no lo es de la misma manera. Así que, si estamos unidos por el vínculo de la verdad, cuando yo no tengo la misma verdad, los mismos conceptos o las mismas experiencias que tiene el otro, entonces nuestro vínculo se rompe y nos tenemos que separar. Nuestro vínculo no es nuestra teología ni nuestro dogma, nuestra doctrina o nuestra práctica, sino que el vínculo que nos liga unos a otros como hijos de Dios es la paz. Lo que nos une no es que todos creamos igual, que todos tengamos las mismas experiencias espirituales, o profesemos la misma verdad. Lo que nos une es la paz.

Y, ¿quién es la paz? Cristo es nuestra paz. El que nos une es Cristo. Ninguna cosa puede ser más fuerte que Él, de modo que nos dividamos. Muchas de nuestras divisiones hablan del valor que le damos nosotros a Cristo. No nos damos cuenta de esto, pero ponemos como cosa más valiosa y más importante mi verdad que a Cristo mismo. Ninguna cosa puede ser más fuerte que Cristo, porque lo que nos une es lo máximo. Lo que nos une es la plenitud de Aquel que todo lo llena en todo.

Lo que sí debemos hacer es estar solícitos en guardar esa unidad y en privilegiar el vínculo que es Cristo, sobre cualquier concepto y experiencia que nos divida. Esto no significa renunciar a mi interpretación, a mi dogma, a mi experiencia, a lo que yo creo que es mi verdad. Pero sí significa que creyendo eso que creo, puedo amar de todos modos al que cree diferente. Porque más importante que mi hermenéutica, que mi teología, que mi ideología, es Cristo en mí y Cristo en cada uno de los demás creyentes.

## La división es una obra de la carne

Pareciera una verdad obvia afirmar que las divisiones son obras de la carne. Sin embargo, cuando pensamos en las excusas que presentamos para disimular nuestros pecados de división, terminamos convencidos de la necesidad de afirmar que las divisiones solamente se explican como obras de la carne.

Si la obra de Cristo en la cruz fue perfecta, y creemos que es así, nos guste o no somos parte de un mismo cuerpo. En la mentalidad bíblica no cabe el pensamiento dual de que podemos ser espiritualmente un cuerpo, aunque estemos todos peleados entre nosotros. La idea de que podamos estar divididos y ser como un cuerpo todo desintegrado, es totalmente ajena al concepto bíblico. Cuando Pablo dice que en la cruz el Señor nos reconcilió con el Padre en un solo cuerpo, está hablando de un solo cuerpo: un cuerpo espiritual y un cuerpo en la realidad cotidiana e histórica. Somos un cuerpo, y las divisiones no son otra cosa que lo que para mi cuerpo físico sería una amputación. Ninguno de nosotros quiere que le amputen alguna parte de su cuerpo. Con las mismas fuerzas deberíamos negarnos a amputar el cuerpo de Cristo, que es la iglesia. Cuando nos dividimos hacemos inútil el sacrificio de Cristo en la cruz, que apuntó a reconciliarnos en un solo cuerpo. Pisoteamos la sangre de Cristo cuando nos dividimos.

No existen las divisiones buenas. Espiritualmente hablando, la única causa para nuestras divisiones no es que pensemos una cosa o la otra. La razón fundamental de nuestras divisiones es nuestra carnalidad. Por eso, Pablo afirma que las divisiones son obras de la carne (Gálatas 5.19-21). Es un grande y grave error espiritual creer que puede haber divisiones que sirvan al avance del reino de Dios o creer que las iglesias crecen cuando se dividen. En la cruz, Cristo fue muerto; pero en la cruz Cristo también mató nuestras enemistades. En la cruz fuimos juntamente muertos con Cristo, pero es en la cruz donde debemos crucificar las obras de la carne, entre ellas las divisiones.

## La prioridad de la ortocardía

Cristo nos dio a todos entrada al Padre por un mismo Espíritu. El

Espíritu que mora en cada uno de nosotros dice «¡Abba, Padre!» El que mora en mí dice: «¡Abba, Padre!» El espíritu que mora en el hermano de otra congregación, con conceptos y prácticas diferentes a las mías, si es un hijo de Dios, dice: «¡Abba Padre!» Y si él tiene el mismo Padre que yo, entonces somos ¡hermanos!

Y si somos hermanos, ¡no lastimemos más el corazón de nuestro Padre! Con mi esposa tenemos dos hijos, Gabriel y Florencia. Lo que más me produciría dolor es que cuando ellos crezcan y sean adultos estén enemistados, separados, divididos. ¡Qué triste me pondría si escuchase que Gabriel habla mal de Florencia! ¿Qué le pasará al corazón de Dios cuando escucha que nosotros criticamos a los de la otra congregación, o que los de la otra denominación nos critican a nosotros? ¿Qué sentirá el corazón de Dios?

En Génesis se nos cuenta lo que siente el corazón de Dios. En el capítulo 3 habla del pecado del hombre y de la mujer. El capítulo 4 nos relata cómo Caín, después de un culto de adoración, y de haber entregado ofrendas a Dios, por envidia mató a Abel, su hermano. Luego viene la genealogía de Adán, y en el capítulo 6, la Palabra de Dios asegura que era tan grande el pecado de la humanidad, que le dolió el corazón a Dios. Hoy somos más conscientes que nunca de que necesitamos ministrar sanidad interior a las personas, sanidad del corazón. Pero la sanidad interior más urgente no es la de nuestro corazón, sino la del corazón de nuestro Padre celestial, al que hemos herido profundamente con nuestras divisiones y conflictos. Y la única cosa que puede sanar el corazón de nuestro Padre es nuestra unidad.

Por mucho tiempo nos hemos estado preocupando por la ortodoxia, es decir, por sostener una «sana doctrina». Y en nombre de esa sana doctrina, muchas veces hemos lastimado el corazón de Dios, al pelearnos con nuestros hermanos. Más tarde, el énfasis cambió, y nuestra preocupación fue por tener una ortopraxis, es decir, por sostener una práctica cristiana comprometida y sana. Y en nombre de esa ortopraxis nos hemos enfrentado con nuestros hermanos, hiriendo el corazón del Padre. Por cierto, sin descuidar la preocupación por la ortodoxia y la ortopraxis, creo que debemos prestar más atención a una ortocardía, es decir, debemos procurar que nuestro corazón sea un corazón correcto. Y nuestro corazón es correcto y el adecuado cuando somos capaces de guardar solícitos el vínculo de la paz con todos nuestros hermanos. Lo contrario a la ortocardía es la esclerocardía. Así diagnosticó Jesús en varias oportunidades a sus seguidores: duros de corazón. Pero un corazón sano, sana el corazón de Dios.

## Una palabra final

Quiero terminar con un excelente comentario de John Stott:

> La nueva sociedad que Dios ha hecho no es nada menos que una creación nueva, una raza humana nueva, cuya característica ya no es la alienación, sino la reconciliación, no la división y la hostilidad sino la paz y la unidad. Esta nueva sociedad es la que Dios gobierna, ama y vive. Cuando nos volvemos del ideal retratado en las Escrituras a las realidades concretas experimentadas en la iglesia de hoy, vemos una historia muy diferente y muy trágica. Porque a menudo en la misma iglesia hay alienación, desunión y desacuerdo. Los cristianos erigen barreras nuevas en lugar de las viejas que Cristo ha demolido. Barreras de color o racismo, nacionalismo o tribalismo o animosidades personales, engendradas por orgullo, prejuicio, celos y por la falta de espíritu de perdón, o en sistemas divisorios de casta o de clase, o un clericalismo que separa al clero del laicado como si fueran seres humanos distintos, o un denominacionalismo que transforma las iglesias en sectas y contradice la unidad y universalidad de la iglesia de Cristo. Estas cosas son doblemente ofensivas: primero son una ofensa hacia Jesucristo. ¿Cómo nos atrevemos a levantar paredes de separación en la única y sola comunidad en la que Él las ha destruido? En segundo lugar, lo que ofende a Cristo, también ofende, aunque de un modo diferente, al mundo. Pone tropiezos para que el mundo pueda creer en Jesús. Dios intenta que su pueblo sea un modelo visual del evangelio para demostrar ante los ojos de la gente las nuevas buenas de reconciliación. ¿Para qué son sino las campañas de evangelización, si no producen iglesias que viven el evangelio? Resulta sencillamente im-

posible si se tiene una pizca de integridad cristiana continuar proclamando que Jesucristo, en su cruz, abolió las antiguas divisiones y creó una nueva comunidad de amor, mientras al mismo tiempo contradecimos nuestro mensaje, tolerando barreras raciales u otras dentro de la comunidad de la iglesia. Necesitamos tomar conciencia de las fallas de la iglesia, sentir que ellas son una ofensa a Cristo y al mundo. Llorar por la distancia entre lo que la iglesia dice y sus caminos. Arrepentirnos de nuestra prontitud para excusar y aun aprobar nuestros fracasos y proponernos hacer algo acerca de ello. Me pregunto si hay otra cosa que sea más urgente hoy por el honor del nombre de Cristo y por la extensión del evangelio que la iglesia sea lo que debe ser cumpliendo el propósito de la obra de Cristo: una única humanidad nueva; un modelo de comunidad humana; una familia de hermanos y hermanas reconciliados que aman a su Padre y que se aman unos a otros. La marca evidente de Dios por su Espíritu. Solo entonces el mundo creerá que Cristo es el pacificador; solo entonces Dios recibirá la gloria debida a su nombre.[2]

Muchos discuten si Argentina vive o no un avivamiento. Quienes piensan que no, también afirmarán que la unidad de los pastores y de la iglesia argentina es algo por lograr. Personalmente creo que la discusión es estéril. Y me permito sugerir que debemos encuadrar el análisis del tema en su marco escatológico. Cuando hablamos de avivamiento no estamos haciendo referencia a un mover como los que podemos ver en la historia del cristianismo, es decir, un avivamiento local y temporal. Por el contrario, estamos hablando del último gran avivamiento, la lluvia tardía de Joel, el derramamiento de la obra del Espíritu Santo sobre toda carne.

Si entendemos lo que Dios está haciendo en Argentina y en otros lugares del continente como primicias de lo que hará en todo el mundo, nuestra perspectiva cambia. Al encuadrar lo que está sucediendo en un marco escatológico, al considerarlo como el último

---

2   John Stott, *La nueva humanidad*, Editorial Certeza, Downers Grove, 1987, pp. 107-108.

gran avivamiento en la historia antes del regreso triunfal de Cristo, entonces nuestra visión es distinta y hace estéril la discusión. Porque como todo lo escatológico, se trata de algo que es «ya pero todavía no». En Argentina ya hay un avivamiento, porque nadie puede negar el mover del Espíritu Santo y su fruto. En Argentina todavía esperamos el gran avivamiento, con su cumplimiento completo. En Argentina ya hay unidad como fruto de ese avivamiento que tenemos. En Argentina todavía falta que lleguemos a ser «perfectos en unidad».

Por lo que Dios ya nos dio nos gozamos y nos atrevemos a compartir con los hermanos de otras latitudes estos diez principios que hemos enumerado. Por lo que todavía no hemos alcanzado, nos arrepentimos, y humillados clamamos a Dios por más de su obrar para nuestra unidad, de forma tal que el mundo crea.

# Dejando correr los manantiales de avivamiento

por Edgardo Silvoso

*Edgardo Silvoso es presidente de Evangelismo de Cosecha, en la ciudad de San José, California. El sirve también como coordinador de la División de Evangelismo de Oración en la Pista de Oración Unida del movimiento AD 2000. Su libro,* Para que nadie perezca, *ha sido de gran influencia sobre líderes cristianos de muchos continentes. Nativo de Argentina, Edgardo ha provisto de un puente muy importante entre el avivamiento en Argentina y Norteamérica y muchas otras naciones del mundo. Además, él ha sido uno de los profetas más sensibles y de análisis más preciso de este avivamiento, incluso con anterioridad a su surgimiento. Su Instituto Internacional de Evangelismo de Cosecha, que se celebra anualmente, ha sido el medio principal para facilitar a personas no argentinas a ver y participar en el avivamiento de manera directa.*

El estadio de fútbol de Vélez Sarsfield, uno de los más grandes en Buenos Aires, estaba colmado con 55.000 jóvenes. La ocasión no era un concierto de rock o un partido por la Copa del Mundo, sino más bien un llamado a la santidad. ¡Sí! Todos esos jovencitos estaban de rodillas pidiendo perdón por sus pecados y prometiendo delante de Dios y de sus amigos que, de ahora en adelante, iban a vivir una vida pura. El orador no era Billy Graham o Benny Hinn, ambos muy conocidos por su habilidad de llenar estadios, sino más bien un predicador joven de veinte y tantos años, virtualmente desconocido, llamado Dante Gebel.

Algunos meses más tarde, el mismo estadio estaba colmado de creyentes que representan a todas las denominaciones en Argentina. La razón: una tarde de alabanza y adoración cantando nuevas canciones, que habían llegado a ser una especie de «lenguage común» para la iglesia en Argentina. El que convocaba era un hijo de misioneros que venía de Méjico, Marcos Witt. Su música había hecho furor en Argentina. A pesar de que las 54.000 personas presentes venían de tradiciones eclesiásticas muy diferentes, el sentimiento de unidad y de un propósito común era sorprendente. Cuando la albanza corporativa alcanzó su pico máximo, el estadio entero se transformó en una catedral y la audiencia llegó a ser una parábola viviente de lo que significa el Cuerpo de Cristo.

El fundamento para estos dos eventos había sido colocado unos tres años antes, cuando en el mismo estadio, más de 50.000 creyentes, que representaban a un amplio espectro de la iglesia, se reunieron durante un día en la presencia del Señor. La presencia divina fue tal, que multitudes cayeron sobre sus rodillas para arrepentirse por sus pecados secretos. Esto fue seguido, en muchos casos, por una confesión pública y una restitución costosa. El predicador —si es que hubo alguno, ya que el Espíritu Santo estuvo en el control total del evento— fue un joven pastor local, más bien tímido, que apenas unos pocos años antes había considerado la posibilidad de abandonar el ministerio. Su nombre es Claudio Freidzon. En estos días, Claudio, ahora desbordando de gozo, está conduciendo a multitudes a beber de Jesús.

En la ciudad de San Justo, provincia de Buenos Aires, unas 70.000 personas se reunieron para escuchar a un hombre de negocios, que se hizo predicador. Muchas de ellas habían sido liberadas de opresión satánica y unas cuantas más habían sido curadas milagrosamente de condiciones terminales. Este no era un acontecimiento aislado, sino algo que se estaba transformado en casi una rutina en las ciudades de Argentina. En muchos lugares, decenas de miles de personas se reunían noche tras noche, semana tras semana para oír el evangelio y responder con entusiasmo al llamado a una rendición total a Jesucristo. El predicador, Carlos Annacondia, no es un televangelista, sino el dueño de un negocio de venta de herramientas industriales, en las afueras de la ciudad de Buenos Aires. Él no tiene una educación teológica formal, pero ha llevado a más de un millón de personas a tomar una decisión por Cristo, y muchos de ellos han llegado a ser miembros de iglesia sólidos y líderes en sus congregaciones.

Una dinámica pareja de predicadores apenas había terminado de ministrar en el estadio de la vieja Federación de Box, cerca de la Plaza Once en la ciudad de Buenos Aires. Miles de personas habían colmado el lugar y muchos habían testificado públicamente haber experimentado milagros extraordinarios. Algunos habían sido curados de cáncer, otros habían experimentado la re-creación de órganos, mientras otros habían sido liberados de opresión demoníaca. Esto fue en el año 1988, y la pareja —Omar y Marfa Cabrera— ya estaban acostumbrados a este tipo de reuniones. Todos los meses ellos predicaban, cara a cara, frente a unas 145.000 personas en más de 50 localidades en toda la Argentina. Para hacer eso, viajaban más de 3.000 kilómetros por mes en automóvil y en avión. La mayor parte de estas «reuniones de iglesia» tenía lugar en días de semana, ya que Omar y Marfa y su joven compañía de asociados, solo podían cubrir un puñado de ciudades los domingos. Esta es la razón por la que no es raro que hoy los miembros de la iglesia Visión de Futuro asistan a la iglesia los martes o los miércoles o cualquier otro día de la semana que los Cabrera estén en esa ciudad.

En el invierno de 1993, en un cine del centro de la ciudad transformado en templo, se llevaban a cabo trece cultos diarios. El primero comenzaba a la 1 a.m. y el último terminaba a la medianoche. Durante veintitrés horas, toda clase de gente iba y venía, mientras este cine transformado en templo era usado por más gente en un mes, que en los diez años anteriores cuando funcionaba como una sala cinematográfica. Miles de decisiones se registraban cada día. Según Hilario Wynarczyk, un sociólogo cristiano que estudió el fenómeno, 14.000 personas por día «iban a la iglesia» en este lugar inusual llamado Ondas de Amor y Paz.[1] El líder, Héctor Anibal Giménez, era un laico que había sido drogadicto, ladrón y busca pleitos. En la cúspide de su ministerio, se atribuía una congregación de unas 150.000 personas, entre las cuales había futbolistas famosos, actores de cine, periodistas y gente de negocios, así como también una multitud de gente pobre y humilde de los barrios de emergencia.

## Asamblea Solemne en el Obelisco

Era el 30 de octubre de 1991, y la tasa de inflación en Argentina había trepado a un desvastador 1.460% anual. El país estaba yendo a los tumbos y de crisis en crisis. En el Obelisco, un monumento en el centro de Buenos Aires, que marca un momento histórico ya que recuerda la primera fundación de la ciudad, 18.000 pastores, líderes e intercesores estaban participando de una Asamblea Solemne. A la vista de sus compatriotas argentinos y con el telón de fondo de una manifestación de trabajadores metalúrgicos a unas pocas cuadras, estos hombres y mujeres, que acababan de marchar por el centro de Buenos Aires proclamando el señorío de Jesús sobre la nación, ahora estaban confesando sus pecados y los pecados de sus padres, mientras buscaban el perdón de Dios y oraban por la completa sanidad de su tierra.

Era una vista conmovedora contemplar cómo pastores y pastores se acercaba al micrófono con sus manos en alto, entrelazadas con las de pastores de otras denominaciones, como una manifestación pública de unidad y de interdependencia. Por más de una hora, estos líderes clamaron por el perdón de Dios en el espíritu de 2 Crónicas 7.14. Oraban específicamente para que la maldición de la in-

---

1    Hilario H. Wynarczyk, «Tres evangelistas carismáticos: Omar Cabrera, Carlos Annacondia, Héctor Giménez». Manuscrito no publicado, Buenos Aires, 1989, p. 65.

flación fuese quitada del país. Durante los últimos diez minutos, los 18.000 participantes cayeron de rodillas para pedir perdón por la idolatría de Argentina y para quitarle la nación a la Reina del Cielo —a quien había sido dedicada por los dictadores militares—, y entregarla a los pies de Jesús. Fue un momento conmovedor y poderoso. Pero todavía faltaba lo mejor. En las semanas siguientes, la mano del presidente sería fortalecida e iba a hacer cambios radicales en la estructura política y social de la nación. Un año después, la inflación había caído a un «milagroso» 12% anual. ¡Y tres años más tarde llegó a apenas un 3% anual!

## De Argentina a Australia

Un pastor bautista de Australia había estado estudiando en el Seminario Teológico Fuller, en Pasadena, California. Si bien sus estudios de posgrado estaban yendo bien, muy en lo profundo Red Denton estaba muy desalentado. Tenía un anhelo insatisfecho por la realidad de Dios. Sabía acerca de él, conocía acerca de su libro, la Biblia, pero Rod anhelaba una manifestación de Dios más personal. Estaba tan desalentado, que había decidido que cuando regresara a Australia, no iba a volver al ministerio.

Como un último recurso, decidió visitar la Argentina donde, según había oído, Dios estaba haciendo grandes cosas. En la ciudad de La Plata, fue invitado a predicar en la iglesia del pastor Alberto Scataglini. Allí predicó un mensaje común. Al final del culto, le pidieron que orara por los asistentes. En cuanto impuso manos sobre la primera persona en la fila, Rod sintió el poder de Dios fluyendo a través de él, y segundos más tarde vió su poderoso efecto, cuando la persona sobre la cual estaba imponiendo manos cayó al piso en el poder del Espíritu Santo. Esto resultó ser no un caso aislado, ya que persona tras persona era tocada por Dios cuando Rod oraba por ellas. Aquella noche, en la habitación de su hotel, él cayó de rodillas y dio gracias a Dios por la realidad de su presencia y de su poder. En ese momento y allí mismo, se comprometió a no dejar nunca el ministerio, sino a dedicar su vida para ver a su país ganado para Cristo. Desde entonces, Rod Denton se ha transformado en una figura clave en el esfuerzo por ver las ciudades australianas alcanzadas para Cristo. Sea lo que sea que él experimentó en Argentina, aquello cambió su vida y, a través de él, las vidas de muchos otros.

### De Argentina a Japón

El Dr. Paul Ariga, un prominente líder cristiano japonés, es ahora presidente de un seminario. El viajó a la Argentina en 1993 porque había oído acerca de «algo» extraordinario que estaba ocurriendo allí. Durante el Instituto Internacional de Evangelismo de Cosecha, tomó contacto con los ministerios de Carlos Annacondia, Eduardo Lorenzo, Omar Cabrera, Claudio Freidzon y muchos otros. En el último día, él cayó sobre su rostro mientras pedía por «la unción argentina» para llevarla al Japón. Al día siguiente, abordó un avión con destino a Japón, preñado de esperanza pero también albergando algunas preguntas.

El debate interno de Ariga era que, o bien él había estado expuesto a la mentira más grande jamás predicada o se trataba de la verdad más grande que jamás la iglesia haya descuidado. Entonces decidió probar la autenticidad de lo que vio y experimentó en su viaje a Argentina. En razón de que la intercesión había sido presentada en Argentina como un elemento clave, él dedicó casi un año a reclutar 13.000 intercesores por todo Japón. Luego los contactó por correo, por teléfono y por computadora, para seguir el rastro de cuántas horas de oración habían estado generando. Su meta era tener 180.000 horas de oración por Japón. Mientras él esperaba que se alcanzara su meta, condujo reuniones públicas de oración y arrepentimiento en cientos de lugares en Japón y países vecinos. Unos pocos meses más tarde, se deleitó al descubrir que el número de horas de oración había superado las 350.000 horas. Entonces sintió que había llegado el momento de probar los principios aprendidos en Argentina.

Durante tres días, alquiló un estadio con capacidad para 60.000 personas en la ciudad de Osaka, y convocó en su ayuda a niños intercesores —algo a lo cual él había estado expuesto en Argentina— para que orasen por cada uno de los asientos. Los niños se pasaron 13 horas imponiendo manos sobre cada asiento y pidiéndole a Dios que alguien lo ocupara en cada día. Estos niños pidieron que aquellos que se sentaran allí oyeran la palabra de Dios e hicieran una decisión pública por Cristo.

Entonces Paul Ariga convocó a la iglesia en el área y confrontó públicamente a los poderes del mal «a la Annacondia,» ordenándoles a viva voz que se fuesen de aquellos a quienes Dios había preparado para salvación. Siguió con una campaña de tres días, a la que asistieron unas 122.000 personas, de las cuales 21.000 recibieron a Cristo. Estas son cifras sorprendentes dado que el número total de cristianos nacidos de nuevo en Japón en 1994 era de solo unos 300.000. Para 1997 el número de decisiones a través de su *Misión de Avivamiento para Todo el Japón* había ascendido a 68.000. Paul Ariga declara confidencialmente que lo que él experimentó y recibió en Argentina es lo que ha producido estos resultados.

¿Qué es lo que está pasando en Argentina? Obviamente, se trata de algo extraordinario. Pocos países tienen a evangelistas laicos que ganan almas para Cristo con el éxito con que lo hace Annacondia. También es poco común en otras partes del mundo las decenas de miles de jóvenes que llenan estadios para arrepentirse de sus pecados, o las congregaciones locales que tienen múltiples cultos cada día de la semana a fin de dar lugar a las multitudes de personas nuevas y nuevos creyentes.

## Las nacientes de las aguas

Sea lo que fuere que está pasando, este movimiento argentino ha tenido un impacto significativo en los Estdos Unidos y Canadá a través de dos grandes movimientos del Espíritu de Dios contemporáneos, a los que muchos consideran como avivamientos: la «Bendición de Toronto» y el «Avivamiento de Pensacola.» El primero ha sido instrumental en la renovación y transformación de las vidas de decenas de miles de pastores y creyentes en el mundo de habla inglesa, y el segundo ha tocado a cientos de miles y ha sido testigo de más de 120.000 decisiones por Cristo en poco más de dos años. Ambos movimientos se remontan a lo que ha estado ocurriendo en Argentina durante los últimos 15 años.

La ciudad de Resistencia, en el norte de Argentina, se ha transformado en sinónimo de la «toma de ciudades» en todo el mundo. Más de 200 ciudades en cinco continentes están involucradas en planes para la toma de ciudades «a la Resistencia.» ¿Qué pudo haber ocurrido en esa área marginal de Argentina que pudo afectar a todo el mundo?

Además, algo extraordinario ocurrió en una reunión pública de oración unida en la plaza central de La Plata en el otoño de 1993. Lo ocurrido allí resultó en la construcción de un puente entre Argentina e Inglaterra. Como resultado, se estableció una red de líderes en Inglaterra con el propósito de alcanzar a sus ciudades para Cristo. Solo un evento poderoso y de gran significación podía producir la sanidad entre estas dos naciones que, apenas unos pocos años antes, habían estado involucradas en la desafortunada guerra de las Malvinas.

## ¿Qué es lo que está ocurriendo?

¿Qué es lo que está ocurriendo en Argentina? De manera más específica, ¿qué ha estado sucediendo en los últimos 15 años que haya hecho que esta nación llegue a ser sinónimo de avivamiento, intercesión y toma de ciudades?

Para entender estos eventos y el don redentor que Dios ha dado a la Argentina para que lo pase a las naciones, debemos dar una mirada profunda a la vida de Argentina como nación y las fuerzas que han conformado el clima espiritual del país durante los últimos 30 años, específicamente el contexto en el que se abrió la brecha de avivamiento en 1982.

### Argentina como nación

Tres esperanzas tenían que ser hechas pedazos antes de que los orgullosos argentinos pudiesen oír la voz de Dios. Las naciones, al igual que las personas, tienen un alma, y como tal, una personalidad. Fueron necesarias tres grandes crisis para que el orgullo argentino fuese quebrantado.

La primera fue la destrucción de nuestra esperanza política. En 1973, Juan Perón, quien había dominado la vida política argentina desde 1944, regresó al país después de 18 años de exilio político forzado. Su regreso coincidió con un momento de profundo anhelo político y social en la nación. La triste colección de gobiernos títeres, que siguió al golpe que derrocó a Perón en 1955, fracasó en llenar el vacío dejado por su ausencia. En lugar de borrar su memoria, estos gobiernos crearon un apetito incontrolable por su retorno.

Como resultado, cuando Perón regresó y su partido político ganó las elecciones sin dificultades, casi todo argentino estaba esperando un milagro político. La hora de Argentina de tomar su lugar entre las naciones del Primer Mundo finalmente había llegado. Sin embargo, Perón murió a los pocos meses de asumir la presidencia por tercera vez. Fue sucedido por su esposa, Isabel, la vice-presidente elegida. Pero ella quedó presidiendo sobre un país que se encontraba cayendo por un tobogán triste, que llevaba hacia el caos y la ruina. El *hombre*, como Perón era llamado orgullosamente por millones de sus seguidores, había fracasado en dar a luz un nuevo país, y con su muerte había quedado deshecha una extraordinaria esperanza política.

Una junta militar reemplazó a la esposa de Perón y, en un esfuerzo por ganar el favor de las masas, trató de crear «un milagro económico». Al principio, parecieron tener éxito. Pero a los dos años el país estaba columpiándose al borde de la bancarrota, debido mayormente a la mala administración y la corrupción desenfrenada. El hecho de que la bancarrota viniese pisándole los talones a dos años de riqueza artificial, hizo que el dolor fuese todavía más devastador. Hacia fines de 1980, la esperanza económica de Argentina también estaba destruida.

### La invasión de las Islas Malvinas

En un movimiento desesperado por conservar el poder, la junta militar invadió las Islas Malvinas. Este fue un movimiento astuto, por dos razones. Primero, un conflicto militar externo siempre hace que la gente, incluso los disidentes, se pongan del lado del gobierno, no importa cuán ineficiente o perverso sea. Hitler probó esto hasta el extremo. Segundo, cada niño en Argentina, poco después de aprender a decir papá y mamá, aprende a decir: «las Malvinas son argentinas». Pocas cuestiones tocan tanto el río profundo del nacionalismo en Argentina, como lo hace la cuestión de la soberanía sobre estas islas. Al invadirlas y prometer quedarse en ellas, los gobernantes *de facto* crearon una «esperanza militar».

Durante algún tiempo, cada argentino estuvo unido en la guerra en contra de Gran Bretaña. La junta militar ejerció una censura absoluta sobre las noticias, y se les hizo creer a los argentinos los informes más extraordinarios. El barco insignia de la Armada británica había sido hundido. El príncipe Andrés había sido tomado prisionero. Era una cuestión de apenas unos pocos días antes de que la primera ministro británica Margaret Thatcher rindiera las islas. Todo esto eran mentiras, pero mentiras muy convenientes para mantener a las masas detrás de un régimen altamente impopular.

Entonces, un día en junio de 1982, el gobierno convocó al pueblo a la histórica Plaza de Mayo, frente al palacio presidencial, para hacer un triste anuncio: «Hemos perdido la guerra». Esto fue tan increíble al principio y tan destructivo después, que el conjunto del pueblo rompió inmediatamente con todo lo que fuese tradicional. Levantaron sus brazos diciendo: «Dennos algo nuevo. ¡No queremos ninguna de las tradiciones pasadas!»

Así se creó un vacío monumental en la siquis argentina, por medio de la destrucción progresiva de estas tres esperanzas. Fue como si la nación hubiese perdido su identidad. Sin un compás político firme, ni un ancla económica ni un balasto militar, la confusión de Argentina era similar a la sufrida por Japón en los tiempos que siguieron a su rendimiento, a fines de la Segunda Guerra Mundial. Ya no se podía confiar más en el pasado. El presente era inaceptable, y el futuro era un misterio que por todos los medios debía impedirse que se pareciera remotamente al pasado ahora odiado.

Es en este punto particular del tiempo que comienza el «avivamiento» en Argentina. La mayoría de los estudiantes de este fenómeno identificarán su comienzo con el surgimiento de Carlos Annacondia y sus campañas evangelísticas de 1982.

Sin embargo, ningún hombre es una isla en sí mismo, y ninguna persona puede producir un avivamiento por sí sola. Aquellos que hoy están llevando con gozo las gavillas maduras están sobre los hombros de aquellos otros que ayer regaron las semillas con sus propias lágrimas. Creo que las nacientes del río de Dios que está inundando hoy Argentina se encuentran muchos años atrás. Habiendo considerado el estado de la nación al momento de la apertura de la brecha del avivamiento, necesitamos ahora mirar a los cambios progresivos que conformaron el clima espiritual de Argentina durante los 30 años previos.

*Conformando el Clima Espiritual de Argentina, 1954-1984*
En mi opinión, hay 10 factores que conformaron decisivamente el clima espiritual que llevó a la brecha de avivamiento en 1982: (1) las campañas de Tommy Hicks en 1954; (2) el arribo a Argentina de cuatro misioneros norteamericanos cuyos ministerios impactaron poderosamente a la iglesia; (3) la renovación de los jóvenes entre los Hermanos Libres y otros grupos conservadores; (4) una reunión improvisada de líderes emergentes en Córdoba en 1982, en el momento culminante de la Guerra de Malvinas; (5) el impacto del Club 700 en Argentina a través de su red de oficinas regionales; (6) el lanzamiento poco ortodoxo de una miríada de estaciones de radio cristianas de frecuencia modulada por un empresario transformado en predicador; (7) el nacimiento de *El Puente*, el primer periódico interdenominacional con alcance nacional; (8) la visita del Dr. Yonggi Cho a Buenos Aires en 1987; (9) la aceptación de Omar Cabrera y de Visión de Futuro por parte de la iglesia en Argentina; (10) el surgimiento de líderes apostólicos a nivel local y nacional.

Miremos más de cerca cada uno de estos factores.

## 1. Las Campañas de Tommy Hicks

En 1954, la minúscula iglesia evangélica en Argentina, que sumaba solo a unos pocos miles, recibió un empuje tremendo cuando Tommy Hicks, un predicador laico de California, relativamente desconocido, llenó primero un estadio y luego otro más grande con multitudes ansiosas de oír la Palabra y experimentar el poder de Dios. Fuentes confiables han informado que unas 200.000 personas asistieron cada día durante la semana de cierre de la campaña. Grandes números recibieron al Señor y un porcentaje insólitamente alto se unió a las muchas congregaciones que auspiciaban la campaña.

La campaña de Tommy Hicks estableció un punto de referencia, con la intensidad del derramamiento del poder de Dios sorprendiendo a la iglesia con números totalmente inesperados. Entre los que sirvieron durante aquellos días históricos estaba un grupo de líderes jóvenes, cuyas vidas fueron enriquecidas con una nueva dimensión de fe. Después que Tommy Hicks dejó Argentina, estos líderes vieron que el paisaje espiritual de la nación se revertía gradualmente a su condición anterior a la campaña. Pero bien profundo en sus corazones ellos sabían que Dios era capaz de hacer algo extraordinario y que, muy probablemente, él lo haría otra vez.

Juan Passuelo, Omar Cabrera y Juan Terranova eran tres de estos líderes, y 30 años más tarde estarían en posiciones claves de liderazgo nacional para cuando Dios escogiese sorprender a la iglesia nuevamente usando a otro predicador laico desconocido de nombre Carlos Annacondia, para tocar las vidas de un número sin precedente de incrédulos. Para entonces, Juan Terranova era el presidente de la Asociación Cristiana de Iglesias Evangélicas de la República Argentina (ACIERA); Juan Passuelo era el presidente de la Confederación Evangélica Pentecostal (CEP); y, Omar Cabrera presidía sobre Visión de Futuro, el movimiento evangelístico más dinámico en toda la nación.

Solo Dios sabe cuánto influyó la semilla plantada durante la campaña de Tommy Hicks sobre cada uno de ellos, de modo que estuviesen abiertos al ministerio poco ortodoxo de Carlos Annacondia, especialmente en sus comienzos. Sin embargo, es parte del registro oficial que cada uno de estos hombres jugó un papel clave en afirmar y confirmar el ministerio de Carlos Annacondia durante aquellos cruciales primeros días.

### 2. Cuatro Misioneros Norteamericanos

Hacia fines de la década de 1950 y principios de los años de 1960, cuatro misioneros norteamericanos novatos arribaron a la Argentina. Estos hombres —Keith Bentson, Orville Swindoll, Milton Pope y Ed Murphy— llegaron a jugar papeles claves en la configuración del clima espiritual previo al surgimiento de Annacondia. Keith Bentson fue instrumental, junto con otros, en introducir el movimiento de renovación carismática de los años de 1960. Su carácter cristiano impecable e intachable, junto con su humildad genuina, pusieron balance y estabilidad en un movimiento sumamente volátil. Fueron muchos los que descansaron en su sabiduría, cuando el camino a seguir no parecía claro. Además, Keith Bentson fue el que descubrió al joven Luis Palau, un empleado en un banco local, y lo invitó a ser parte de su equipo evangelístico.

Keith y su equipo también organizaron la primera campaña de Luis Palau en la localidad de Oncativo, Córdoba.

Orville Swindoll llegó a ser el pastor por excelencia del movimiento de renovación de los años de 1960. En equipo con Keith Bentson y otros líderes nacionales, fue él quien puso al movimiento carismático en contacto con la corriente principal del pueblo evangélico en Argentina. El «Movimiento» es hoy una de las denominaciones más sólidas en el país, y siempre se ha caracterizado por su fuerte enseñanza bíblica. Los discernimientos revelatorios de Jorge Himitián en cuanto al señorío y la naturaleza majestuosa de Cristo conformaron la vida de miles, incluso la mía propia, en un momento en el que un énfasis exagerado sobre las experiencias carismáticas podía haber sido devastador.

Milton Pope lanzó el mejor y más grande seminario de educación teológica por extensión en el país. Alcanzando a prácticamente toda iglesia en la nación, Milton Pope y sus asociados entrenaron a decenas de miles de líderes. Estos líderes, dotados con una sólida reflexión bíblica, trajeron estabilidad a las iglesias locales y regionales. Esta estabilidad probó ser crucial cuando se produjo la brecha espiritual en los años de 1980.

Ed Murphy retornó a la Argentina en 1985 para enseñar como solo él puede hacerlo —con una erudición y pasión extraordinarias para presentar la verdad en un contexto de amor que edifica más bien que destruye. Su tema fue el más difícil: guerra espiritual y la demonización de creyentes. La enseñanza definitiva de Murphy permitió que la hasta entonces práctica controversial de Carlos Annacondia de echar fuera demonios de los creyentes, fuese aceptada por muchos a quienes se les había enseñado que bajo ninguna circunstancia los demonios podían afectar a los creyenes.

Cada uno de estos hombres es tan humilde que se sentiría incómodo de que se le atribuya crédito por tanta influencia. Sin embargo, en mi opinión, sin Bentson, Swindoll, Pope y Murphy y su impacto, la iglesia en Argentina no hubiese estado preparada para lo que iba a venir.

### 3. Renovación entre los jóvenes

En 1977, Luis Palau tuvo una campaña interdenominacional en Buenos Aires auspiciada por un grupo de líderes jóvenes, la mayoría de ellos de las iglesias de los Hermanos Libres en Buenos Aires. Estos líderes estaban luchando con la tensión que sentían entre su rica herencia denominacional y la necesidad de contextualizar más el evangelio en orden a alcanzar a los inconversos. Algunos de sus ancianos entendían la manera en que ellos sentían. Otros no. Cuando Luis Palau aceptó ser el predicador de «Juventud 77», él y sus patrocinantes se transformaron en los objetos de gran controversia.

«Juventud 77» resultó ser un excelente evento. Muchas personas vinieron al Señor. Una brisa de aire fresco se agregó al rico aroma de las tradiciones de los Hermanos y de otros grupos evangélicos conservadores. Así emergió un grupo de líderes jóvenes que, en un tiempo relativamente corto, estuvo en posiciones claves de liderazgo nacional. Siguiendo a «Juventud 77», dos de estos líderes jóvenes, Juan Pablo Bongarrá y Anibal Delutri, lanzaron un programa de radio de alcance nacional, único y muy creativo, por una estación secular. Bongarrá y Delutri trajeron tanto dinamismo y tanta clase y excelencia al programa «Compartiendo la noticia», que la iglesia como un todo se identificó con su programa. Durante un tiempo ese programa de radio, y otros que ellos lanzaron más tarde, se transformaron en abanderados de la iglesia en la nación.

También jugando papeles claves estaban Rubén Proietti, un bautista, y Bill Kennedy, un hermano libre. Junto con Bongarrá, Delutri y muchos otros, fundaron el M.E.I. (Movimiento Evangélico Interdenominacional), un ministerio para-eclesiástico que desde fines de los años de 1970 y comienzos de los años de 1980 proveyó las mejores conferencias de pastores en Argentina. Los maestros en estas conferencias nacionales eran convocados de diferentes corrientes teológicas y denominacionales, creando así una plataforma inicial para la unidad. Rubén Proietti llegó a ser muy activo en la Asociación Cristiana de Iglesias Evangélicas de la República Argentina, y también en CONELA (Confraternidad Evangélica Latinoamericana), donde todavía continúa sirviendo como director ejecutivo. Bill Kennedy fue el constructor de puentes entre todos estos líderes emergentes. Su posición como anciano en una de las congregaciones más influyentes de los hermanos libres en Buenos Aires y como director ejecutivo del centro de retiros más grande en las afueras de la ciudad, le dio una gran visibilidad y credibilidad, que él utilizó sabiamente para el Reino de Dios. Bill fue también un constructor de puentes para grupos e individuos fuera de la esfera del M.E.I.

Junto con muchos otros, estos cuatro hombres modelaron un estilo de liderazgo interdenominacional y nacional, todavía imperfecto pero denifitivamente mejor que cualquier otro modelo anterior. Esto le dió a la iglesia argentina como un todo algo con qué moverse hacia delante, mientras lentamente abandonaba las formas fosilizadas del pasado. Los lazos establecidos durante las conferencias nacionales de pastores rindieron altos dividendos cuando ciudad tras ciudad fue sacudida por Annacondia y la ola de poder espiritual que él estaba conduciendo.

## 4. Una reunión improvisada de líderes nacionales

En 1982, en la cúspide de la Guerra de las Malvinas, muchos de los pastores de Argentina se reunieron en un centro de retiros en la localidad de Río Tercero, Córdoba. Aquellos eran días muy difíciles y la junta militar que gobernaba el país había señalado a los pastores evangélicos como enemigos potenciales del estado en razón de sus conexiones históricas con el Reino Unido.

Al final de un día particular, Eduardo Lorenzo, un pastor bautista muy respetado en Adrogué, un suburbio de Buenos Aires, reunió a un grupo de líderes y les formuló dos preguntas. Primero, preguntó: «¿Pueden pensar en alguien que haya hecho algo bueno por ustedes y a quien ustedes todavía no le han expresado su gratitud?» Luego, Lorenzo preguntó: «¿Pueden ustedes pensar en alguien que les haya dañado y a quien ustedes todavía no han perdonado?» Estas preguntas incisivas, por el poder del Espíritu de Dios moviéndose en la reunión, produjeron una sucesión asombrosa de confesiones y arrepentimiento entre los presentes, a medida que eran convencidos por el Espíritu de serios pecados de omisión y comisión.

Estas expresiones públicas de arrepentimiento y reconciliación pusieron en marcha una reacción en cadena, que fue más allá de las paredes del centro de retiros y finalmente tocó, en grados diversos, a la mayor parte de la nación. Esa reconciliación inesperada y espontánea reestableció relaciones y resultó en un compromiso renovado para orar juntos una vez que terminó la conferencia. Como resultado, una reunión de oración regular entre los líderes en el centro de Buenos Aires se transformó en un lugar de intercambio para discutir cuestiones difíciles. Estos líderes jugarían un papel constructivo clave cuando Annacondia irrumpió en la escena nacional, y su hasta entonces estilo controversial fue puesto bajo un estrecho escrutinio.

## 5. El impacto del «Club 700» en Argentina

Mario Bertolini fue el director nacional del «Club 700» en Argentina. Una de las piezas clave en la estrategia de Bertolini para asegurarse una audiencia nacional fue establecer oficinas regionales para el «Club 700» en tantas ciudades como fuese posible en el interior de Argentina. Él hizo esto poniendo estas oficinas bajo la cobertura de un grupo de pastores locales. Al principio estos pastores eran pastores pentecostales que pertenecían principalmente a las Asambleas de Dios, la denominación de Bertolini. Pero pronto los grupos comenzaron a crecer, y se transformaron en las semillas de las que surgieron asociaciones locales de pastores. Cuando el ministerio de Carlos Annacondia comenzó a moverse por todo el país, estos grupos locales fueron los que lo llevaron a cada localidad. Así, Mario Bertolini y el «Club 700» pusieron las vías sobre las que se movería el tren del avivamiento en los años de 1980.

## 6. La «red radial de Menoyo»

El hermano Menoyo es un hombre de negocios que, después de llegar a Cristo, recibió una pasión especial por los perdidos. Como empresario, Menoyo reconocía la importancia de los medios y soñaba con una red de estaciones de radio cristianas por toda Argentina. Sin embargo, había un problema: no había licencias de transmisión disponibles e incluso de haberlas habido, los evangélicos no podían ser propietarios de una radio por causa de la posición de privilegio concedida a la Iglesia Católica Romana por la Constitución de Argentina.

Menoyo no era un hombre que se desalentara por problemas técnicos. Cargó varios equipos transmisores de radio de frecuencia modulada en el baúl de su automóvil y viajó a varias ciudades, donde los distribuyó a los pastores locales, alentándoles a cada uno a comenzar *isofacto* con una estación de radio. Menoyo continuó hasta que hubo saturado a la nación con estas estaciones de radio no oficiales, no reconocidas y no registradas. La junta militar estaba perturbada, pero los días de la dictadura pronto llegaron a un final abrupto, y se eligió un gobierno verdaderamente democrático y liberal. Hoy hay más de 140 estaciones de radio cristianas de frecuencia modulada en Argentina. Ninguna de ellas ha sido reconocida oficialmente por el gobierno, pero se han descubierto suficientes baches en la legislación existente como para garantizar su existencia *ad infinitum*.

El surgimiento de esta red de estaciones de radio cristianas ha dado a la iglesia mayor visibilidad en cada ciudad, y a medida que la iglesia se mueve más y más hacia la unidad, estas estaciones se transforman en trompetas que anuncian a ciudades enteras «lo que el Espíritu dice a las iglesias». El programa de radio de Annacondia ha llegado a ser uno de los programas conductores en la mayoría de estas estaciones.

### 7. El lanzamiento de *El Puente*

Hacia fines de 1984 los cambios discutidos más arriba estaban ocurriendo en Argentina, pero no había una plataforma nacional desde la cual se los pudiera difundir. No existía la necesidad sentida de un medio de comunicación creíble y a mitad de camino. Dios levantó a Marcelo Lafitte con la visión de lanzar un periódico interdenominacional verdaderamente nacional. Lafitte escogió como nombre para este órgano *El Puente*, para expresar así su filosofía: actuar como un puente entre dos orillas opuestas, sobre el cual las personas se pueden encontrar para entenderse mejor unas a otras, y luego regresar a cada una de sus orillas, si así lo deseaban.

Desde su primer número, *El Puente* se transformó en *el* periódico para la iglesia en Argentina. Durante los años difíciles y a veces confusos, cuando Annacondia todavía no era totalmente aceptado, cuando Omar Cabrera era todavía considerado por algunos como un charlatán, cuando el gobierno estaba activa y engañosamente calificando a las iglesias evangélicas como sectas en orden a crear el clima político necesario para sancionar una legislación restrictiva, *El Puente* fue la voz de la razón y de la objetividad. Marcelo Lafitte y su socio Daniel Puccio tuvieron éxito desde el principio en ofrecer sus páginas a los apóstoles de la unidad bíblica en orden a identificar, validar y promover lo que el Espíritu estaba diciendo a las iglesias.

A través de los últimos años de la década de 1980 y comienzos de los años de 1990, *El Puente* resultó ser consistente en levantarse por sobre el polvo sacudido por aquellos que, voluntaria o involuntariamente, se oponían al mover de Dios en la Argentina. De este modo, el periódico continúa siendo una luz guiadora que Dios ha utilizado para establecer más todavía su reino en este país.

## 8. La inspiradora visita de Yonggi Cho

A comienzos de 1987 el mover de Dios ya casi tenía unos cinco años. Toques de institucionalización habían comenzado a manifestarse aquí y allí. Algunas denominaciones se sentían satisfechas con el crecimiento extraordinario que habían experimentado recientemente y estaban listas para replegarse hacia adentro. El infame libro de David Hunt, *La seducción del cristianismo*, con su crítica injusta pero desgarradora de lo sobrenatural, había sido traducido al castellano y estaba ganando influencia entre los líderes de la iglesia. Hunt hizo un esfuerzo especial para criticar a predicadores que se movían en el poder del Espíritu, y a quien criticó más fue a Yonggi Cho.

Cuando Cho llamó para decirme que Dios le había dicho que fuese a Argentina y me pidió que organizara su visita, me sentí grandemente honrado. Sentí que su mensaje y su ejemplo como pastor de la iglesia más grande en el mundo podía beneficiar mucho a la iglesia en Argentina. Sin embargo, excepto por Juan Terranova, el presidente de la Asociación Cristiana de Iglesias Evangélicas en la República Argentina (ACIERA), no recibimos ningún otro apoyo institucional. Es más, muchos de los programas cristianos de radio y de televisión se volvieron en contra de Cho y se transformaron en voceros de David Hunt y de sus opiniones desbalanceadas y prejuiciosas.

Evangelismo de Cosecha recién se había establecido en Argentina y, como patrocinadores y organizadores de la visita de Cho, nuestra credibilidad estaba en cuestión. Sin embargo, proseguimos hacia delante, manteniendo una actitud tierna hacia aquellos que se nos oponían y confiando en que Dios hiciera que todas las cosas ayudaran a bien. Una hora antes de abrir las puertas del estadio Luna Park, no teníamos ni idea de si iba a venir alguien. Pero cuando llegó la hora, 7.500 pastores y líderes colmaron el lugar casi por completo.

El mensaje de Cho fue inspirador y poderoso, pero el fruto más tangible de su visita fue el surgimiento de un nuevo grupo de líderes que optó por examinar los hechos antes de alcanzar sus conclusiones. Muchos de los líderes regionales y nacionales clave en el día de hoy en Argentina surgieron por primera vez durante la conferencia de Cho.

Para nosotros en Evangelismo de Cosecha, este fue un momento crucial también, dado que como resultado de nuestro papel en esto se nos dio una plataforma nacional. De ello surgió la oportunidad que nos permitió ir a Resistencia para trabajar junto a los pastores locales en el ahora famoso «Plan Resistencia». Quedamos también con suficiente credibilidad y visibilidad como para organizar una conferencia anual, que ha estado impartiendo visión a un sector significativo de la iglesia en Argentina durante los últimos 10 años. Como resultado, hoy estamos actuando como facilitadores de un plan para que los pastores tomen cada ciudad en Argentina para el año 2000.

## 9. La aceptación de Omar Cabrera y Visión de Futuro

En 1987 Omar Cabrera estaba encabezando el movimiento cristiano más dinámico y de crecimiento más rápido en Argentina. El fundó Visión de Futuro en 1970 y, para 1987, estaba predicando cara a cara a unas 145.000 personas por mes. Sin embargo, Cabrera nunca había sido aceptado como parte de la iglesia en Argentina, incluso a pesar de que era un pionero en la toma de ciudades, ministerios de poder, guerra espiritual de nivel estratégico, intercesión y evangelización altamente contextualizada.

Después de la conferencia de Cho, Omar Cabrera comenzó gradualmente a ser aceptado. A medida que más y más de los líderes que estaban emergiendo hablaban con él por primera vez, visitaban sus oficinas centrales en Santa Fe y asistían a sus reuniones, encontraban que todo lo que él hacía tenía una base bíblica. Y todavía mejor, ¡su obra estaba produciendo grandes resultados!

Este proceso de aceptación alcanzó su clímax en octubre de 1991 cuando primero el «Movimiento» conducido por Swindoll, Bentson, Himitián y otros, públicamente pidió el perdón de Cabrera por la manera en que ellos lo habían tratado en el pasado. Una semana más tarde, en nuestra Primera Conferencia Internacional de Evangelismo de Cosecha en el Luna Park, Cabrera fue reconocido como una parte vital del Cuerpo de Cristo en Argentina.

¿Por qué fue esto importante? Porque Cabrera había sido pionero en muchas de las prácticas que Annacondia había estado popularizando, y estas prácticas todavía eran consideradas por muchos como sumamente controversiales. El aporte de la sólida reflexión teológica de Cabrera, no tanto a Annacondia, quien es bastante sólido en su doctrina, sino a la miríada de jóvenes predicadores que comenzaron a imitarlo, le dio a todo el mundo un compás por medio del cual mantener el rumbo y un patrón muy alto con el cual medirse ellos mismos.

## 10. El surgimiento de líderes apostólicos

Antes de que se abriera la brecha de avivamiento, la iglesia en Argentina tenía una visión limitada de la doctrina de los dones espirituales y de su aplicación. Los dones espirituales se discuten en tres pasajes en el Nuevo Testamento: Romanos 12, 1 Corintios 12 y Efesios 4. Las dos primeras listas presentan a los dones dados a las personas en la iglesia. La tercera lista describe a las personas dotadas que son dadas a la iglesia. ¿Cuál es la diferencia? Bien, una persona con el don de misericordia o ayudas generalmente ejerce su don dentro del ámbito de la congregación local. Por el otro lado, Billy Graham no puede ejercer su don de evangelismo (al menos no de una manera permanente) en el contexto de una iglesia local. Lo mismo puede decirse de líderes tales como Bill Bright, Dick Eastman and Joe Aldrich. Más bien que poseer un don, estos hombres son ellos mismos el don, según se describe en Efesios 4.11-12.

En los cinco últimos años, líderes al estilo de Efesios 4 han emergido por toda Argentina. Estos hombres son reconocidos como un don a la iglesia en su conjunto y, como tales, ellos hablan a la iglesia, incluso cuando el marco inmediato pueda ser una iglesia local. Omar Cabrera es considerado por muchos como el decano de todos ellos. Carlos Annacondia es otro. Otros incluyen a Eduardo Lorenzo, Omar Olier, Juan Calcagni, Pablo Deiros, Carlos Mraida, Pablo Bottari, Rino Bello, Juan Crudo, Tito Scataglini, Raúl Belart, Norberto Carlini, Roberto Sorensen, David Thompson, Juan Passuelo, Rubén Proietti, Pedro Ibarra, Juan Zuccarelli, Claudio Freidzon, Sergio Scataglini y Daniel Martínez. Todos ellos han compartido la misma trinchera, una vez que se abrió la brecha del avivamiento. Todos ellos han tocado y han sido tocados por Carlos Annacondia y su ministerio.

Esta lista no es exhaustiva, y hay muchos más. El punto que estoy tratando de plantear aquí es que estos hombres hablan a la iglesia como un todo. Ellos tienen el interés de la iglesia delante de sus ojos, y todo lo que hacen tiene como fin la edificación de la iglesia sin parcialidades. Además, son buenos amigos que se apoyan y alientan unos a otros. Esto marca una gran diferencia con los viejos días, cuando el encuentro de líderes siempre producía su cuota de desangramiento debido a las divisiones aparentemente insalvables causadas por los celos del peor tipo. Aquellos fueron días cuando el poder del líder emanaba de su posición política y de la billetera que él controlaba, mientras que ahora la influencia de estos líderes es el resultado de la visión y la unción confiada a ellos por el Espíritu Santo para el beneficio de la iglesia.

Como ya se dijo, muchos observadores del fenómeno argentino trazan su comienzo con el surgimiento de Carlos Annacondia como evangelista nacional. Yo concuerdo con esta posición, y esta es la razón por la que he procurado conectar a cada uno de los diez elementos precedentes con la apertura de la brecha de avivamiento que se produjo con el ministerio de Annacondia. Sin embargo, en orden a comprender plenamente esa apertura de la brecha, debemos mirar al momento preciso en el que ocurrió y a las circunstancias que entonces imperaban sobre la nación y la iglesia.

¿Cómo era Argentina en 1982? La «guerra sucia» acababa de costar la vida de miles de argentinos (el estimado alcanza a las 30.000 personas), la mayoría jóvenes que habían «desaparecido» en medio de la noche al ser detenidos por miembros del ejército o la policía. Bases militares habían sido convertidas en campos de detención, y muchas de ellas se transformaron en mataderos en los que personas sospechadas de ser terroristas fueron brutalmente torturados primero y luego asesinados a sangre fría.

## La maldición de José López Rega

Durante el gobierno de Juan Domingo Perón, que precedió a la dictadura militar, un destacado sacerdote de la religión de la macumba, José López Rega, había usado su influencia sobre Perón, su esposa Isabel y el gabinete presidencial para propagar la brujería por toda Argentina. Primero, él infiltró el mundo de los medios y el entretenimiento, que siempre son campos maduros para el ocultismo. Luego se movió hacia las audiencias cautivas en los sistemas de beneficencia y de educación pública. En los años de 1970 y 1980, había tanta brujería en la Argentina que la población se veía expuesta diariamente a brujas y hechiceros, muchos de los cuales eran prominentes figuras nacionales, que «testificaban» abiertamente en los programas de radio y televisión.

Los líderes de la macumba en Brasil (probablemente alentados por López Rega) se involucraron en el negocio del turismo y comenzaron a organizar «viajes baratos a Brasil» para argentinos incautos que, una vez en Brasil, eran introducidos a las prácticas de la macumba bajo el engaño de ser expuestos a la cultura local. Miles de turistas retornaron demonizados sin saber exactamente cómo había ocurrido esto.

Un grupo específico al que apuntaban los macumberos eran los cirujanos. Una vez iniciados en la macumba, los cirujanos podían meter fetiches dentro de los cuerpos de sus pacientes mientras estaban bajo los efectos de la anestesia general. A mí personalmente se me pidió que ayudase en un caso en el que una dama bajo control demoníaco puso en jaque a aun grupo de ancianos de una iglesia bautista que trataban de ministrarla. Ellos me llamaron, totalmente confundidos por la ineficiencia de sus esfuerzos. Sin embargo, una vez que el demonio principal fue puesto bajo la autoridad directa de Jesucristo, él confesó que la clave para el poder que ellos ejercían sobre la mujer estaba en un fetiche plantado en su cuerpo por uno de los más destacados cirujanos de la ciudad. Como administrador de uno de los hospitales locales, sucedió que yo lo conocía y pude verificar su condición de macumbero.

Las iglesias locales eran regularmente el blanco de los conjuros de brujas, y algunas de ellas sufrieron serios daños. Recuerdo a una iglesia en particular en San Justo donde de pronto, la iglesia, que era conocida por su amor fraternal y sus fuertes lazos espirituales, comenzó a experimentar exactamente lo opuesto. Los ancianos, la mayoría de ellos amigos de toda la vida, se peleaban amargamente unos con otros. La congregación tomó partes, y la iglesia comenzó a decaer. Cuando visitamos al pastor, sentimos que la brujería estaba involucrada. Alentamos a los ancianos a declarar una tregua y a venir a nuestro centro de capacitación para oración e intercesión. Al compartir con ellos principios básicos de guerra espiritual, los ancianos tomaron autoridad sobre el maligno y, como corolario de su autoridad espiritual recién encontrada, decidieron poner a un área específica de la ciudad bajo autoridad espiritual. Esto significa que hicieron caminatas de oración por toda esa área y la regaron constantemente con oraciones e intercesión por sus habitantes.

## La bruja se confiesa

Poco después, una bruja llegó al Señor. «Ocurrió» que esta mujer vivía en el área que había sido puesta bajo autoridad espiritual. Inmediatamente ella confesó que había sido parte de una conspiración que involucraba a otras 29 brujas, que habían maldecido a la iglesia con el propósito específico de destruirla a través de la división y el conflicto entre sus ancianos.

Los ancianos inmediatamente redoblaron sus oraciones; ellos también hicieron de las otras 29 brujas que quedaban el objeto de su intercesión. Muchas personas de esta área, que habían sido colocadas bajo autoridad, comenzaron a venir al Señor. En menos de un año, esta iglesia particular jugó un papel clave en traer a Annacondia a la ciudad y vio a 70.000 personas recibir públicamente a Cristo, como se describe más adelante en este capítulo.

Podría seguir y seguir mencionando ejemplos como este. Pero este debe ser suficiente para mostrar que el clima espiritual sobre Argentina estaba controlado por el maligno y que la brujería se había transformado en una alternativa muy apeladora.

Cuando se supo de la derrota de Argentina en la Guerra de las Malvinas, se desarrolló un vacío munumental, listo para ser llenado con algo. ¿Qué era lo que estaba allí listo para llenar este vacío? ¡La brujería! ¡La macumba organizada! En ese momento particular, la iglesia estaba muy inconsciente de las armas que tenía a su alcance para confrontar tales dimensiones de maldad. Es en este momento preciso que Dios levantó a Carlos Annacondia, un líder que sí sabía lo que había que hacer.

## Demostrando el poder de Dios sobre las tinieblas

Annacondia introdujo la iglesia en Argentina a la realidad de los lugares celestiales, a la inherencia y trascendencia del mundo espiritual, y particularmente a la presencia y actividad inmediata de los demonios. El probó y demostró más allá de toda sombra de duda la eficacia del poder que está al alcance de la iglesia para esta batalla contra las fuerzas de las tinieblas. Él no lo hizo enseñando sobre estas cuestiones, sino más bien demostrándolo a través de dramáticas confrontaciones y encuentros de poder, que inevitablemente produjeron la liberación poderosa de los cautivos.

Sus campañas se transformaron en laboratorios y campos de entrenamiento para el uso de las poderosas armas divinas. El número extraordinario de convertidos le granjeó la buena voluntad de los pastores y líderes, que de otro modo podían haber sido escépticos en cuanto a su manera de actuar. Los nuevos convertidos, que ingresaban a las iglesias locales en números record, afectaban inmediatamente el clima espiritual de esas iglesias. A través de sus testimonios dramáticos ellos se transformaron en pruebas vivientes del poder de Dios sobre el poder del maligno. La nación ya estaba demonizada hasta un alto grado. Dios utilizó a Annacondia para preparar a la iglesia para enfrentar esta situación.

El ministerio de Annacondia llegó justo en el momento adecuado para llenar una necesidad sentida en la iglesia y en la nacion. Incluso en la iglesia, muchas personas habían estado bajo la influencia del mal sobrenatural, y esto prevalecía por todo el país. Millones por toda Argentina estaban luchando bajo la opresión de poderes demoníacos. Al llenar esta necesidad sentida, Annacondia llegó a ser aceptado como el líder de algo que al principio no tenía nombre, pero que más tarde se denominó como «visitación de Dios», «el avivamiento de Argentina» o «el mover de Dios». Sin lugar a dudas, la mayoría de las personas en la iglesia no podía sentirse más necesitada. La oportunidad del arribo de Annacondia a la escena nacional más los resultados visibles de su mensaje lo hacían irresistible.

Cuando un dique se raja, apenas hay un goteo de agua. Pero cuando se rompe por completo, una masa de agua corre a través de él y luego sigue una corriente más pareja. Esto es también cierto de la brecha espiritual en Argentina. Las liberaciones dramáticas de la opresión demoníaca fueron acompañadas de señales y prodigios tales como la emplomadura milagrosa de muelas. También, órganos que faltaban (o que habían sido quitados quirúrgicamene) fueron reimplantados en respuesta a la oración. Apariciones angélicas se hicieron casi comunes en el contexto de la evangelización de vanguardia. Dios levantó de manera soberana a niños intercesores en congregaciones por toda Argentina. Se hizo punta con el mapeo espiritual, primero en Resistencia, luego en La Plata a medida que Dios manifestó a la iglesia, principalmente a través de Víctor Lorenzo, discernimientos revelacionales en cuanto a las maquinaciones de Satanás en esas ciudades.

## Confrontación en la Plaza de Mayo

Se ha hecho guerra espiritual de nivel estratégico en el centro de Buenos Aires en y alrededor de la Plaza de Mayo, el lugar de muchas acciones perversas en el pasado. Arrepentimiento identificatorio ha tenido lugar entre cristianos que fueron miembros de la policía y del ejército durante la «guerra sucia» y familiares de los desaparecidos. Esto resultó finalmente en el reconocimiento por parte del gobierno de las acciones atroces cometidas por las fuerzas de seguridad durante la «guerra sucia». Ya he descrito de qué manera la economía de Argentina fue sanada en respuesta al arrepentimiento público en el Obelisco.

Resistencia, Azul y ahora San Nicolás se han transformado en ciudades alcanzadas para Cristo. Otras 20 ciudades están en proceso de ser alcanzadas para Cristo. Miles de visitantes de ultramar han venido a Argentina a buscar inspiración y discernimientos que los ayuden a tomar sus ciudades para Cristo.

Además, la primera oleada de unción confiada a Annacondia fue seguida por un nuevo refrigerio, dado inicialmente a Claudio Freidzon. Ahora ha sido depositada en Sergio Scataglini una nueva impartición de santidad, y él la está dispensando fielmente por todo el país y más allá también. Dante Gebel parece ser el depositario de una unción especial para ministrar a la juventud.

Como uno puede ser, el cuadro de lo que está sucediendo en Argentina es rico y complejo. Y aun cuando todo lo que he mencionado o descrito hasta este punto es entusiasmante, único y extraordinario, creo que el don redentor de Dios para Argentina no es ninguna de las cosas arriba mencionadas. Por favor, permítanme concluir discutiendo este asunto.

## El don redentor de Dios para Argentina

Las naciones son creadas por Dios y sus límites son establecidos por el Todopoderoso (véase Hechos 17.26). Dios permite a una nación llegar a ser con un propósito redentor. Ese propósito divino es siempre el blanco del diablo que hace todo lo que puede por oscurecerlo y, si es posible, por eliminarlo.

Esta es la razón por la cual el mapeo espiritual no debe ser confinado simplemente a descubrir qué es lo que tiene el diablo y qué es lo que está haciendo en una ciudad, sino más bien tiene que tener como su objetivo final el descubrimiento del propósito original de Dios para esa ciudad.

Una de las maneras más fáciles de conocer este propósito es mirar a lo que el diablo ha hecho en la ciudad. Generalmente eso es lo opuesto a lo que Dios quiere para esa ciudad. Por ejemplo, una ciudad que se ve consumida con lucha y división es generalmente una ciudad llamada al amor fraternal, como Filadelfia en los Estados

Unidos. Una ciudad conocida por su codicia como Minneapolis, Minnesota, es una ciudad cuyo propósito original es la generosidad para la obra de Dios.

## La fortaleza del orgullo

Para identificar el don redentor de Argentina, debemos examinar qué es lo que el maligno ha estado haciendo allí. Los argentinos son conocidos por su orgullo y por su egocentrismo. Nuestro pueblo ha estado bombardeado constantemente con declaraciones que insisten en que somos los mejores, que nosotros somos líderes del mundo, que otros países deben seguir nuestro liderazgo.

Antes de que se abriera la brecha de avivamiento en los años de 1980, los creyentes en Argentina estaban absorbidos en el desarrollo de iglesias de la mejor calidad, prestando poca o ninguna atención a los perdidos. De hecho, eran tan pocas las personas que venían al Señor que, hablando en general, la iglesia abrazaba (al menos en la práctica si no en su creencia) un acercamiento hiperdispensacionalista al evangelio. Muchos líderes encontraban consuelo en el hecho de que se supone que cada dispensación tiene que terminar con un fracaso. Esta creencia les decía que estaban en lo cierto dado que difícilmente alguien estaba respondiendo al evangelio en la presente dispensación de la gracia.

Por ejemplo, una de las críticas más comunes a Cabrera cuando él estaba excluído de la familia evangélica era que el mero tamaño de su congregación probaba que él no se preocupaba por la calidad de sus miembros, dado que tal cantidad de gente no podía garantizar su calidad. Lo mismo se decía del número generalmente grande de decisiones de fe obtenidas por Annacondia al comienzo de su ministerio. Algo tan grande, se pensaba, no podía ser tan bueno.

## El espíritu opuesto: Humildad

Si el orgullo, el egocentrismo y la falta de interés por los perdidos es lo que caracterizó a Argentina antes de que se rompiera la brecha del avivamiento, creo que es justo decir que el propósito redentor para la Argentina involucra lo opuesto de estos tres factores negativos mencionados:

1. Humildad en medio de un ministerio público exitoso.
2. Un corazón de siervo para con otras naciones.
3. Pasión por los perdidos.

Quienes han conocido a Annacondia, Lorenzo, Cabrera, Deiros, Scataglini, Freidzon o a cualquiera de los protagonistas claves en la iglesia de Argentina se impresionan siempre por su verdadera humildad. El pastor de Carlos Annacondia, Pedro Ibarra, es uno de los hombres más humildes que jamás haya conocido. Aun cuando los líderes luchan contra el orgullo, hay una lucha constante por la verdadera humildad. Annacondia y Scataglini siempre piden a aquellos por quienes ellos han estado orando que oren por ellos, y a tal efecto se arrodillan en medio de ellos.

En los últimos 15 años, líderes claves de todos los continentes han viajado a Argentina para recibir un depósito espiritual. Miles han venido a nuestras propias conferencias (que se llevan a cabo en ocho idiomas) buscando inspiración y poder para regresar y tomar sus ciudades para Cristo. Dios escogió a una ciudad humilde, Resistencia, en una provincia muy pobre, Chaco, para confiar a la Argentina un principio que debe pasar a todo el mundo: cómo alcanzar a una ciudad para Cristo.

Cuando Alejandro Juszczuk, presidente de la comisión del Plan Resistencia, visitó otros países en América Latina y en Norteamérica tres años después de la conclusión del plan, se conmovió profundamente por los testimonios que oyó por todas partes de cuán bendecidas habían sido las personas por los principios detrás del Plan Resistencia. Para ese entonces, los pastores en Resistencia habían caído una vez más en desunión y no había acuerdo entre ellos en cuanto a si el plan había sido algo bueno o no. A su regreso a Resistencia, Juszczuk reunió a los pastores y les explicó: «Lo que nosotros pensábamos que era para nosotros en realidad era para el mundo. Necesitamos pasarlo a otros». Esa declaración marcó el comienzo de días mejores para Resistencia.

## Pasión por los perdidos

Diría que la característica distintiva de la iglesia en Argentina es su novedosa pasión por los perdidos, que está en directo contraste con los días cuando las iglesias no podían haberse preocupado menos por ellos. Cuando uno le pregunta hoy a un pastor argentino acerca del objetivo último en su vida, ya sea que él pastoree a un grupo de 50 o 5.000 personas, la respuesta siempre describe el mismo objetivo: alcanzar a la nación para Cristo.

Es esta pasión por los perdidos la que ha impulsado constantemente a la iglesia al terreno donde las fuerzas de maldad están profundamente atrincheradas, y en el que constantemente hace falta una fuerte guerra espiritual. Al batallar continuamente contra las fuerzas del mal, la iglesia en Argentina está trabajando para mantenerse en forma. Tengamos presente que el avivamiento comenzó en una campaña evangelística en el contexto de una guerra espiritual intensa, y que el protagonista principal era un creyente relativamente nuevo que tenía más en común con la multitud de pecadores que lo rodeaban que con la iglesia a la que recién se había unido.

Creo que este compromiso con los perdidos es la razón principal por la que el avivamiento en Argentina ha estado prolongándose por tanto tiempo. En la medida en que la iglesia continúe alcanzando a los perdidos, Dios mantendrá el avivamiento. En la medida en la que iglesia entre en el territorio ocupado por el diablo, tendrá que mantener sus armas limpias, aceitadas y cargadas. Uno de los subproductos desafortunados de los avivamientos contemporáneos en otras tierras es la falta de discernimiento espiritual en cuanto a la actividad demoníaca, como resultado de un enfoque estéril sobre los que ya son salvos a expensas de los perdidos.

En Hechos 1.6 los discípulos, al oír del inminente derramamiento del Espíritu Santo sobre sus vidas, preguntaron si tal cosa marcaría la restauración del reino a Israel en ese tiempo. Jesús los corrigió diciendo que ese no iba a ser el caso. Más bien, ellos recibirían poder a través del Espíritu Santo y, como resultado, ellos serían sus testigos en Jerusalén, Judea, Samaria y hasta lo último de la tierra.

Noten que el nivel más bajo de poder que Jesús prometió fue poder para alcanzar la ciudad en la que nosotros vivimos. Para los discípulos originales esa ciudad fue Jerusalén; para ti es tu propia ciudad. El siguiente nivel hacia arriba es el poder para alcanzar nuestra región, en este caso, Judea. El siguiente es el poder para alcanzar a nuestra nación. Y finalmente, la cantidad máxima de poder disponible para nosotros es el poder para aquellos que están determinados a alcanzar países tales como los que hoy están dentro de la Ventana 10/40.

Cuando comprendí esto por primera vez, caí bajo una tremenda convicción de pecado porque todas mis oraciones por poder habían tenido que ver con mis necesidades personales; ninguna de ellas tenía que ver con las necesidades de los perdidos en mi ciudad, mucho menos con las de aquellos que estaban en la Ventana 10/40. Permite que el Espíritu de Dios te hable ahora. ¿Quieres poder? Si es así, ¿para qué? ¿Para expandir tu reino? Dios solo nos va a dar poder con el propósito de alcanzar a los perdidos, primero en nuestra ciudad y desde allí, a lo largo de todo el camino que lleva hasta lo último de la tierra.

## Argentina para las naciones

En tanto que la iglesia en Argentina recuerde que el poder que le ha sido confiado no es para sí misma sino para las naciones, el mover de Dios continuará. Tan pronto como tú hagas del alcanzar a los perdidos en tu ciudad el objetivo consumidor de tu vida, tú también comenzarás a experimentar el poder de Dios.

¿Hay un avivamiento en Argentina? ¡Ojalá que aquellos que no creen que hay un avivamiento en Argentina estén en lo correcto! ¿Por qué? ¡Porque si lo que ahora tenemos—tan extraordinario, tan poderoso, tan contagioso—no es un avivamiento, entonces todavía debe haber mucho, mucho más por delante! ¡Si es así, yo quiero verlo y ser parte de ello!

# Descubre el poder de la oración

**Libros que te ayudarán a desarrollar una relación con el Señor más íntima y poderosa a través de la oración.**

**¡Consíguelos ya en tu librería favorita!**

**Un sello de Editorial Caribe**